本书属于国家社科基金西部项目“章太炎《齐物论释》哲学思想及济世理想研究”(13XZX014)最终结项成果

章太炎《齐物论释》哲学思想研究

The Research on Zhang Taiyan's Philosophical Thought of *Qi Wu Lun Shi*

王晓洁 著

人民出版社

责任编辑：洪 琼
封面设计：石笑梦
版式设计：胡欣欣

图书在版编目(CIP)数据

章太炎《齐物论释》哲学思想研究/王晓洁 著. —北京:人民出版社,2022.4
ISBN 978-7-01-024605-5

Ⅰ.①章… Ⅱ.①王… Ⅲ.①章太炎(1869-1936)-哲学思想-研究
Ⅳ.①B259.25

中国版本图书馆 CIP 数据核字(2022)第 047117 号

章太炎《齐物论释》哲学思想研究
ZHANGTAIYAN QIWULUNSHI ZHEXUE SIXIANG YANJIU

王晓洁 著

人民出版社 出版发行
(100706 北京市东城区隆福寺街 99 号)

北京中科印刷有限公司印刷 新华书店经销

2022 年 4 月第 1 版 2022 年 4 月北京第 1 次印刷
开本:710 毫米×1000 毫米 1/16 印张:15.75
字数:250 千字

ISBN 978-7-01-024605-5 定价:69.00 元

邮购地址 100706 北京市东城区隆福寺街 99 号
人民东方图书销售中心 电话 (010)65250042 65289539

目　　录

序　言

章太炎将《齐物论释》看作自己最重要的作品之一，但他的这一自我认知和别人对这部著作的反应并没有形成共识。相比于章太炎别的作品，人们对这部作品的研究并不多。究其原因，难读恐怕是最主要的原因。在2019 年孟琢先生出版该书的疏证之前，我们并不能看到“完善”的解读性的作品。我自己也常因阅读困难而中途而废。我亦曾有意彻底解决“字义”的问题，2019 年上半年在北京大学的课堂上，曾与学生一起研读了一个学期的《齐物论释》，坦诚地说，许多语句的解释以及许多问题的理解并没有被真正落实。

在课堂上，本着彻底搞清糅合了佛学和西学的《齐物论释》的愿望，我邀请了擅长西方哲学的孙铁根博士参与，并请参与课程的高思达博士就许多问题求教于张志强教授，最后还请了江湄教授和慕惟仁先生来介绍他们对于章太炎的理解。不可谓不用心，但于我自己而言，依然觉得有许多问题需要得到更为深入和仔细的探讨。

说这些，无非是想说明，在十三年前当王晓洁决定将《齐物论释》作为她博士论文的主题的时候，我们师徒有一种“明知山有虎，偏向虎山行”的精神，尤其是王晓洁自己，勇气实在可嘉。当时虽然已经有了许多关于章太炎思想研究的新进展，包括汪晖的《中国现代思想的兴起》中对于章太炎反思现代性的阐述,陈少明从解释史出发将章太炎的《齐物论释》作为文本解释史上的重要环节。但若是以此书为主题做博士论文的话,关键的问题还在于对文本的研读,要做到不留死角。我自己到今天对这个文本也没完全把握。若是放在今天,我或许会劝王晓洁不要考虑这个选题,因为实在是太难了。但当时我刚刚开始指导博士生,只是觉得做论文当然要挑难题啊。王晓洁又是我的硕士,凭着对她刻苦精神的信任,加上对于章太炎思想的重要性的认知,我也就同意她以此为题做博士论文。

在王晓洁进行章太炎研究的时候,我自己的兴趣主要在康有为研究。但是在近代思想史上,他们之间的关系如影随形。虽然他们始终缘悭一面,但他们始终有各种各样的交集。或许可以这样说,章太炎对于时代的反思、他进入问题的方式和提出的解决方案,许多都是他通过对康有为问题的反思而来的。甚至连给他带来巨大声誉、真正成为革命派的理论家之首的《驳康有为论革命书》一文,亦是基于对康有为"反对革命"的主张进行系统反驳而成文。

在经学的版图中,康有为和章太炎分别属于今文经学和古文经学不同的阵营,这导致他们出发点上的许多不同:比如对于孔子的态度,康有为视孔子为万世制法的素王,主张要以孔教作为未来国家的精神凝聚。而章太炎则视孔子为史家和教育家,坚决反对对孔子进行任何形式的神圣化的企图,甚至恶作剧地拒绝持孔教会立场的人来听他的国学讲座。

基于公羊学的三世说,康有为提出据乱、升平到太平的进化的历史观,出于对中国历史阶段的认识,康有为认为君主立宪是适合中国当时阶段最为合适的政治制度。而章太炎则从善恶俱进的角度主张"俱分进化论",并主张通过民族革命来推翻清政府的统治。

他们之间的问题意识和政治立场是如此纠缠,以致于后来章太炎甚至有一些后悔他过于重视康有为而导致许多问题的展开过于牵缠于对手的问题中。

不过,无论如何,正是因为康有为和章太炎的存在,才使得近代的思想版图不至于那么灰暗。一定要做一个不恰当的比方的话,就问题意识的创发和宽度而言,康有为要略胜一筹,而就思考的深入和对问题复杂性的把握而言,章太炎则更为突出。《齐物论释》可以作为一个例子。

平等问题,是近代中国思想家思考的关键问题之一,一方面是因为不平等的国际秩序,积弱的中国人一直寻求在新世界版图中的平等地位;二是在西方政治理念的影响下,反思儒家的差序格局和提倡个人权利、男女平等是康有为和章太炎等近代思想家所最为关注的问题。在维新变法时期,康有为就主张"上下通"的议会政治,也主张男女平,等等。这在晚清的思想界当属相当激进的言论。张之洞在《劝学篇》中,尤其对平等观念所可能造成的对纲常伦理的冲击做了重点回应。

就此而言,章太炎的思考显示出他对于平等问题复杂性的深刻认识。《齐物论释》其实就是章太炎对于他所认识的平等观念的认识。章太炎首先不认可泯灭差异的"平等",因为这样本身就会破产基于历史而讨论文化所形成的多元主义的文化立场,从某种意义上说,只有认识到差异和不平等,才是讨论平等的基础。然后才能对不平等的秩序进行彻底的批评,但最终的目的依然不是对差异的绝对否定,按照张志强兄对于齐物论"毕竟平等"的解释,认为其包含三个层次的认知。他说:首先,通过破执显真,在破除固有价值秩序的前提下,确立起每一个体自足自立、绝对无待的价值,从而确立起无所依傍的自尊无畏的道德,这即是"不齐而齐";其次,则能够从每一个体所依赖的具体限定性条件出发,来理解其所以如此的缘由,从而在相互依赖、相摄相入的无尽缘起意义上确立起一个并不相互冲突而是能够相互会通的俗界,这即是"物各付物";最后,则经过再次辩证,在真与俗之间确立起更高一重的综合"物各付物"与"不齐而齐"的平等关系:俗与真一样,都是可以自足自立的领域,因此,俗与真之间也是平等的。在这里,章太炎并未特别在圆成实性和依他起性之间明确一种真实性的层级关系，而是彻底贯彻平等的精神，确立起了最高意义上的“真俗平等”观。

之所以在一篇短序中要这么完整地引述张志强的文字，是因为我无法给出更好的解释。不过，这倒令我想起章太炎短暂的《民报》主编生涯。章太炎如此复杂的“平等”理论与他作为革命派的舆论领袖的角色之间是否存在着冲突。因为就问题本身而言，我们需要加以条分缕析的探索，但对于革命活动而言，如何简洁明快地鼓动革命热情才是关键。

2020 年，王晓洁把我们当时讨论论文写作的许多交流记录都发给我，如果按今天的标准来说，我说的大多是“方法论”的指导，对于具体问题的展开并没有更为明确、实质性的说明，这也就是说，她在博士论文中所提出的问题，以及解决这些问题的思路，均是她自己的独立创发。这对我而言，一则以喜，一则以不安。喜的是，通过博士论文，王晓洁显示了她的研究能力，而惧的是我并没有提供更多实质性的帮助。

记得有一次去上海拜访朱维铮先生，他说他为了指导研究生，总是会对研究生所试图展开的研究领域深入研究，并说唯其如此，才能真正指导学生写论文。这实在是一个太严于律己的境界，我一直心向往之，而身不能至。

王晓洁的论文在答辩的过程中，获得了好评，并成为那一年人大的优秀博士论文。那些年有一个全国百篇优秀博士论文的评选，中国人民大学的做法大约是先在学校内部评选优秀，然后再推选参加全国评选。

本想，这篇论文很快就会出版，因为当时也的确有出版社愿意出版，但自我要求很严的王晓洁又在博士论文的基础上，继续深化，经过快十年的修改，最终要在人民出版社出版，对此我很高兴。

我自己有很多精力放在近代思想研究上，首先是因为我认为，作为一个大的历史变革的阶段，其思想因杂糅而不够系统、稳定。但近代思想家身处大变局中对时代的认识，特别是对中西古今冲突的反应，恰好是我们今天反思时代问题的重要起点。其次，无论从思考的复杂性，还是问题的重要性，章太炎的意义直到今天才慢慢被学界所重视。我相信王晓洁的这本书当得起是对章太炎思想研究的重要成果。更重要的意义在于,如果我们忽略了章太炎以及他的理论对手康有为的重要性,就难以深入地理解今天的中国。

干春松

2020 年 11 月于北京

绪　论

清末民初是一个动荡的年代，中国人的“天朝大国”之梦一朝被西方列强入侵的枪炮声惊醒，儒学作为主流意识形态却无力应对这样的挑战，中国传统社会正面临着严重的危机。与西方列强的坚船利炮同时侵入的，是西方的文化、思想、价值观。相比于器物层面的不利局面，中国面临着更深层的危机，那就是文化认同与民族认同的危机。面对本土文化近乎休克的状态，有责任感与担当意识的中国知识分子便试图重建一种新的文化理论体系，以作为新时期挽救民族危亡、回应西方文化挑战的有力武器。于是，知识界便应势兴起了以佛教救国的思想潮流，将佛教作为本土化的、可与西学抗衡的解释资源来对抗西学的入侵。章太炎的《齐物论释》便是这一历史洪流所催生出来的产物。

《齐物论释》在章太炎的学术体系当中具有承上启下之作用，是章太炎“转俗成真——回真向俗”之学术历程的交点。不仅如此，章太炎在其中从形而上学的高度浓缩了他一生中极具代表性的思想观念。并在其中渗透了他的多元文化、革命道德建设、个人自由独立之具有现代性特征的、关注社会现实的理念。这些理念多数来自章太炎在《齐物论释》中的形而上思考，是他对于当时西方世界的政治、文化侵略企图的积极回应，因此，《齐物论释》是一部形而上与形而下相结合的著作。不仅如此，这部著作亦具有很强的思辨性和极其深刻的内涵。而且，其中所用理论架构方式之独特，以及所涉及的思想资源之广泛，均可无愧于章太炎所赋予其“一字千金”之美誉。正鉴于此，本书力求系统地研究《齐物论释》这一文本，并试图发掘其中所蕴含的深刻的哲学思想与济世理想。

章太炎（1869—1936），名炳麟，字枚叔，浙江余杭人，后因仰慕顾炎武先生的品行而改名为绛，别号太炎。章太炎于 23 岁师从著名经学大师俞樾先生，潜心于“稽古之学”。甲午海战中国战败后，章太炎清醒地意识民族危机的严重性，开始积极投身于维新运动，他不仅参加“强学会”，而且还担任了《时务报》撰述一职。后来，戊戌变法的失败和清政府对义和团运动的血腥镇压使章太炎于 1900 年转向革命。1903 年，章太炎在《苏报》上发表《驳康有为论革命书》，批判康有为的《辩革命书》，并为邹容的《革命军》作序，这两件事因触怒清廷而使其被捕入狱。被囚期间，他依然关心革命进程。不仅如此，他开始研读佛典，尤其是对《瑜伽师地论》有了深入的了解，这促成了其学术理念的转变。

1908 年，《民报》被日本政府封禁。辛亥革命失败之后，章太炎曾一度对袁世凯抱有幻想，但宋教仁的被杀，使他最终看清了袁世凯的本来面目，在讲学中度过余生。

章太炎的《齐物论释》虽然经常被后来学者所一再提及，但却很少有人对其进行系统的研究。本书所做的研究是以本人于 2010 年的博士论文《章太炎〈齐物论释〉思想研究》为基础，并不断地吸收了近年来陆续推出的最新研究成果而成。

近年来，随着章太炎研究热度的不断增加，出现了关于章太炎原始文献的再整理和再出版热潮，首先要提到的就是《章太炎全集》的出版。《章太炎全集》（全 20 册），王仲荦、姜义华、章念驰、王宁、马勇等先生整理，由上海人民出版社 2014—2017 年陆续出版。新卷本的《全集》由 20 世纪 80 年代的 8 卷本扩充到 20 册，《全集》的出版是一项艰巨的任务，因为章太炎的著作本来就晦涩难懂，涉及的领域又多，因此为其整理工作增加了难度。但是，《全集》的成功出版，对于进一步推进章太炎研究的热潮，具有非常重要的作用。马勇先生把其出版的价值比拟为“孔子整理六经、东汉的郑玄和马融整理先秦以来的典籍，以及乾嘉汉学整理到清代中期的古代典籍”。并且认为：“通过出版章太炎的全集，实际上是对中国传统学术的一次最系统的整理。”[①]可见《全集》对其整个学术发展的重要性。其中的一册，收录了章太炎的《庄子解故》《齐物论释》《齐物论释》定本，为学界进一步研究章太炎的《齐物论释》提供了有力保障。除了《章太炎全集》的成功出版以外，学界对章太炎文献整理方面的著作进行了重新修订出版。比较有代表性的是汤志钧先生编写的《章太炎年谱长编》[②]增订本的出版。《章太炎年谱长编》最初出版于1979年，汤志钧先生于2010年对其进行了增补，并于2013年由中华书局再版。增订版在原有的编次基础上加入了《太炎先生自定年谱》《国内外大事》等，并对以前的一些记录进行了考订，如章太炎与宋恕的交往、“苏报案”和亚洲和亲会的始末等。除此之外，还将章太炎居日等历史事实、章太炎东京讲学、晚年讲学授课等内容亦补充进去。《章太炎年谱长编》增订版的出版，对于我们更全面地了解章太炎及其《齐物论释》提供了科学、客观的史料和文献。不仅如此，由姚奠中、董国炎先生编著的《章太炎学术年谱》[③]继1996年由山西古籍出版社出版后，又于2014年由山西出版传媒集团、三晋出版社再次出版。这些原始文献及年谱的再整理和再出版，为后来的研究提供了最基本的学术保障。除此之外，青年学者孟琢先生的《齐物论释疏证》[④]是国内最新的关于《齐物论释》的注疏力作，其以浙江图书馆刻《章氏丛书》所收《齐物论释》《齐物论释定本》为底本，以频伽精舍本及钱玄同题签本、章太炎手校謄清稿本、缪篆《齐物论释注》、《章太炎全集》等为参考文本，有着全面细致的疏证，不仅如此，本

① 黄春宇：《用40年时间爬一座大山——〈章太炎全集〉的整理与出版》，《文汇报》2017年11月3日。

② 汤志钧编：《章太炎年谱长编》（增订本），中华书局2013年版。

③ 姚奠中、董国炎：《章太炎学术年谱》，山西出版传媒集团、三晋出版社2014年版。

④ 孟琢：《齐物论释疏证》，上海人民出版社2019年版。

书在文本解读的过程中渗透着作者有关义理的思考，为推动学界的相关研究奠定了扎实的文本基础。

从近年来内地学界的研究成果来看，主要有三种基本研究样式：第一种是关于《齐物论释》研究的著作出版；第二种是作为一部著作中的一个章节来探索《齐物论释》的相关问题；第三种即是以论文的形式来探索《齐物论释》中的某个具体问题。

作为第一种形式出现的研究成果主要有：日本学者石井刚先生的《齐物的哲学——章太炎与中国现代思想的东亚经验》①一书。石井刚先生主要将章太炎在《齐物论释》中所建构的齐物哲学与日本学者的相关思想进行对比，挖掘了章太炎齐物哲学的世界观、言说方式、国家想象、思想的实践等，相比国内关于《齐物论释》的研究专著，石井刚先生的研究有着更为开阔的国际视野和独特的思维结构，我们有必要对其关注和借鉴。

作为第二种形式出现的研究成果主要有：陈少明先生的《〈齐物论〉及其影响》②一书当中的《排遣名相之后——章太炎〈齐物论释〉研究》。陈先生主要从解释学的角度对《齐物论释》的思想资源、诠释方法、哲学思想进行了相关探讨，并认为章太炎的这部著作不能算作经典，其原因在于它对后世学术思想并没有产生太大的影响，亦未对现实世界产生作用。蒋海怒先生在其所著的《晚清政治与佛学》③一书中单独设立章节，对章太炎的《齐物论释》进行了详细的考论。其最大的优势是对《庄子解故》、《齐物论释》初写本、《齐物论释》定本三个文本的研究非常细致、严密。三个文本之间的关系其实也是章太炎《齐物论释》的成书过程，但学界鲜有人研究，以至于处于被忽略的位置，但在本书看来，这是必须涉及的部分，因为它体现的不仅仅是文本之间的变

① ［日］石井刚：《齐物的哲学——章太炎与中国现代思想的东亚经验》，华东师范大学出版社2016年版。

② 陈少明：《〈齐物论〉及其影响》，北京大学出版社2004年版。

③ 蒋海怒：《晚清政治与佛学》，上海古籍出版社2012年版。

迁，也显示出章太炎对庄子研究的思路和方法的变迁，具有很重要的意义。从这一点来看，蒋海怒先生的这一研究有其独特之处，且弥补了学界的缺失，对我们更好地研究《齐物论释》提供了翔实的参考资料和独特的思考方式。

刘固盛先生等的《近代中国老庄学》①中的《章太炎的庄学成就》论述到了《齐物论释》中的庄佛沟通问题，其主要侧重于《齐物论释》的基本内容，尤其是分析了以佛解庄的具体例证，对我们深入理解《齐物论释》的具体内容有借鉴和参考作用。麻天祥先生的《20世纪中国佛学问题》②涉及了章太炎的"齐物观"，他从佛学唯识宗和庄子入手，对《齐物论释》中所蕴含的"齐物"思想进行了分析，对佛教的自如分析是麻先生的优势所在，通过深入佛学内部对《齐物论释》的研究，对艰涩难懂的此著来说比较客观准确。

此外，还有许多学者在研究过程中以马克思主义的理论视角来分析《齐物论释》。如侯外庐先生在其《中国近代启蒙思想史》③中用近一半的篇幅，从唯物主义的视角对章太炎的思想进行了论述，其中就有对其哲学思想的考察。对于《齐物论释》的理解，侯先生主要从认识论的角度对其进行了分析，并发现了章太炎在其哲学建构中的理论困境和前后矛盾之处。这一点的贡献是比较大的，对于我们从正反两个方面来看待《齐物论释》，发挥自己的逆向思维有着很深刻的启发。姜义华先生所著的《章太炎思想研究》④一书之中《一场夭折了的哲学革命》这一章里，从思想史的角度对《齐物论释》作了分析，认为章太炎在此著作中提出了一些认识论方面的重大问题，只是尚未有正确的解决方法，但可以引导人们从新的角度对之进行探究，因而可以说这部著作对于认识论的研究是有贡献的。同时，姜义华先生在《章太炎评传》⑤中亦以历史唯物主义的视角对于《齐物论释》之旨做了分析，并得出结论："太炎先

① 刘固盛、刘韶军、肖海燕：《近代中国老庄学》，福建人民出版社2014年版。
② 麻天祥：《20世纪中国佛学问题》，武汉大学出版社2007年版。
③ 侯外庐：《中国近代启蒙思想史》，长春出版社2016年版。
④ 姜义华：《章太炎思想研究》，中国人民大学出版社2009年版。
⑤ 姜义华：《章太炎评传》，百花洲文艺出版社1985年版。

生对历史实践的发展和未来的前景丧失信心。”除此之外，李泽厚先生的《中国近代思想史论》①一书之《章太炎剖析》中亦从马克思主义思想的视角论述了章太炎的社会革命思想与哲学思想，但并未用太多的笔墨来谈及《齐物论释》，只是认为《齐物论释》是章太炎思想体系的过渡，是章太炎思想的第三阶段。唐文权等先生在其所著的《章太炎思想研究》②一书中，将《齐物论释》思想分散于不同的章节里，既有从唯物主义认识论角度所做的分析，亦有从宗教的立场所做的论述。

还有一些内地学者从不同角度涉及、考察了《齐物论释》。高瑞泉先生在《中国现代精神传统——中国的现代性观念谱系》③一书中，认为章太炎在《齐物论释》中所建构的是一种平等形而上学，但这种借佛学和庄子来论证平等的形而上的方式——排遣名相的做法有否定现实的可能。汪晖先生在《现代中国思想的兴起》④一书中分析了《齐物论释》展开对“个体”“自性”的论证和对“公理”的批判的逻辑理路方式，并从中挖掘出与之相关的现代性观念。可以说，两位先生对于《齐物论释》的研究都集中在了近代以来政治、社会层面的观念探讨，发掘其中的现代性萌芽，并对其进行了评判，对于今后的研究具有启示作用。陈平原先生在其著作《中国现代学术之建立——以章太炎、胡适之为中心》⑤中从经学、子学方法之争的角度对章太炎和胡适不同的庄子研究进路进行了探讨，进而认为章太炎的《齐物论释》精于佛学和“纯粹哲学”，长于思辨，而胡适对庄子的研究相比之下就过于薄弱了，内在原因是二人治学方式不同所导致的。蔡志栋先生著有《章太炎后期哲学思想研究》一书，在第二章中他将章太炎的齐物哲学定位为一种新的历史哲学，并通过本体

① 李泽厚：《中国近代思想史论》，天津社会科学院出版社 2003 年版。

② 唐文权、罗福惠：《章太炎思想研究》，华中师范大学出版社 1986 年版。

③ 高瑞泉：《中国现代精神传统——中国的现代性观念谱系》，上海古籍出版社 2005 年版。

④ 汪晖：《现代中国思想的兴起》（第一部，下卷），三联书店 2003 年版。

⑤ 陈平原：《中国现代学术之建立——以章太炎、胡适之为中心》，北京大学出版社 2010 年版。

论和语言哲学两个方面将章太炎对于齐物哲学的基本论证过程展示了出来，进而认为章太炎的思维模式仍然是现代主体性的。[①] 彭春凌女士的《儒学转型与文化新命——以康有为、章太炎为中心（1898—1927）》一书侧重于对以康有为和章太炎为代表的近代知识分子在儒学转型方面的努力与贡献的挖掘上，对《齐物论释》也有所涉及，但其指归依然是通过对《齐物论释》的分析来论证章太炎对儒教与淫祀、正信与异端关系的见解，认为章太炎在根基上依循儒家，并认为他是以道家的“不齐”来证成儒家的“不齐”。[②] 角度较其他学者有所不同。张昭军先生的《儒学近代之境——章太炎儒学思想研究》[③]亦从儒学的角度对《齐物论释》进行了考察，认为《齐物论释》反映了章太炎对 20 世纪初年中国社会现实的深入思考，并形成了其“齐物哲学”。他侧重分析了在“齐物哲学”的指导下，章太炎对儒家学说的重新审视和格义。可见，彭、张二位学者都将《齐物论释》置于儒家的思想视阈中进行考察，为今后的研究提供了新视角。方勇先生在《庄子学史》（第 3 册）[④]中专门设有一章内容，详细探讨了章太炎的庄子学研究。他从宏观层面论述了章太炎对于庄子在训诂、义理阐发等不同层面的研究成果，对《齐物论释》深入其内容本身，从不同的篇章进行了疏证和解释，并对章太炎以佛解庄的缘由进行深入分析，更是阐释出章太炎的“平等”“自由”思想，可谓全面。因此，方勇先生的《齐物论释》研究不仅重内容本身，亦重视由内容而引申的哲学思想。此外，张春香女士在其《章太炎主体性道德哲学研究》[⑤]一书中，涉及了《齐物论释》一书的部分思想，且多从革命道德建设角度进行分析，凸显了其中的菩萨一阐提精神。另外，我国港台地区的一些学者从不同的角度对于这部著作做了评定，王汎森先

① 蔡志栋：《章太炎后期哲学思想研究》，上海社会科学院出版社 2013 年版。

② 彭春凌：《儒学转型与文化新命——以康有为、章太炎为中心（1898—1927）》，北京大学出版社 2014 年版。

③ 张昭军：《儒学近代之境——章太炎儒学思想研究》，北京师范大学出版社 2011 年版。

④ 方勇：《庄子学史》（第 3 册），人民出版社 2008 年版。

⑤ 张春香：《章太炎主体性道德哲学研究》，中国社会科学出版社 2007 年版。

生在《章太炎思想》①一书中提到了对于《齐物论释》的看法，认为章太炎的这部著作是从虚无走向入世之作。但稍觉遗憾的是，他并未深入探讨《齐物论释》的内涵，而侧重于《齐物论释》对于社会、人生与文化之功用的研究。黄锦宏先生的《章太炎先生之齐物论释》②，将章太炎这部著作界定为“表达诸子思想系统研究的一种模式”。汪荣祖先生著有《康章合论》③一书。在该书中，他将对于《齐物论释》的诠释放在了当时的历史大背景之下，集中发掘了章太炎之多元文化观，并将此作为章太炎先生回应西方文明之有力武器，从而达到了与康有为之一元文化观作对比研究的目的。

除此之外，海外也有一些研究成果。日本的高田淳先生著有《齐物哲学与辛亥革命》④。他意在通过辛亥革命这一历史事件来研究《齐物论释》之思想。比较有特色的是，高先生对于《齐物论释》重定本与初定本之间的关系做了非常细致的比较研究，这对学界今后的相关研究有着很大帮助。

综上所述，从第二种形式的成果来看，学者对于《齐物论释》文本探析的角度并不相同，虽各有侧重，亦各有其局限性，尤其是对章太炎如何“以佛解庄”这一难题的回避，更让人们增加了对这本著作的扑朔迷离之感。所以，在今后的研究当中，我们应该持有一种既客观又同情的态度与立场去审视章太炎《齐物论释》之价值，尽量全面地看待它的内涵和意义。

对此著作的第三种研究形式主要是：近年来，随着关于章太炎各种资料的不断被整理，出现了与《齐物论释》相关的学位论文。王玉华先生的《多元视野与传统的合理化——章太炎思想的阐释》⑤，从多元性这一角度对《齐物论释》进行分析，充分挖掘了其中的多元内涵。另外，在我国港台地区有两部专

---

① 王汎森：《章太炎的思想——兼论其对儒学传统的冲击》，上海人民出版社 2012 年版。

② 黄锦宏：《章太炎先生之齐物论释》，(台北)《师大国文学报》1991 年第 20 期。

③ 汪荣祖：《康章合论》，新星出版社 2006 年版。

④ 高田淳：《齐物哲学与辛亥革命》，(东京)研文出版社 1984 年版。

⑤ 王玉华：《多元视野与传统的合理化——章太炎思想阐述》，上海人民出版社 2008 年版。

门研究章太炎《齐物论释》的学位论文,一部是苏美文女士撰写的《章太炎〈齐物论释〉之研究》①,另一部是黄建邦先生的《章太炎〈齐物论释〉庄佛会通思想之研究》②。前一部著作从三个角度、一条线索较为全面地论述了《齐物论释》的思想、方法及其现实意义。但对于以往注庄之传统论述过少,对于以佛解庄的传统亦只以很短的篇幅一带而过。同时,她在论及章太炎以佛解庄思想特色的时候,往往征引方东美等人的看法,而对于自己的观点与看法却没有太多的体现,在笔者看来,这部分内容很有价值,是需要详尽论述的。有所不同的是,黄建邦先生从以佛解庄这个角度入手,主要探讨了《齐物论释》之诠释基础、诠释方法以及文本内涵,但不足之处是没有挖掘出章太炎庄佛会通之渊源——历代以佛解庄的传统。因而,从这两部学位论文的长处与不足来看,我们今后在对于章太炎《齐物论释》的研究当中还要加大对庄佛会通之传统的研究力度。

不仅如此,近年来许多相关的研究论文相继发表。比如刘洋先生的《论章太炎经学诠释思想渊源——〈齐物论释〉与佛学的关联意义》③,通过披检章太炎对《齐物论》术语的重新诠释,展现了其对庄子思想在时间维度上的关怀与重视,并关注由此所引发的章太炎子学向以《答问》为代表的经学(史学)转向,从而试图廓清其经、史著述思想的体用关系。李昱先生在《〈齐物论释〉与章太炎的"内圣外王"之道》④一文中,试图通过对《齐物论释》的理解来生发其所具有西方意义上之自由、平等之内涵的"内圣外王"的思想,从而认为章太炎是民族、民主、民生主义者。由此可见,这些论文都是从不同的视角来

① 苏美文:《章太炎〈齐物论释〉之研究》,(台北)淡江大学中文研究所硕士论文,1993年。

② 黄建邦:《章太炎〈齐物论释〉庄佛会通思想之研究》,(台北)中兴大学硕士论文,2003年。

③ 刘洋:《论章太炎经学诠释思想渊源——〈齐物论释〉与佛学的关联意义》,《中国地质大学学报》(社会科学版)2003年第4期。

④ 李昱:《〈齐物论释〉与章太炎的"内圣外王"之道》,《南京大学学报》(人文社科版)2005年第6期。

研究《齐物论释》当中的某一个问题的，此对于我们今后对其的系统研究亦具有重要的启发作用。美国学者慕维仁的《章太炎与联亚主义的再思考：作为方法的印度》①一文认为，章太炎对《齐物论》的解读，重新书写了普遍性和特殊性的概念，慕维仁先生从多元文化的角度对《齐物论释》进行了肯定。同时，他在《章太炎对"公理"的批判及其"齐物哲学"》②一文中从公理的角度入手，分析了《齐物论释》之中章太炎对"公理"的普遍性的批判和体现在个人主义、民族主义中的特殊主义，从而认为章太炎通过阐释中国古代思想和唯识佛学，显示了超越凡俗的"齐"的世界。这两篇论文都从分析《齐物论释》所建构的"齐物哲学"入手来彰显章太炎对现实世界的实践理念和救世情怀。日本学者石井刚先生关于《齐物论释》的系列文章均收录于其《齐物的哲学——章太炎与中国现代思想的东亚经验》一书中，此不赘言。我国台湾地区学者刘纪蕙女士的《法与生命的悖论：论章太炎思想的政治性与批判史观》③考察了《齐物论释》中以老庄和华严唯识论所建构的政治思想和缘起本体论，从而认为章太炎的这一著作透露了其批判史观。张志强先生的《"操齐物以解纷，明天倪以为量"——论章太炎"齐物"哲学的形成及其意趣》④全面细致地分析论证了《齐物论释》的思想内容和基本逻辑。王攸欣先生在《章太炎〈齐物论释〉定本论要》⑤中立足于《齐物论释》定本，详细分析其中的逻辑理路和理论得失，认为章太炎的此部著作既有其精湛之处，亦有其引申附会之处。蔡志栋先生的《平等的辩证法——章太炎平等观新论》⑥一文，从真如本体的角度论

① [美]慕维仁：《章太炎与联亚主义的再思考：作为方法的印度》，《杭州师范大学学报》（社会科学版）2018年第5期。

② [美]慕维仁：《章太炎对"公理"的批判及其"齐物哲学"》，《杭州师范大学学报》（社会科学版）2014年第5期。

③ 刘纪蕙：《法与生命的悖论：论章太炎思想的政治性与批判史观》，《杭州师范大学学报》（社会科学版）2015年第2期。

④ 张志强：《"操齐物以解纷，明天倪以为量"——论章太炎"齐物"哲学的形成及其意趣》，《中国哲学史》2012年第3期。

⑤ 王攸欣：《章太炎〈齐物论释〉定本论要》，《浙江学刊》2014年第4期。

⑥ 蔡志栋：《平等的辩证法——章太炎平等观新论》，《社会科学论坛》2014年第3期。

证了章太炎在《齐物论释》中"不齐而齐"的观点，从而认为从真如哲学出发论证平等必然会导致对不平等的肯定。国内外学者对《齐物论释》从不同角度进行的研究，推动了学界对章太炎《齐物论释》的日渐关注和研究热情，使这部很有价值但长期备受冷落的著作在当前的学术背景下得到了学者的青睐。在笔者看来，研究章太炎，《齐物论释》是无法绕过的著作，随着对其研究的不断深入，也推动了学界对章太炎的研究进程。

从版本学的角度来看，与《齐物论释》关系最为密切的两部著作是《庄子解故》和《国故论衡·明见》。《庄子解故》实际上是一部训诂之作。在该书中，章太炎通过对于《庄子》字词、概念的考据和分析，使其在文字上更加明了。但在义理上，他并未给予太多的发挥。关于写这部著作的原因，章太炎曾有明确的说明："余念《庄子》疑义甚众，会与诸生讲习旧文，即以己意发正百数十事，亦或杂采诸家，音义大抵备矣。"①可见，章太炎主要是想通过自己的学术努力使得《庄子》之意更加明确，解除众疑。《庄子解故》的完成使章太炎对于庄子的理解更加深入，为以后用佛学解庄子奠定了基础。随后的《明见》篇章，章太炎便开始尝试用佛学来解读诸子学说，最常见的便是对于荀子的解读，其中也零星地涉及了庄子。如果说《庄子解故》为《齐物论释》奠定了章太炎深刻理解庄子的基础，那么《国故论衡·明见》则为其以佛解庄奠定了方法理路的基础。通过在《明见》中以佛解诸子的训练，才使得章太炎在后来的《齐物论释》中将以佛解庄的方法运用得游刃有余。

具体到《齐物论释》这个文本而言，章太炎完全从义理之层面将自己的理想倾注于庄学之中，从而成就了这部哲学经典。还需要说明一点的是，章太炎在被袁世凯囚禁之时，第二次修订了《齐物论释》，即为《齐物论释》定本。但定本与初本之间在义理上并无太大差异，只是他又加入了一些论证的材料和语言，使得定本的论证更为严密，义理更加明确了，显示出章太炎理论储备较

① 章太炎：《庄子解故》，《章太炎全集》，上海人民出版社 2014 年版，第 149 页。

之先前更加充实了。因此，本书主要以定本为标准来进行相应的分析与研究。

《齐物论释》中所涉及的其他典籍主要分为三类：一是章太炎对于佛教经典和论著的引用，主要有：《成唯识论》《摄大乘论》《大乘入楞伽经》《瑜伽师地论》《解深密经》《华严经》《法界缘起章》《华严经指归》《大智度论》《大毗婆沙论》《大般若经》《大乘起信论》等。二是对于《庄子》的援引并非局限于《齐物论》一篇，而是涉及了《庄子》中的许多篇章。如《德充符》《徐无鬼》《庚桑楚》《寓言》《则阳》《秋水》《知北游》《天下》等。三是对于《庄子》以外的其他传统典籍亦有引用，如《老子》《墨经》《荀子》等。

不仅如此，《齐物论释》中还渗透了西学的概念和名词。因此可以说，这样丰富的思想资源非常有利于章太炎对于《齐物论》进行深刻的解读。

本著作的研究对象为章太炎先生的名著《齐物论释》。我们以其来作为研究对象，主要是希望通过相关的分析、论证，给予这部著作以合理、中肯的评价，进而试图破除近百年来学界对其所抱有的不解、微词，甚或冷漠，以挖掘其中的哲学思想与济世理想。章太炎本人认为自己的这部著作价值非常大，并常以“一字千金”来表达他的自我肯定之情。不仅如此，此书还是章太炎哲学思辨的最高点，同时亦是其整个思想体系的枢纽。所以，如果人们对于《齐物论释》的基本内容和理论特色有一个基本的掌握的话，那么对章太炎整个思想的认识就会更为深入与透彻。

在《齐物论释》一书中，章太炎运用以佛解庄的方法来巧妙地表达了自己的见解与观点。若将此方法向历史传统追溯，我们可以发现其自有相应的学术传承与思想渊源。而章太炎的以佛解庄之方法在其中则有着独特的风采：首先，章太炎运用了唯识学和华严学以及般若学的佛学思想资源；其次，他还以西方古典哲学作为另一参照系，从而使得其以佛解庄之内容和方法更加丰富，更具时代特色。不仅如此，章太炎以西学作为参照来参与到以佛解庄的活动中表现出当时的知识分子用中国传统文化来对抗西学的胆识与决心。

当然，笔者研究《齐物论释》的缘由，并不仅仅在于其所具有的理论价值和独特方法，还在于由此所衍生出来的宇宙、人生、道德、文化等方面的内容，以及与之相关的价值与意义。正因如此，所以在探究《齐物论释》的过程中，我们便可以深刻地体会到章太炎经国济世的用心，亦能明显地感受到他将佛学理论作为一种应对现实社会各种挑战的工具与手段之良苦用心。可以说，其中所体现出的是哲学思辨与济世理想之间的统一。

清末民初佛教有三种走向：第一种，以太虚大师等宗教界人士为代表。他们中有一部分人积极投身于以佛教来挽救民族危亡的行动中，如太虚大师的人间佛教就表现出这一点；第二种，以杨文会居士为代表，从学术研究的角度来复兴佛教。尽管如此，从根本上来说，这两种努力方向的人士还是站在佛教内部的立场上以护教为目的的；第三种，则是诸如章太炎、梁启超等人以佛学作为治世手段的应世佛学之走向。无论是哪种走向，都反映出近代佛学的入世转向。无论佛教内部人士还是知识分子群体，在一定程度上都有重合之处，那就是具有一定的救世情怀。由此看来，通过对章太炎在《齐物论释》中所渗透的佛庄融合以救济国家、民族思想的探究，我们可以将其置于对整个清末民初佛学思潮这一具有重要历史意义事件的研究当中去。虽然，对于佛教界而言，章太炎在《齐物论释》中所涉及、体现的佛学思想是一种应世佛学，但从客观效果上来说，亦推动了当时佛教思想的发展。因而，作为应世佛学之代表作，《齐物论释》在清末民初佛教史上的地位、价值与意义之重要性自是不言而喻的。

从现实层面来看，章太炎的《齐物论释》亦包含了许多可资参考与借鉴的学术观点与文化理念。从社会背景来看，由于中华民族自近代以来遭到了严重的戕害，并造成了难以挽回的损失。因而使得不少人能够理智、清醒地重新审视民族文化本身所具有的价值和不可替代的地位。章太炎的这部著作便是这种文化背景下的产物。在这部著作中，章太炎提倡文野无差别、文化具有多元性的理念，进而认为各民族文化都应当相互尊重，而不应有文化霸权思想的存在。在这种文化理念下，他对待西学的态度也是较为宽容与开放的。所以，

《齐物论释》所体现出来的对待民族文化的态度，以及处理各民族文化间差异的理性精神，对于当今社会具有相当重要的启示意义。

不仅如此，《齐物论释》当中所彰显的道德观、人生观，对于当今社会人心之转变和新时期社会主义道德建设亦具有重要的作用。于此，章太炎认为究竟一切无有。所谓的名相、外物、包括自我都是唯心所现，不具有真实性；而人世间的争斗、祸乱却恰恰起源于人对于自我、外物的执着。不仅人是如此，国家之间亦是如此。因此，放弃对自我的执着，放弃对名利物质的贪爱，人的道德感必定能够得以增强，社会亦可得以和谐。在该著作中，他提出"菩萨一阐提"的精神，恰恰是当今人类社会最为缺失的部分。当今世人多为自身打算，利欲熏心已经到了相当严重的程度，这也许是在这样一个物质极大丰富的时代，灾祸却如此之多的深层原因。若人人都能有菩萨一阐提为他人、为社会赴汤蹈火，勇猛无畏的精神，能够抱有"地狱不空，誓不成佛"之大乘菩萨的信念，那么现实中的许多问题还是比较容易得到解决的。

由此可见，《齐物论释》尽管在当时的社会现实中并未发挥出其自身所具有的价值，但正如乌目山僧黄宗仰所预料的那样："今太炎之书见世，将为二千年来儒墨九流破封执之局，引未来之的，新震旦众生知见，必有一变以至道者。"(《齐物论释・后序》)故而，章太炎的《齐物论释》的确是值得我们去深入探究的。

本书的内容一共包括五章。其中第一章是对《齐物论释》之成书背景、成书原因的考察。

首先，本书围绕《齐物论释》来考察同时代知识界之学者在清末民初国家民族危机时刻所做的各种努力，通过个案研究，我们基本上可以了解到晚清社会之情状，以及知识分子在面对危机之时的不同心态，从而可以作为《齐物论释》成书的社会背景。

当然，仅有此宏观的社会背景还不够，《齐物论释》的完成，必然渗透了作者的人生经历与思想变迁等因素。因而，对于章太炎人生履历的呈现也就变得非常必要了。在这一部分,本书意从章太炎几部最具代表性的著作之间所体现出来的学术理念和学术方法的不同,来分析《齐物论释》中章太炎所运用的理论资源的现实合理性。如章太炎从早年崇尚科学、崇尚进化的学者转而成为喜欢用佛学武装自己理论的学者,这其中他必然经历了各种磨难与坎坷。而且,伴随着其人生经历和社会环境的变迁,章太炎的知识储备和学术兴趣也发生了一定的转向。在此背景下,《齐物论释》的问世也就在情理之中了。

同时,本书在论述章太炎为何要运用"以佛解庄"这一方法时,将围绕《齐物论释》来考察以佛解庄这种传统的传承,以及其中所折射出的学术价值和文化之间融合的需求。本书将此传统回溯到魏晋南北朝格义佛教时期,一直延伸到与章太炎同一时期的杨文会之以佛解庄思想,为章太炎的《齐物论释》奠定一个纵向的学术背景,力图使其完全融入这一方法的历史长河之中,以示《齐物论释》中对"以佛解庄"方法的应用并非无源之水。同时亦为后文凸显章太炎《齐物论释》中以佛解庄所体现出的时代特色和独特之处,从而为与各个时代的以佛解庄之注家进行超越时空的对话与对比作了理论铺垫。之后就对成书的具体过程进行分析考证,尤其要凸显《庄子解故》—《齐物论释》初写本—《齐物论释》定本的形成过程。

通过对以上背景的考察,我们对《齐物论释》的成书原因便有了宏观而明晰的把握。因而,第二章就进入对于文本本身的分析,即要解决《齐物论释》蕴含了什么样的哲学思想。具体而言,第二章分为四节:第一节论证章太炎对"吾丧我"的解读,从而建构起无我哲学;第二节通过考察章太炎对于佛教思想资源的运用情况,来对其名相观加以讨论与研究;第三节论证章太炎的"万物一体观"的形成过程及与以往观点的不同;第四节主要考察了章太炎借助佛教生死轮回资源来建构自己生死观的问题,进而分析了其较之以往注家的不同之处及其特色。这四节涵盖了《齐物论释》中的哲学思想,可以说其为一个哲学体系。本书在研究章太炎在建构自己"齐物哲学"体系的过程中,主要从《齐物论释》的义涵入手,分析在此文本中章太炎究竟是如何解读庄子《齐物论》的。在此，我们主要采用显线和隐线相结合的方法来烘托章太炎的解读特色。显线就是重点分析章太炎对于庄子各个概念、命题的解读；而隐线就是将历代注庄家的注释同章太炎的注释作一对比，从而分析章太炎的注解与以往注庄者的异同，尤其关注不同之处，从而以此为切入点来分析章太炎究竟是歪曲了庄子的本意，还是有他自己的苦衷和意图。

第三章主要分析章太炎注解庄子《齐物论》而成《齐物论释》之意图所在，也就是要解决“为什么”的问题。在这一部分内容中，我们将涉及章太炎的各种现实理念。诸如多元文化理念、平等、道德建设理念等等，这些理念均从解读《齐物论》中生发而成。这些内容其实都是由《齐物论释》的哲学思想体系而来的对于现实的思考，正是其济世理想之所在。

第四章主要从经典诠释视野对《齐物论释》的诠释方法进行了考察，进而对其进行定位。要解决章太炎在《齐物论释》中是如何解读《齐物论》的，属于方法论的范畴。通过对于章太炎所用方法的提炼，进而分析章太炎在文本中究竟是如何运用这些方法的，并从经典解释传统的角度来观察这些方法及其意义之所在。这是作为以文本为基础进行研究的必要环节，即对其诠释方法的研究分析。

第五章通过对《齐物论释》在章太炎整个思想体系中的地位和意义的考察，对《齐物论释》在章太炎弟子中传承情况的考察、对他者眼中《齐物论释》价值的呈现，得出其所具有的价值，同时也客观地指出其中所存在的哲学思想与济世理想之间的张力。进而预测了《齐物论释》在未来学界和社会中的基本走向和发展。这也是本研究最终目的之所在，即厘清近代与现当代学者对于《齐物论释》所做的具有偏差性理解的价值界定，从而给予其客观、公允的评价，以期学界在今后的研究当中，对其所持的漠视之态度能够有所改变，希望有更多的学人来挖掘这座思想的宝藏。

第一章　章太炎《齐物论释》之成书

近代中国的历史是屈辱的历史，在西方列强坚船利炮的攻击下，中国社会受到了来自西方世界全方位的冲击。随着鸦片战争的爆发，天朝大国的迷梦也在瞬间被打破，中国开始被迫融入世界，成为世界历史的一部分。针对清王朝与广大民众的各种不平等条约接踵而至。同时，西方社会的各种思想理念、价值意识亦趁势渗透了进来。于是，中国社会从经济、政治到军事、文化，都面临着沉沦的危机。在此危急的历史时刻，在中国占主导地位两千多年的儒家文化却无力应对来自西方的各种挑战。不仅如此，儒家文化与制度相结合的历史亦已逐渐完结，①在这样一个文化断层的阶段，中国人，尤其是近代中国的知识分子的内心是焦虑、忧愁的，他们关注着民族的命运，为此而努力着，甚至舍弃了自己的生命。此正如黄远生在《过渡时代之悲哀》和《想影录》中所说：

旧者既已死矣新者尚未生。吾人往日所奉为权威之宗教道德学术文艺，既已不堪新时代激烈之风潮，犹之往古希腊神道之被窜逐然，一一皆于晦匿，而尚无同等之权威之宗教道德学术文艺起而代兴。吾人以一身

① 干春松先生在《制度化儒家及其解体》一书中，从儒家观念体系的危机、制度体系的危机、清末新政的登场三个过程系统地论述了儒家制度化解体的过程、表现和原因所在。参见干春松：《制度化儒家及其解体》，中国人民大学出版社 2003 年版。

立于过去遗骸与将来胚胎之中间，赤手空拳，无一物可把持，徒彷徨于过渡之时期中而已。①

今日吾曹不新不旧，不中不西，青黄不接，与彼相同，而所以致其苦痛者，家国之故，较彼更深，自哲人视之，其为身世之感，人生之忧，则一也。②

近代中国处于这样一个内忧外患交加的艰难境地，旧的社会秩序已被破坏，新的秩序尚未建立。面对这样一个文化近乎休克的状态，近代知识分子的内心世界中曾经建立起来的各种道德秩序、信仰支柱便于瞬间轰然倒塌了。此正如高瑞泉先生所言："晚清以降，不仅传统的价值不敷应对世变与事变，因而导致了'三千年未有之大变局'；而且出现了价值原则和价值承当之间持续、根本的背离。它先是表现为从官场到士人日深一日的弥漫性道德沦丧，最终则是辛亥之役令千年帝制随着满清的覆灭而告终，固有的价值结构解体，传统的权威也就皮之不存，毛将焉附？"③故而，究竟该如何面对这样一个时代所带来的种种变更，究竟该如何建立起一种新的文化秩序、道德标准，从而能够得以挽救国家的日渐沉沦和民族的衰败呢？知识分子们在忧愁与焦虑中迸发出无比强大的精神力量，他们为此做出了自己艰深的思考和理论探索。因而，他们试图要重新建立起一种新的文化理论体系，从而作为挽救民族国家、回应西方文化挑战的有力理论武器。在救亡的过程中，知识分子们有着各自不同的理论方法和方向。此正如英国历史学家汤因比所言："一个社会在它生存的过程中不断地遇到各种问题，……每个问题的出现都是一次需要接受考验的挑战，在这样的一系列的考验中，社会里的各个成员就不断地在前进中彼此有了差异。"④即使方向不同，但有一点是相同的，那就是他们都是在"传统的

① 黄远生：《黄远生遗著》，（台湾）华文书局1938年版，第126页。

② 黄远生：《黄远生遗著》，（台湾）华文书局1938年版，第125页。

③ 高瑞泉：《中国现代精神传统——中国的现代性观念谱系》，上海古籍出版社2005年版，第9页。

④ ［英］汤因比：《历史研究》（上），上海人民出版社1987年版，第4页。

思想与制度的基本架构内对西方文化作出适度的调节”①。张灏先生看到了中国知识分子在东西方文化发生碰撞的近代时期，是如何看待传统中国社会与西方文化之间的关系的，并在思考和处理两者之间关系的过程中不断探索着近代中国的未来方向与出路。

第一节　近代危机与知识分子的以佛救世意识

面对近代中国社会的艰难处境，以章太炎等人为代表的中国知识分子在危机面前试图用佛教来挽救日益沉沦的中华民族，他们以现实需求为旨归，不仅试图用佛教的核心理念来拯救世道人心，亦通过利用佛教思想及其思辨性来整合、建构可与西方文化相对抗的形而上学。这一行动促成了一股思想潮流，从而推动了佛教复兴的发展进程。

在危机面前，知识分子们改变了以往从儒家、道家思想中寻求救世支持的做法，而是转向对佛学的探索，将佛学的精神作为一种拯救人心、提升道德的救世良药，同时亦将佛学作为一种思想资源，运用其中的名相和逻辑思辨对儒家、道家思想进行整合，重建一套可与西方文化相对抗的形而上学，挽救日益沉沦的民族文化和民族精神。

正是其时有着这样的思想诉求与理想愿望，清末民初的知识界便应势兴起了佛教救国的新潮流。对于知识界兴盛佛教的情形，梁启超作出了总结：

> 晚清思想界有一伏流，日佛学。……谭嗣同从之游一年，本其所得以著《仁学》，尤常鞭策其友梁启超。启超不能深造，顾亦好焉，其所著论，

① 张灏：《中国近代思想史的转型时代》，载《现代中国思想的核心观念》，上海人民出版社2011年版，第12页。

往往推挹佛教。康有为本好言宗教，往往以己意进退佛说。章炳麟亦好法相宗，有著述。故晚清所谓新学家者，殆无一不与佛学有关系。①

近代知识分子以佛救世的意识体现在他们热心于佛学，以期能够从中找到救世良药的种种行为当中。康有为以大乘菩萨行愿为己任，从而"其来现也，专为救众生而已，故不居天堂而故入地狱，不投净土而故来浊世，不为帝王而故为士人，不肯自洁，不肯独乐，不愿自尊，而以与众生亲。为易于援救，故日日以救世为心，刻刻以救世为事，舍身命而为之，以诸天不能尽也，无小无达，就其所生之地，所遇之人，所亲之众，而悲哀振救之……"②康有为将菩萨的大慈大悲之愿带到了他的大同理想之中，以期赋予人人平等、幸福之权利。谭嗣同则在佛教"无我"精神的影响之下，认为："故学者当知身为不死之物，然后好生恶死之惑可祛也"③；在这种信念的支撑下，他敢于为民族国家献出生命，表现出了大无畏的精神风范。梁启超则将佛教精神应用于国民性之改造当中去，侧重于佛教对于人格心灵的拯救。章太炎则在他发动排满运动时，就以佛教的名义来论证："照佛教说，逐满复汉，正是分内的事。"④不只如此，他还将佛教应用于社会政治、文化、道德等各个方面，较之康、梁、谭等人视野更加广阔。对此，麻天祥先生有着准确的总结："于此'学问饥荒'之时，所谓新学家者无不祈向佛学，欲冶中西、儒佛、新学旧学为一炉，构成一种'不中不西，即中即西'的新学问，因此而把佛学变成与当时社会思潮谐振的愤世嫉俗的慷慨悲歌。原来追求内在超越的佛学一变而为关注国家兴亡、社会政治和人生问题的经世之学，实现了佛学由出世转向入世的第二次革命。如果说晚清佛学是一支以经世为特征的通向未来的伏流，那么，它与近代社会思潮的结合，便是在现实社会中搅起滔天巨浪的理论源泉。"⑤可见，近代以来的知识分

① 梁启超：《清代学术概论》，凤凰出版传媒集团、江苏文艺出版社 2007 年版，第 91—92 页。
② 康有为：《康南海自编年谱》，楼宇烈整理，中华书局 1992 年版，第 13 页。
③ 谭嗣同：《谭嗣同全集》（下册），中华书局 1981 年版，第 309 页。
④ 章太炎：《章太炎演讲集》（上册），载《章太炎全集》，上海人民出版社 2015 年版，第 8 页。
⑤ 麻天祥：《20 世纪中国佛学问题》，武汉大学出版社 2007 年版，第 3 页。

子，在民族危亡的逼迫下，在传统资源无力应对的无奈下，只好求助于佛学，将佛学与西学、中学相结合，铸造出一种可以对抗西学入侵的理论武器。佛学成为应用于现实的工具，同时对自身也产生了重大的影响，一方面，佛学从内部修行转向关注挽救民族危亡；另一方面，在此过程中，也推动了思想界研究佛学的浪潮，促进了佛教复兴。

知识分子以佛救世的意识还体现在将佛学作为自己理论建构当中的重要元素，从而建立起可以与西方文化相抗衡的形而上学体系。这种形而上学体系的建立，是以现实为指归的，不仅要为改良和革命的运动作理论支持，亦在哲学的高度上来挑战西学，并且有道德教化之作用。其中，谭嗣同的《仁学》在当时就具有典型性。他将禅宗的“本心”、华严宗的“真心”、法相宗的“阿赖耶识”等思想与精神融入对《仁学》的建构当中去。梁启超则亦有用佛学与康德哲学之会通来进行哲学思考的举动。① 另外，章太炎的《齐物论释》亦是其中的典型之作。

近代知识分子以佛救世意识的萌发具有时代的原因，具体而言，主要有以下几点。

首先，当时的许多知识分子都认为，佛教本身所倡导的无缘大慈、同体大悲的精神，有助于有识之士舍一己之私、舍儒家差等之爱，从而全身心地投入到救国救民的事业中去。对此，康有为说：“静坐时忽见天地万物皆我一体，大放光明，自以为圣人，则欣喜而笑。忽思苍生困苦，则闷然而哭……此《楞伽》所谓飞魔入心，求道迫切，未有归依时多如此。”②因佛教禅定的方法所产生的这种宗教体验，使他产生了一种普天同体的悲悯情怀，并且促使他产生了救国救民的菩萨情怀和大同理想。谭嗣同则在佛教精神的影响下决心冲破网罗、舍生忘死。

其次，佛教有可与西学相抗衡的形而上系统。如来藏缘起、阿赖耶识缘起

---

① 参见梁启超：《梁启超全集》，北京出版社 1999 年版，第 1061 页。

② 康有为：《康南海自编年谱》，楼宇烈整理，中华书局 1992 年版，第 8 页。

思想正为宇宙万有的产生作了形而上学的论证。正是因为这个原因,佛教才会在近代被知识分子作为形而上学建构的因素。佛教较之儒学的这种优越性在蔡元培先生那里得到了论述:"儒佛之中,有能食文物而强大于体质以抵制之者乎?儒之中,盖有知之者矣,然而儒者扼于世法者也,集网甚密也,资本无出也。……学者而有志护国焉者,舍佛教而何籍乎。"①蔡元培的这段话是要说明,佛教有一个本体论系统。佛教对于宇宙人生、世间万物的具体阐发都有此本体论意义上的支持;而儒家思想则更侧重于礼义法度等方面,不仅烦琐,而且缺乏本体论的支持。可见,蔡元培所讲的儒学并不包括宋明理学,而是原始儒学。尽管宋明理学亦有自己的形而上学体系,但仍不被清末民初的知识分子所重视,其原因可从干春松先生的这段话中得到启示:"对孟子的推崇和对于荀子的摒弃,凸显了宋明之后的儒家对于以道德控制社会的向往和对于曾经倾心的制度设计的回避,这是儒生们面对时代的需求所做的自觉的选择。"②可见,过于凸显心性的修养而忽视对于社会制度的设计和努力,可以充分解释宋明理学这样的儒家形而上学亦不适合晚清以挽救民族危亡为使命的知识分子心理需求的原因之所在。不仅如此,佛教所具有的思辨性亦非常契合当时的思想需要。这种思辨性正是西方学术的特征之一。佛教具有发达的因明学,并且注重破遣、破执。盖缘于此,所以梁启超才会依佛学建构起了自己的心理学;熊十力更是评判佛家空有二宗大义,而折中于易。以建立起自己的《新唯识论》;唐大圆则认为,"内学外之体,外学内之用。体不离用,故内学实包外学;用不离体,故论学亦不离道。此之谓体用一如,即是真俗不二。"③进而认为佛学是体,儒道是用;佛学是真,儒道是俗,二者为一体的,真俗不二,同时发挥作用。

① 蔡元培:《蔡元培政治论著》,河北人民出版社 1985 年版,第 982 页。

② 干春松:《制度化儒家及其解体》,中国人民大学出版社 2003 年版,第 2 页。

③ 唐大圆:《我之内外学观》,载《东方文化》(第 2 集讲谈),泰东图书局 1926 年版,第 20—21 页。

最后,佛教能够在知识分子们的内心当中产生一种亲和力。著名的佛学家苏渊雷教授在《中国佛教文化论稿·序言》中曾指出:"中国佛教是印度佛教在中国文化圈内的移植,其与中国本土文化——儒道文化相接触经历一个由依附、冲突到相互融合的过程。经过长期的选择、改造和重构,中国佛教形成了自己鲜明的特色,从而融入了中国传统文化。"①苏先生的论述揭示出这种亲和力产生的根本原因,即佛学的中国化。具体而言,佛学自两汉之际传入我国,经过几千年的碰撞与融合之后,逐渐内化在了中国传统文化当中,并形成了具有中国化特征的佛学,如天台宗、禅宗等。于是,这些宗派都不同程度地强调了出世间而即世间,并将入世作为一门修行的必要功课。尽管如此,佛学在中国的传统文化当中却始终没能占据主导地位,其原因正在于它多强调彼岸世界、强调出离生死轮回,难以与中国人之注重现实、现世的心理结构相契合,而且其所强调的少欲与中国儒家所倡导的有所作为之精神理念亦有一定距离,从而产生一种张力。而且,佛理所具有的思辨性、理论性极强之特征亦难以与中国本土文化注重直觉、体悟等一系列的心理、精神相契合。因而,佛教在几千年来尽管以自己的方式在发展,却从未真正获得过主导性的地位。

但是,在清末民初这样一个动荡不安、人心惶惶的时代,面对西方列强的种种压迫,当知识分子们欲从本土文化中寻找对抗西方侵略的理论武器时却发现它们已经不具有足够的说服力,更不用说回应和对抗了。此时的佛教对于人们面对苦难时内心世界的强大,以及在抵抗外侵过程中所建构起来的舍生忘死之精神力量,再加上佛教唯识宗所具有的独特思辨性与深刻性,都非常适合其时作为建构一种新的理论体系的重要思想资源与理论依据。因而,这一历史阶段的佛教,在中国知识分子的眼中已不是什么外来文化了,其相对于西方文化来说,早已经在中国人的心中扎下了根。所以,在西方文化入侵之

① 苏渊雷:《中国佛教文化论稿·序言》,上海人民出版社 1991 年版。

际，佛教的角色就不再是以往所被认为的异质文化，反而是作为中国传统文化中的一份子来鼓舞士气，参与建构可与西方文化相媲美的新的理论体系。① 面对西方入侵之时，知识分子能够开明地接受新鲜事物，同时能意识到应对危机应该从内部系统作出改变，以保持本民族文化的自主性而不被取代，从而保证中华民族的文化认同。从这一点来看，是难能可贵的。

郭应传先生认为："与居士佛学意在弘法、寺僧佛学重在卫教、学院佛学追求学术独立的旨趣不同，康、梁、谭、章等思想家，不仅具有知识分子的身份，同时，他们更以饱满的政治热情投身于社会改革活动中，所以，他们选择佛教、信奉佛学、倾心佛法，带有明显的应时救世的经世色彩。他们利用佛学中丰富的思想资源，断之己意，通过改造和发挥，为其鼓吹的维新、革命服务，为其投身的社会变革事业作理论上、舆论上的准备。同时，他们也借助佛学的思辨方式，作理论探究的努力，以满足学问饥荒环境中对理性思维的渴求，这在一定程度上推动了近代理论思维的深入。"②可见，近代危机之时，知识分子利用佛教为救国救民所作出的努力，彰显了他们以佛救世的意识，亦体现出其所掌握的佛学资源并非从保持佛教的纯粹性出发，他们的动机决定了其佛学思想的应世化倾向。

第二节　章太炎思想的转型与变迁

章太炎将自己一生的学术历程分为："始则转俗成真，终乃回真向俗。"③ 章太炎一贯用"真"来表示出世间的佛学，而用"俗"表示世间学术。故而，如果按照他的这个说法，纵观他的学术经历，我们可以将其学术历程分为三个阶

① 比如佛教理论的深刻性、逻辑性、思辨性都非常有利于具有近代特征的新理论框架的建构，而中国本土文化则更重直觉性、体悟性，已经难以参与到这一思想潮流当中去了。

② 郭应传：《真俗之境——章太炎佛学思想研究》，安徽人民出版社 2006 年版，第 212—213 页。

③ 章太炎：《菿汉微言》，载《章太炎全集》，上海人民出版社 2015 年版，第 70—71 页。

段:第一个阶段为章太炎倾心西学和稽古之学的阶段,尤其热衷于西方的进化论思想,并将其与传统学说进行比附,此乃“俗”的阶段,其中尽管也有建构唯物哲学的尝试,但较之佛教的“真谛”层面,仍然为有限的世间学问;此时的著作有《訄书》《膏兰室札记》等;第二个阶段为他接触佛学,以佛学来建构自己的形而上学阶段,《国故论衡》(下卷)、《齐物论释》就是代表,此为“真”。第三个阶段为章太炎回到孔、孟、易学之本土入世学术体系之中,较之佛教,此亦为“俗”的阶段。

作为一个革命家,一个具有担当意识的中国知识分子,章太炎最为关心的就是救国救民,救中国日渐衰败的传统文化。他所能做的,就是创建一个形而上的理论体系,将他所倡导的关于多元文化、个人自由以及道德建设等理念浓缩其中,从理论的最高点来指导现实的变革。在《齐物论释》中,处处可见章太炎用唯识名相、华严理论、般若中观思维方法来解读《齐物论》。不仅如此,亦会有西方哲学的概念渗透其中,参与构建这一形而上的著作。但是,纵观《齐物论释》之前的著作,其所体现的却是章太炎不同的理路与思考。以下就将以其最具代表性的几部著作同《齐物论释》进行对比,从而彰显章太炎的个人学养和人生经历之转变,进而凸显《齐物论释》的文本成因以及在其中所采用的各种理论的现实合理性。

一、　从《訄书》到《明见》:从倾心西方自然科学到摄取佛学

章太炎早年最具有代表性的一部著作非《訄书》莫属。据朱维铮先生考证,这部著作初刻本的写作时间大概在 1900 年 2 月中下旬至 4 月上旬之间。[①] 书名之意为“逑掬迫言”。其中,“逑”就是求索,掬就是穷究,迫是急迫,这表明章太炎在这部著作中要表达自己最为急迫的思想,以引起人们的关注,并意欲将其付诸实践。由于不满初刻本之“意不多称”[②],章太炎便于

① 参见朱维铮:《求索真文明——晚清学术史》,上海古籍出版社 1996 年版,第 259 页。

② 姚奠中、董国炎:《章太炎学术年谱》,山西出版传媒集团、三晋出版社 2014 年版,第 68 页。

1902年对其进行了修改和删节，从而成为《訄书》重订本。在写作《訄书》期间，正是晚清政府内忧外患之时，义和团运动和八国联军的内外夹攻使得大清帝国处于风雨飘摇之中，而中华民族和中国人民亦处于苦难日重之艰难时期。戊戌变法的失败让章太炎毅然投入革命洪流中，并将自己的革命见解融入《訄书》。尽管《訄书》几经删改，后来改名为《检论》，但从整体而言，《訄书》是一部论学论政的综合性著作。章太炎在其中留下了早年崇尚西方科学、进化论之思想，深受西方自然科学影响的唯物立场之痕迹。如《訄书》中《原变》这一章，他便充分论述了宇宙以及人类进化的趋势。在《族制》一文中，章太炎又运用西方优生学理论和达尔文的进化论来解释民族衰亡之类的问题。因而，从此类学说当中，我们可以看出早年的章太炎是非常推崇西方的自然科学知识和社会学知识的，他表达了自己渴求变革、渴求进化，从而希冀达到救亡图存的目的与心愿。《訄书》涉及中国传统文化的篇章中，亦体现了他早年所具有的乾嘉学统之涵养和博采诸子之所长的学术特征。更为重要的是，在写作《訄书》时期的章太炎非常反感天命之类的违反自然法则的说法，也非常排斥佛学。排斥佛学的原因之一是为了对抗康有为等人。当时的康有为潜心佛典，且有很深的感悟，“由阳明学以入佛学，故最得力于禅宗，而以华严宗为归宿焉”①。可见，康有为常常用阳明学和禅宗思想来建构自己的学说，而此时与康有为在学术立场上势如冰炭的章太炎，是不可能接受佛学的。在章太炎看来，民族国家最危难的时刻，康有为等人利用佛教以变法，取得民心的做法实在不可理解。因为他认为佛经所言，“其近实者，九能之士，固将有事焉尔。其深微渊眇，知帝之悬解，而不剀切于民事，张弛之义，宜有所先后”，况且，今日乃末法之世，“浮屠之运，神歇灵绎，贤劫未尽，弥勒未出世，虽有贤哲，固无以昌明其教”，所以，“徒费日损功以自游衍，目睹百姓之啼号宛转，而欲以空言济之”，只能造成“魏、晋人之清言，其复见矣”的后果。② 可见，排斥佛教，

① 梁启超：《南海康先生传》，载《梁启超全集》，北京出版社1999年版，第487页。

② 章太炎：《太炎文录补编》（上册），载《章太炎全集》，上海人民出版社2017年版，第17页。

反对康有为的原因在于他认为佛教之义玄之又玄，深奥难懂，不切于民事，因而，面对百姓“啼号宛转”之痛苦却只能“以空言济之”，这是何等悲哀，亦是康梁等维新党人不知轻重缓急的结果。这当然只是章太炎排斥佛教的原因之一。还有另外一个原因就是他在这个时期并没有深入了解大乘佛教之义理，更不曾了解佛教其实与他早年所倾心的“稽古之学”有着惊人的相似性，非常有利于他建立新的思想理论。甚至宋平子等人劝其读佛学时，他也是略略涉及，不甚喜好。正如章太炎自己后来所总结的那样：“略涉《宝积》、《华严》、《涅槃》诸经，不能深也。”①

但是，时隔几年之后，章太炎所倡导的学术理念就与《訄书》完全不同了。在东京留学生欢迎会上发表演讲时，他竟然对于《訄书》中所渗透的斯宾塞理论进行了抨击：“近来像宾丹、斯宾塞尔那一流人崇拜功利，看得宗教都是漠然。”②可见，曾经所崇拜的斯宾塞等人却成为章太炎那一时刻摒弃的对象，他开始将自己的观点建立在佛学的基础之上，给予了佛教以足够的重视，写出了一系列有关佛学的篇章。在笔者看来，最具代表性的莫过于《国故论衡·明见》。因为在《明见》中，章太炎已经可以非常娴熟地运用佛教之理论、名相来解读诸子之玄思了，并从形而上的高度开始了以佛解庄的尝试。因而，《明见》可以作为连接《訄书》与《齐物论释》之纽带。从《訄书》到《明见》之环节，本小节意在探讨章太炎缘何由一名追随西学，运用西学来表达自己革命理想的青年学者进而转变为深究佛学义理，建构自己哲学体系的国学大师缘由之所在。

首先，从尊崇西方自然科学和社会科学到探究佛学有一个转折事件，那就是 1903 年苏报案的“三年之狱”。这三年是章太炎人生中极为黑暗的时期，满腔的革命热情换来的却是牢狱之灾；同时，戊戌变法和甲午海战的惨败都让章太炎被迫停下追逐西方自然科学的脚步，开始深入反思纯粹信赖西方自然

① 姚奠中、董国炎：《章太炎学术年谱》，山西出版传媒集团、三晋出版社 2014 年版，第 46 页。

② 章太炎：《演讲集》（上），载《章太炎全集》，上海人民出版社 2015 年版，第 4 页。

科学的弊端。在这种背景下,他试图回头在自己的民族文化中间寻找可以应对现实的有利元素,但令他失望的是,他早年所倾心的稽古之学已经不能够应对现世的悲凉了,传统的儒学亦在日渐沉沦,无力应对来自外族的戕害,这些都让章太炎深感彷徨与悲苦。而佛教所具有的对于现实世界虚妄性的论证以及给人灵魂以最终归宿的优越性,使得章太炎"晨夜研诵,乃悟大乘法义",并认为研读佛典可解三年之忧,开始劝邹容阅读佛经。1906 年,章太炎出狱后东渡日本,但他仍然保持着对于佛学的热情。在日本期间,他不仅继续研读佛典,而且还开始发表一系列的佛学论文,并逐渐利用佛学的义理来解决一些理论性的问题,其佛学思想日渐成熟起来。对此,他说:

余少年独治经史、《通典》诸书,旁及当代政书而已,不好宋学,尤无意于释氏。三十岁,与宋平子交,平子劝读佛书,始观《涅槃》、《维摩诘》、《起信论》、《华严》、《法华》诸书,渐进玄门,而未有所专精也。遭祸系狱,始专读《瑜伽师地论》及《因明论》、《唯识论》,乃知《瑜伽》为不可加。既东游日本,提倡改革,人事繁多,而暇辄读藏经,又取魏译《楞伽》及《密严》诵之,参以近代康德、萧宾诃尔之书,益信玄理无过《楞伽》、《瑜伽》者。①

以上这段话是章太炎对于自己转向佛学,研究佛学之过程最为精确的总结。从"不好宋学""无意于释氏"到最后信奉佛学,进而应用佛学,正反映了章太炎的心路历程。同时,从材料中我们也可以看到,章太炎在日本期间,对于西方哲学的采撷已经由《訄书》时期的西方自然科学和进化论学说转向了德国古典哲学中去。因而,在《齐物论释》中,章太炎便利用他在日本所吸收的德国古典哲学作为其中的一个次要元素来参与解读《齐物论》,这既是对西方文化的撷取,亦是一种回应,还体现了清末民初学术界的一个基本特色——援西入中。

---

① 姚奠中、董国炎:《章太炎学术年谱》,山西出版传媒集团、三晋出版社 2014 年版,第 210—211 页。

其次，除了中遭忧患之外，章太炎喜欢与僧俗结交亦是一个非常重要的原因，这种交往对于他产生学佛的信心是至关重要的。

章太炎与近代名僧黄宗仰一直保持着亲密的关系。黄宗仰别名乌目山僧，世称宗仰上人，是近代著名的爱国、革命僧人。因二人有着共同的革命志向和爱国热情，因此在他们虽然未曾谋面之时就已神交，黄宗仰赠诗给章太炎以表达自己的敬仰之情。章黄二人正式结识于 1902 年的中国教育会上。①据冯自由记载：

> 壬寅春，旅沪志士余杭章炳麟，常熟黄中央（释名宗仰别号乌目山僧），山阴蔡元培，阳湖吴敬恒诸人，以译本教科书多不适用，非从新编订完善，不足以改良教育，因联络海上有志之士，发起中国教育会为策动机关。倡议诸子，均属热心民族主义之名宿，故此会不啻隐然为东南各省革命之集团。②

1903 年，章太炎入狱，黄宗仰积极营救，除此之外，还有频繁的书信往来，他们在书信中互相勉励，共同探讨佛学问题。在此过程中，黄宗仰对章太炎研究佛学进行了指引，这对身处狱中的章太炎给予了极大的精神慰藉。不仅如此，黄宗仰还赠诗给章太炎：

《寄太炎》

凭君不短英雄气，斩虏勇肝忆倍加。
留个铁头铸铜像，羁囚有地胜无家。
飒飒风箱点铁衣，音容憔悴须发肥。
稔君狱读瑜伽论，还与书信理合非。

《再寄太炎、威丹》

大鱼飞跃浙江潮，雷峰塔震玉泉号。
哀吾同胞正酣睡，万籁微闻鼾声调。

---

① 中国教育会是由章太炎、蔡元培、蒋观云、叶瀚及黄宗仰等人在上海成立，以民族革命为主要意旨。

② 冯自由：《革命逸史初集》，中华书局 1981 年版，第 115—116 页。

独有峨嵋一片月，凛凛相照印怒涛。

神州男子气何壮，义如山岳死鸿毛。

自投夷狱经百日，两颗头颅争一刀。①

可见，黄宗仰通过赠诗赞叹章太炎勇于反抗清朝政府，为唤醒同胞而甘心入狱的大无畏精神，亦表达了他对太炎所作所为的理解和支持。

章太炎也将自己读佛经的所思所想写信与黄宗仰进行探讨，在《狱中致黄宗仰论佛书》一信中，章太炎说道：

宗仰大师左右，得梵文《阿弥陀经》后，即复一函，并略举所得求诲。下走于止观六法，潭习未深，但随分动止，以驱烦恼。尚非三贤地位，况四果耶，而间取哲学诸书，以与内典对较则，有彼此熔合，无少分相异者，特以文字不同，又更数译。

立名既异，莫能明其一致。此则爬罗抉剔，自在其人。今者偃鼠饮河，未云满腹，然亦稍稍自慰矣。②

除此之外，章太炎和黄宗仰都认为佛学可以作为推动革命的精神动力，章太炎倡导“以宗教发起信心，增进国民的道德”，黄宗仰认为佛学中的大无畏精神可以凝聚革命力量，增进革命者的道德，是革命得以成功的强大精神动力。

通过与黄宗仰的交往，章太炎对于佛法有比较深入和准确的理解，为他后来建构以佛解庄的哲学体系奠定了深厚的基础，当章太炎以佛解庄之名著《齐物论释》即将出版之时，黄宗仰义无反顾地为其作序，并对此部著作进行了高度评价。也许可以说，《齐物论释》是章黄二人友情的凝结之作。此正如有学者认为，黄宗仰对章太炎学佛起到了诱掖和助推的作用，而这种作用促成了章太炎“转俗成真”的转变。③ 笔者认为，这一观点并非言过其实，一个人思

---

① 东京：《寄太炎》《再寄太炎、威丹》，《江苏》1903 年第 6 期。

② 章太炎：《书信集》（上），载《章太炎全集》，上海人民出版社 2017 年版，第 146 页。

③ 麻天祥：《狱读瑜伽与转俗成真——黄宗仰对章太炎佛学研究的助推》，《长沙大学学报》（哲学社会科学版）2019 年第 3 期。

想发生重大转折，虽然有一些内在的原因，但外界的助推力量亦是不可或缺的。

与此同时，对章太炎学佛产生较大影响的还有宋恕和夏曾佑两位居士，三人之间有着深厚的友谊。在章太炎一生的著作当中，经常可以看到章太炎对于宋恕等人的评价："平子疏通知远，学兼内外，治释典，喜《宝积经》。炳麟少治经，交平子，始知佛藏。平子麻衣垢面，五六月著绵鞋，疾趣世之士如仇雠。外恭谨，恂恂如鄙人。夸者多举平子为笑，平子无愠色。及与人言学术，刚棱四注，谈者皆披靡。"①"其言内典，始治《宝积经》，最后乃一意治《瑜伽》。炳麟自被系，专修无著世亲之说，比出狱，世无应得。闻平子治《瑜伽》，窍自喜，以为梵方之学，知微者莫如平子。"②这段评论写于 1908 年，当 1910 年宋平子去世之时，章太炎因消息闭塞，并没有写就相关的悼文。但从这段材料即可看出，章太炎对于宋恕佛学造诣的评价是非常高的；同时，宋恕对于章太炎学佛的引导作用也是极其重要的。最为重要的是，宋恕能够在章太炎入狱之时赠送经书，使得他在艰难的环境当中不至于陷入绝望情绪，这些佛经在见证了两人友谊的同时亦熏陶了章太炎。

除此之外，据史料记载，章太炎与当时著名居士杨文会亦有过交往，以至于当今学界很多学者都认为章太炎就是杨文会的弟子③，但事实上，并未有足够的材料支撑这一论断，有学者认为章太炎并非直接受学于杨文会④，只是因

---

① 章太炎：《太炎文录初编》，载《章太炎全集》，上海人民出版社 2014 年版，第 230 页。

② 章太炎：《太炎文录初编》，载《章太炎全集》，上海人民出版社 2014 年版，第 231 页。

③ 比如郭朋等人就认为章太炎原是杨文会的"门下"。（参见郭朋、廖自力、张新鹰：《中国近代佛学思想史稿》，巴蜀书社 1989 年版，第 359 页）再如唐文权也认为："居士中以承教门下的谭嗣同和章太炎最为有名""踵继杨氏以佛解孔老庄列诸家，从而在学理研讨方面有所深入者，还当首推章太炎。"（唐文权：《杨文会与清末佛教革新运动》，《中国文化》1995 年第 1 期）

④ 比如武延康认为，"学界并没有资料证明章太炎曾列杨仁山居士门墙"，参见武延康：《由佚文谈章太炎与近现代佛教》，《南京师范大学文学院学报》2002 年第 3 期。

杨文会之弟子欧阳竟无而间接地受到了杨文会的影响①。因而欧阳竟无有意把章太炎归于杨文会的门下：

> 惟居士(案:指杨文会)之规模弘广,故门下多材。谭嗣同善华严,杜伯华善密宗,黎端甫善三论,而唯识法相之学有章太炎、孙少侯、梅撷芸、李证刚、蒯若木、欧阳渐等,亦云夥矣。②

尽管章太炎并非真正意义上的杨氏弟子,但他们二人却有过直接的通信往来。1909年,章太炎想去印度学梵语,他曾经以"末底"为名而致信予余同伯,请求余同伯将他需要帮助之事宜告知杨文会,他说:

> 顷有印度婆罗门师,欲至中土传吠檀多哲学,其人名苏蕤奢婆弱,以中土未传吠檀多派,而摩诃衍那之书,彼土亦半被回教摧残,故恳恳以交输智识为念。某等详婆罗门正宗之教,本为大乘先声,中间或相攻伐,近则佛教与婆罗门教渐已合为一家。得此扶掖,圣教当为一振。又令大乘经论得返梵方,诚万世之幸也。先生有意护持,望以善来之音相接,并为洒扫精庐,作东道主,幸甚幸甚!末底近已请得一梵文师,名密尸逻,印度人非人人皆知梵文,在此者三十余人,独密尸逻一人知之。以其近留日本,且以大义相许,故每月只索四十银元。若由印度聘请来此者,则岁须二三千金矣。末底初约十人往习,顷竟不果。月支薪水四十元,非一人所能任。贵处年少沙门甚众,亦必有白衣喜学者。
>
> 如能告仁山居士设法资遣数人到此学习,相与支持此局,则幸甚。③

---

① 章太炎与杨文会的弟子欧阳竟无为好友,交往密切,章太炎曾在《支那内学院缘起》一文中说:"友人欧阳竟无尝受业石埭杨居士。独精《瑜伽师地》,所学与余同。尝言'唯识法相唐以来并为一宗,其实通局、大小殊焉。'余初惊怪其言,审思释然,谓其识足以独步千祀也。"[章太炎:《太炎文录补编》(下),载《章太炎全集》,上海人民出版社2015年版,第567页]可见他们二人在学术层面会有一些交流,章太炎对于欧阳竟无将法相和唯识判为二宗之举表示赞赏;同时,章太炎还会介绍自己的朋友前往欧阳竟无那里学习唯识。

② 欧阳渐:《杨仁山居士传》,载季羡林主编:《中国近现代佛学大师著述系列》,《杨仁山居士文集》,黄山书社2005年版,第446页。

③ 季羡林主编:载《杨仁山居士文集》,《中国近现代佛学大师著述系列》,黄山书社2005年版,第393—394页。

杨文会接到来信后对于章太炎信中所提婆罗门本是大乘先声，将婆罗门与大乘佛法混为一谈之言论深感愤慨，他将章太炎的这一论断界定为“混乱正法”。并代余同伯非常不客气地回复章太炎：

> 来书呈之仁师，师复于公曰：佛法自东汉入支那，历六朝而至唐宋，精微奥妙之义，阐发无遗。深知如来在世，转婆罗门而入佛教，不容丝毫假借。今当末法之时，而以婆罗门与佛教合为一家，是混乱正法，而渐入于灭亡，吾不忍闻也。桑榆晚景，一刻千金，不于此时而体究无上妙理，遑及异途问津乎？至于派人东渡学习梵文，美则美矣，其如经费何？此时祇洹精舍勉强支持，暑假以后，下期学费，未卜从何处飞来。惟冀龙天护佑，檀信施资，方免枯竭之虞耳。在校僧徒，程度太浅，英语不能接谈，学佛亦未见道，迟之二三年，或有出洋资格也。仁师之言如此。①

从杨文会的回信中，可以看出他对章太炎的佛学理念极度不满，也拒绝了他的经费资助请求。对于此事件，章太炎的弟子周作人在后来发表了自己的看法，他说：“太炎先生以朴学大师兼治佛法，又以依自不依他为标准，故推重法相与禅宗，而净土秘密二宗独所不取，此即与普通信徒大异，宜其与杨仁山言格格不相入。且先生不但承认佛教出于婆罗门正宗，（杨仁山答夏穗卿书便竭力否认此事），又欲翻读吠檀多奥义书，中年以后发心学习梵天语，不辞以外道为师，此种博大精进的精神，实为凡人所不能及，足为后学之模范者也。我于太炎先生的学问与思想未能知其百一，但此伟大的气象得以懂得一点，即此一点却已使我获益非浅矣。”②“我的结论是太炎讲学是儒佛兼收，佛里边也兼收婆罗门，这种精神最为可贵。”③从周作人的话语中可以感知他对自己老师思想的理解和推崇，也揭示了章太炎之所以被杨文会拒绝的深层次原因，即

---

① 季羡林主编：载《杨仁山居士文集》，《中国近现代佛学大师著述系列》，黄山书社 2005 年版，第 394 页。

② 周作人：《记太炎先生学梵语文事》，载陈平原、杜玲玲编：《追忆章太炎》，三联书店 2009 年版，第 216—217 页。

③ 周作人：《章太炎的北游》，载《知堂回想录》，群众出版社 1999 年版，第 494 页。

二人对佛学有不同的价值取向。在笔者看来，这恰恰典型地反映了杨文会与章太炎对于佛学的不同态度。杨文会作为教内人士，护教是他的终生使命。他创办金陵刻经处，创办佛学院等等事业，就是要在末法时期将最为纯正的佛教义理还原回来。因而，他是站在佛教的立场，积极地捍卫佛教。而从章太炎在信中的表现可以看出，他对于佛教的教理是否纯正，是否符合佛教本身的教义之类的问题不是很关心。终归到底，他是一名革命者，他所关心的是国家、民族的生死存亡，涉猎佛教，亦只是将其作为一种理论上的武器，来达到自己应世的目的罢了。因而，他才能说出婆罗门教是大乘先声的观点。然而，婆罗门在佛教看来就是外道，是佛教之前的一种宗教。章太炎作为一代大师，不可能不明白这个常识，他之所以这样说，最终还是意欲表达自己应世的一些目的，不排除故意曲解的可能。章杨二人的书信，正代表了清末民初佛教复兴的不同路向，而且非常有力地证明了章太炎是晚清应世佛学的代表。在后来的《菿汉微言》中，章太炎再次批评了杨文会："杨仁山云：'今欧州（洲）人服食起居，较之吾辈，良好安适，殆将十倍，必其前生信佛，持名精勤远过吾辈，故受兹多祜'。此说佌陋甚矣，果欧州（洲）人前生皆佛子，何以一堕欧土，均信天乘邪？"①这样的批评与其说是章太炎对于往昔杨文会拒绝资助自己学习梵语的一种反攻，不如说归根结底还是两人佛学立场之差异所导致的不理解和不赞同。杨文会的论说是用佛教中的因果业力之理论来分析欧洲人之所以有衣食无忧之现世福报的原因，而且还对本有福报的欧洲人最终信天乘教表示遗憾。可见，杨文会还是一种佛教徒的心态，希望佛教能够得以发扬光大，希望人们都能皈依佛教而非堕入外道。对此葛兆光先生说："杨文会倡导佛学的做法，仿佛和那个痛言'革命'、呼喊'科学'的时代主流不一致。""不过，杨文会的半生努力，毕竟给中国思想界开创了中国佛学研究的新时代，也给中国佛教复兴提供了某种契机。"②可见，杨文会对近代佛教的复兴功不可没。而章

① 章太炎：《菿汉微言》，载《章太炎全集》，上海人民出版社 2015 年版，第 11 页。

② 葛兆光：《余音》，广西师范大学出版社 2017 年版，第 10 页。

太炎作为国学大师，有着要融通各种文化，弥合鸿沟的热情；作为革命者，他用佛教改造革命党人道德，发扬勇猛无畏的革命精神，并希望为革命从佛教当中寻找各种有利因素。

最后，如果说前面两条原因是从章太炎自身所具有的融摄佛学的内在可能性而言的话，那么这一条原因则是关乎佛教本身的特性是如何符合章太炎内心之需求的。

章太炎对于佛学的选择是基于他的应世目的，如他曾说："仆于佛教，独净土、秘密二宗有所不取。以其近于祈祷，猥自卑屈，与勇猛无畏之心相左耳。虽然，禅宗诚斩截矣，而末流沿袭，徒事机锋，其高者止于坚定无所依傍，顾于惟心胜义，或不了解，得其事而遗其理，是不能无缺憾者。是故推见本原，则以法相为其根核。"①可见，章太炎不取净土、密宗的原因在于他认为这两宗需要依靠外力即佛力的加持，无法培养自强自力的勇气，亦无法实现他以佛教来培养勇猛无畏道德之愿望，这不符合他"依自不依他"的要求，因而被其所排斥。禅宗对于章太炎来说不立文字，过于追求心法、追求顿悟，于理论方面实有欠缺，因而亦不当取用。如此下来，只有法相才能满足他的需要。究其原因在于，一方面，清末民初知识界唯识宗非常兴盛，很多知识分子都投入到对唯识理论的研究中去，并认为应当时社会需要的佛教理论非法相宗莫属。而关于唯识复兴的原因，在张曼涛先生那里得到了很好的说明：

> 唯识学跟近代西方传来的学术思想，有相当相似的关连，如科学观念、哲学系统，都是有体系、有组织的学问，这与以往中国传统学问中，不重体系、不重组织，完全不同。而在中国，甚至包括印度，能与西方哲学相匹敌，组织化、系统化，从一个观念，而导引出许多连锁观念、系统观念，在整个东方各家学说中，就唯有唯识最具此种精神，因此，西方文化传来的

① 章太炎：《太炎文录初编》，载《章太炎全集》，上海人民出版社 2014 年版，第 387 页。

结果，竟不料掀起了一阵唯识研究的高潮……几乎所有的研究佛学的，莫不以唯识为第一研究步骤。①

可见，唯识宗的学说重视逻辑推理和对人之认识的分析，同时还具有丰富的名相，而这些恰恰与西方哲学的理论构架非常相似，也有利于西学的传播，这些特质足以说明唯识学复兴于清末民初的原因之所在。因而，晚清民初的这一潮流对于同在知识界立足的章太炎来说亦具有非常大的影响。他说："然仆所以独尊法相者，则自有说。盖近代学术，渐趋实事求是之途，自汉学诸公分析条理，远非明儒所能企及。逮科学萌芽，而用心益复缜密矣。是故法相之学，于明代则不宜，于近代则甚适，由学术所趋然也。"②另一个原因在于，同当时研究唯识的知识分子一样，章太炎所看重的恰恰是法相唯识宗所极具的思辨性和逻辑性。但是，更为重要的是，法相唯识宗与章太炎早年所研究的朴学非常相似，此正如他所说："及囚系上海，三岁不觌，专修慈氏、世亲之书。此一术也，以分析名相始，以排遣名相终、从入之涂，与平生朴学相似，易于契机、解此以还，乃达大乘深趣。"③可见，这种心理上的亲近感又促进了他对于唯识宗的选择。

除了唯识宗之外，章太炎还辅之以华严之行和般若学之中道义。当然，之所以辅之以华严，因为在他看来华严宗重行，《大方广佛华严经》中的普贤菩萨，就是大行菩萨，"端居深观而释《齐物》，乃与《瑜伽》《华严》相会"④，具体而言，在《齐物论释》中，章太炎主要是将华严宗的"无尽缘起"比附于庄子的"万物与我为一"，同时，又用西方的科学理论去解释"万物与我为一"。但在《齐物论释》之外提倡华严的时候，他又将其中的入世精神作为期待革命党人应当具有的舍头目脑髓的大无畏精神。

---

① 张曼涛主编：《唯识学概论·编辑旨趣》，《现代佛教学术丛刊》（第 23 册），（台北）大乘文化出版社 1978 年版，第 1—2 页。

② 章太炎：《书信集》（上），载《章太炎全集》，上海人民出版社 2017 年版，第 254 页。

③ 章太炎：《菿汉微言》，载《章太炎全集》，上海人民出版社 2015 年版，第 69 页。

④ 章太炎：《菿汉微言》，载《章太炎全集》，上海人民出版社 2015 年版，第 69 页。

通过以上论述，似乎可以得出这样一个结论，那就是章太炎对于佛教的选择只有法相、华严二宗。但事实并非如此，仅以《齐物论释》这一文本为例可见，章太炎对于佛学的选择还有般若中观学派和大乘如来藏系统的理论；更需要说明的是，他对于西方哲学的采撷也并非只有德国古典哲学，而且还有希腊古典哲学、印度哲学等。对此，何成轩先生认为章太炎“通过种种渠道继承、吸收了中外不少哲学流派的思想观点，而以法相唯识宗的理论作为自己哲学体系的基础和主干。章炳麟对于印度和中国古代佛教哲学的吸收，并不限于法相一家”。①

综观章太炎对于佛学由排斥到吸收的过程，我们可以看到他调整自己学术立场和理念的根本原因是要适应和应对现实的社会情状。从《訄书》到《明见》的变迁所要凸显的正是章太炎佛学思想形成的原因之所在，而从《明见》到《齐物论释》的转变则要凸显的便是从以佛解诸子到限定为以佛解庄的思想理路所要体现的学养变迁，从而在章太炎的知识结构调整和内心状态变动的层面来看《齐物论释》产生的原因之所在。

二、从《明见》到《齐物论释》：从以佛解诸子到以佛解庄

胡适说：“清初的诸子学，不过是经学的一种附属品，一种参考书。不料后来的学者，越研究子书，越觉得子书有价值。故孙星衍、王念孙、王引之、顾广圻、俞樾诸人，对于经书与子书，简直没有上下轻重和正道异端的分别了。到了最近世，如孙诒让、章炳麟诸君，竟都全副精力，发明诸子学。于是从前作经学附属品的诸子学，到此时代，竟成专门学。一般普通学者，崇拜子书，也往往过于儒书。”②胡适的论述揭示了这样一个现象：如果说，清初的诸子学还是经学的附庸的话，那么到了清中叶，诸子学的地位有所提高，逐渐兴起。清末民初，儒学失去了与制度相结合的优越地位，面对外来入侵越来越无法应对，

① 何成轩：《章炳麟的哲学思想》，湖北人民出版社1987年版，第127页。

② 胡适：《中国哲学史大纲》，上海古籍出版社1997年版，第6页。

这时的诸子学进入了学者们的视野，且获得了自己独立的地位。诸子学重新受到重视，杨念群先生认为，这与“它能起到羽翼经学考据挑战理学权威的作用”有关，其原因是“理学的复兴则又恰恰是因为经学过于封闭的治学风格无法应对晚清政局出现的危机，必须通过为理学注入新的经世活力来挽救学界衰颓萎靡的局面”。[①] 杨先生结合晚清时期的社会时局与其时的思想文化发展现状，指出了诸子学对于经学挑战理学权威的作用，及其对于理学在晚清复兴的价值，这种观点是公允的。诸子学本就具有经世致用的价值与功能，其在春秋晚期战国时期的蜂起，与士人阶层的觉醒与崛起有关。诸子学对于礼乐崩坏的天下乱局，提出了自己的救世之方。尽管其治世之策各有不足，但其关怀社会情势和民众安危的现实指向，充分彰显出了诸子济世之立场与精神。就此而言，诸子学能够重新进入晚清学者的学术视野，自然首先离不开诸子学本身所具有的现实关怀指向与传统。当然，清末民初诸子学的兴起，不仅与学术的转型有关，也与近代以来西学的冲击有关，与儒家的无力应对形成鲜明对比，诸子学此时因其丰富的思想资源成为应对西学挑战的有力武器。[②] 因此它不仅具有学术转型的指向性，与政治社会的转型息息相关，更具有挽救民族危亡的目的性。近代以来的诸子学的复兴，有一个特色，那就是与西学的结合，这是时代赋予它的印记。邓实说：“西学入华，宿儒瞠目，而考其实际，多与诸子相符。于是而周秦学派遂兴，吹秦灰之已死，扬祖国之耿光，亚洲古学复兴，非其时邪。”[③]章太炎自述“麟前论《管子》《淮南》诸篇，近引西书，旁傅诸子，未审大楚人士以伧父目之否？顷览严周《天下篇》，得惠施论辩，既题以

① 杨念群：《清朝理学、诸子学、今文经学复兴的意义——兼及与晚清政治态势的互动关系》，《中北大学学报》（社会科学版）2019 年第 1 期。

② 葛兆光认为，真正刺激诸子学复兴的契机，是中国知识阶层对自身处境的感受和认识的转变。他们逐渐意识到自己已经置身于“全球”的背景中。[葛兆光：《中国思想史》（第 2 卷），复旦大学出版社 2004 年版，第 506 页]

③ 邓实：《古学复兴论》，载《辛亥革命前十年间时论选集》（第 2 卷上），三联书店 1963 年版，第 57 页。

历物之意，历实训算，傅以西学，正如闭门造车，不得合彻。分曹疏政，得十许条，较前说为简明确凿矣。”①章太炎弟子刘师培更是认为：“周末诸子之学派，多与西儒学术相符。”②可见，在近代知识分子的眼里，诸子学有很多地方与西学相符，可以作为与西学对话的有力资源。因此，当时很多学者都从“西学源于中国说”的角度，来发掘诸子学的价值。虽说这一现象在清末民初表现得较为显著，但从晚明时期就已经产生了萌芽。如杨念群先生考证：“晚明即开始有人把子学与西学互作比较，如刘侗就认为西方科技之学与墨学很相似，傅山对诸子中以注重功利著称的《管子》颇有偏好，断定一些子书如《管子》《列子》《庄子》与佛道典籍在‘济世’方面不乏高出儒家之处，方以智在子学著作《药地炮庄》和《东西均》中就提出了以实用为宗旨的‘质测之学’观念。”③可见，近代知识分子将西学与诸子学进行比附和会通，除了有当时时代背景的原因之外，还有一定的历史基础。近代知识分子在以西学治诸子学的过程中，极大地推动了诸子学的发展。

诸子学系统庞杂，内容繁多，近代知识分子们多关注的是墨家和道家。重视墨家是因为其中具有“兼爱”“平等”思想，也有《墨辩》这样的逻辑学，此正与西学相契合，深得人心，故而为提升民族的自信心起到了不可磨灭的作用。最值得关注的是梁启超于1904年在《新民丛报》上连载的《子墨子学说》，共六章，分别是《墨子之宗教思想》《墨子之实利主义》《墨子之兼爱主义》《墨子之政术》《墨学之实行及其学说以及实践精神》《墨学之传授》，从西方的社会、政治、经济、宗教等方面来诠释墨子学说。梁启超将墨家的宗教观念应用于其国民道德建设中，认为墨家中超越生死的道德观念，对中国人敢于为国捐躯有

---

① 姚奠中、董国炎：《章太炎学术年谱》，山西出版传媒集团、三晋出版社2014年版，第44页。

② 刘师培：《周末学术史序.理科学史论》，载邬国义、吴修艺编校：《刘师培史学论著选集》，上海古籍出版社2006年版，第84—85页。

③ 杨念群：《清朝理学、诸子学、今文经学复兴的意义——兼及与晚清政治态势的互动关系》，《中北大学学报》（社会科学版）2019年第1期。

着重要的激励作用,同时还认为墨子以"兼爱"为中心的"利他主义",可以帮助国民克服自私自利的毛病。不仅如此,章太炎、胡适、梁启超等人,还关注墨家的逻辑学,将其与西方逻辑学进行对比研究。但是,黄克武先生认为:"虽然梁、胡、章三人都将墨子论理学与印度因明学加以比较,但或许是因为梁启超有较强烈的民族情感,并缺乏胡适与章炳麟所有的反传统的倾向,所以他将墨子说成是世界上最早的逻辑学者,认为墨子早已了解到西方亚里士多德的逻辑学与因明学所提出的一些原则,例如形式逻辑与三段论法等,而胡与章则在这方面有所保留,注意到三者的相异之处。"①从黄克武先生对三人关于逻辑学研究的对比分析,我们可以看出,相比章太炎和胡适相对理性的态度,梁启超对于墨学则倾注了强烈的感情色彩,他甚至将墨学中的《尚同》《兼爱》认为是教"爱"之书,需要发挥人类的情感②,黄克武先生认为梁启超的这种表现是想要借此振奋民族精神。③ 总之,在对墨家的研究中,梁启超可算是极具影响力的人物,胡适曾说:"梁先生在差不多二十年前就提倡墨家的学说了。他在《新民丛报》里曾有许多关于墨学的文章,在当时曾引起了许多人对于墨学的新兴趣,我自己便是那许多人中的一个人。"④可见,胡适对于梁启超为近代墨学所做贡献的积极肯定,在梁启超的带动下,墨学很快成为近代诸子学研究中的热点,并涌现出了一大批优秀的研究墨子的理论成果。

学者们在近代诸子学研究中对老庄哲学的重视,亦可谓是题中应有之义。因为老庄道家本就是中华文化的主干,本身就具有非常重要的地位,在西学东渐的背景下,对于其中关于与西学相契合的思想元素的挖掘,亦是学人的研究热点。章太炎说:"若夫九流繁会,各于其党,命世哲人,莫若庄氏,逍遥任万物之各适,齐物得彼是之环枢,以视孔墨,犹尘垢也……"⑤对庄子地位给予肯

① 黄克武:《近代中国的思潮与人物》,九州出版社 2016 年版,第 157 页。
② 参见梁启超:《梁启超全集》(第 6 册),北京出版社 1999 年版,第 3265 页。
③ 黄克武:《近代中国的思潮与人物》,九州出版社 2016 年版,第 159 页。
④ 胡适:《墨经校释》(后序),载梁启超:《梁启超全集》,北京出版社 1999 年版,第 3255 页。
⑤ 章太炎:《庄子解故》,载《章太炎全集》,上海人民出版社 2014 年版,第 149 页。

定和重视。在《膏兰室札记》中，章太炎用进化论思想分析了庄子思想，认为“余谓此即微生物，以海深水一滴，用显微镜窥之，有活物二万六千五百是也”①。刘师培“常取老、庄、荀、董之书雠正伪脱，独创新解，按文次列《老子斠补》二卷，《庄子斠补》一卷，《荀子斠补》四卷……”②有自己一套独特的研究方法和对老庄的新见解。严复翻译了进化论，并将其作为思想资源解读老庄，将庄子《齐物论》中的“夫吹万不同，而使其自己也”解释为“一气之转，物自为变，此近世学者所谓天演也”③。同时认为《至乐》“可以之与挽近欧西生物学家所发明者互证，特其名词不易解释，文所解析者，亦未必是。然有一言可以断定者，庄子于生物功用变化，实已窥其大略，至其细琐情形，虽不尽然，但生当二千余岁之前，其脑力已臻此境，亦可谓至难能而可贵矣。”④不仅如此，他还著有《老子评点》，用西方的理论学说从各个层面解读了老子思想。梁启超著《〈庄子·天下〉篇释义》，认为《天下篇》中的“内圣外王之道”一语，“包举中国学术之全部。”同时认为，“中国学术，非如欧洲哲学专以爱智为动机，探索宇宙体相以为娱乐，其旨归在于内足以资修养而外足以经世，所谓‘古人之全’者即此也。”⑤因为中国学术所具有的“内圣外王”之道，所以中国学术是优越于向外追寻宇宙体相和真理的西方学术。不仅如此，梁启超还认为“至大无外谓之大一，至小无内谓之小一”。是就空间之累积分析立论，即“几何学言点线面体，点之小几于无内矣。然非不可析，特无利器以析之耳。可析之点，皆面之所积，则虽谓之体焉可也。屡析而点无尽，故只能谓之小一而不能谓之无内。从而累之，体复为点，体又可倍累，屡累而体无尽。故只能

① 章太炎：《膏兰室札记》，载《章太炎全集》，上海人民出版社2014年版，第214页。

② 陈钟凡：《刘先生行述》，载《刘师培全集》（第1册），中共中央党校出版社1997年版，第14页。

③ 严复：《〈庄子〉评语》，载《严复集》（第4册），中华书局1986年版，第1106页。

④ 严复：《〈庄子〉评语》，载《严复集》（第4册），中华书局1986年版，第1130页。

⑤ 梁启超：《梁启超全集》，北京出版社1999年版，第4676页。

谓之大一而不能谓之无外。”①将西方学术中的几何学理论运用于对《庄子》的解读中去。胡适用西方进化论理论分析庄子的“以不同形相禅”:“万物本来同是一类,后来才渐渐的变成各种‘不同形’的物类,却又并不是一起首就同时变成了各种物类。这些物类都是一代一代的进化出来的,所以说‘以不同形相禅’。”②可见,在胡适看来,庄子思想中的进化是渐变。郎擎霄继承吸收了梁启超、胡适等近代学人以西方学术解读庄子学说的方法,著成《庄子学案》。综上所述,近代学人用所掌握的西学资源来解读《庄子》,充分体现了近代学人在当时的历史背景下“以西释中”的学术特色和《庄子》地位的上升。

可见,近代学人对于老庄道家、墨学的重视主要是和其中所蕴含的与西方文化中的观念和思想有对应、接近、契合的部分有关。挖掘本土已有的相近的文化资源与西学对话、对抗,好过于被动地嵌入西方的话语体系中去,这对近代以来救亡图存背景下挺立中华本土文化的自信具有相当重要的作用。其原因正如葛兆光先生所言:“文化的接受似乎还不是简单的移植,文明不像一颗可以带着根上的泥土在平面空间里移栽的植物,说接受就接受的。真正的接受,还要在自己的知识背景中寻找资源,对这些新知作彻底的理解和诠释。”③文化有着自己深厚的生长土壤,不能只做简单、粗暴的移植和模仿,要尊重的是其自身的生成环境和规律,在此基础上才能与世界接轨,进而实现良性的运行。

章太炎对于诸子学早有重视,他早年的《膏兰室札记》中就已涉及了诸子学说④,但只是单纯地援引西学释之,其注释的形式主要是以传统训释为主。

---

① 梁启超:《梁启超全集》,北京出版社 1999 年版,第 4682—4683 页。

② 胡适:《中国哲学史大纲》,上海古籍出版社 1997 年版,第 187 页。

③ 葛兆光:《中国思想史》(第 2 卷),复旦大学出版社 2001 年版,第 499 页。

④ 据吴光兴考证,其中考释诸子者三百五十余条。与道家有关的,《管子》一百一十五条,《文子》一条《庄子》十一条,《列子》十五条。后来,章太炎中岁曾选取札记中《管子》《庄子》的一些考证,《章氏丛书》所收之《管子余义》及《庄子解故》中。(参见吴光兴:《论章太炎的庄子学》,载《道家文化研究》第 20 辑,三联书店 2003 年版,第 65 页)

在之后的《訄书》中亦有对于诸子学六篇的解读①,但都为其革命理想和政治理念进行辩论,其中亦涉及了老庄思想,但亦限于零散的形式,“未得统要”②,且与后来的释庄关系并不密切。1906 年发表的《论诸子学》,已经有以法相与荀子的认识论相会通的内容,但涉及庄子,主要还是从政治理论的层面来进行阐释、分析的。他认为:“庄子晚出,其气独高。不惮抨弹前哲。愤奔走游说之风,故作《让王》以正之。恶智力取攻之事,故作《胠箧》以绝之。”③将庄子看作是一位为世俗事务操劳费心的高人。另外,《国故论衡》下卷收录诸子学九篇,其中《原名》《明见》《辨性》诸篇都涉及了以佛解诸子的思路。而在《明见》篇中,章太炎对于诸子学进行佛理意义上的解读,赋予其更为明朗的价值。其中,他主要运用了法相唯识宗、般若宗的一些观点,来比附先秦诸子。比如,他说:“九流皆言道,道者彼也,能道者此也,白萝门书谓之陀而奢那,此则言见,自宋始言道学。”④他将印度婆罗门教所言的陀而奢那(见)来解释中国的“道学”,同时,在这篇文章中他还运用佛学理论来对惠施、墨子、庄子等人的思想进行佛学化的阐释,但其所用笔墨处最多的莫过于荀子。他说:“孙卿曰:‘人生而有知,知而有志,志也者,藏也,然而有所谓虚,不以已藏害所将受谓之虑。心生而有知,知而有异,异也者,同时兼知之。’”⑤由此,他对于荀子的“藏”作了唯识宗意义上的解释,他说:“藏者,瑜伽师所谓阿赖耶识”⑥,将荀子对于人之认识的先入之见落实在了唯识宗的阿赖耶识上。对于此类比

---

① 《訄书》中之诸子学六篇分别是:《订孔》《儒墨》《儒道》《儒法》《儒侠》《儒兵》。其中《儒道》篇对于庄子持否定和批判的态度:“夫庄周愤世湛浊,已不胜其怨,其讬卮言以自解,因以弥论万物之聚散。其于治乱也何庸?”(章太炎:《訄书》,载《章太炎全集》,上海人民出版社 2014 年版,第 8 页)

② 章太炎:《自述学术次第》,载姚奠中、董国炎:《章太炎学术年谱》,山西出版传媒集团、三晋出版社 2014 年版,第 211 页。

③ 章太炎:《演讲集》(上),载《章太炎全集》,上海人民出版社 2015 年版,第 55 页。

④ 章太炎:《国故论衡》,载《章太炎全集》,上海人民出版社 2017 年版,第 130 页。

⑤ 章太炎:《国故论衡》,载《章太炎全集》,上海人民出版社 2017 年版,第 131 页。

⑥ 章太炎:《国故论衡》,载《章太炎全集》,上海人民出版社 2017 年版,第 131—132 页。

附，笔者颇感牵强，因为阿赖耶识所藏之种子，是变现宇宙万有的前提，是一种可能性，是一种萌芽状态，若遇因缘俱足之时便会发挥作用，从而对外物有一定的判断和认识；而荀子的“藏”却已经形成了一定的意识，与阿赖耶识所藏的种子相比，应当属于第七识或第六识的层次。

综上所述，《明见》篇是章太炎在著《齐物论释》之前的准备，在此篇章中，章太炎进行了较大规模的以佛解诸子，为《齐物论释》的以佛解庄奠定了基础。

章太炎之所以要用佛学解诸子，除了已经具备相当深厚的佛学基础之外，还有另外两个原因：其一，经过对诸子学的多年研究，他已经有了深厚的研究功底，因而，章太炎最终得出“自纵横、阴阳以外，始征藏史，至齐稷下，晚及韩子，莫不思凑单微，斟酌饱满”①的论断，高度评价了诸子学在哲学史上的价值。不仅如此，他还认为诸子学和佛学非常契合，可以用佛学来诠释诸子玄理，他说：“今之所准，以浮屠为天枢，往往可比合。”“自马鸣、无著皆人也，而九流亦人也，以人言道，何故不可合？有盈蚀而已矣。”②可见，在章太炎的眼中，之所以用佛学来解释诸子，正是因为佛学立意高蹈，可以参与到对传统诸子学之形而上的建构中去。并且他相信东西圣人心同此理，因而佛理与诸子义理具有一定的相通性，只是有盈有蚀而已，并无本质差别。这当然只是章太炎自己的解释。在笔者看来，这不得不理解为章太炎想通过对于诸子玄思进行佛学化的改造，从而可以用来应对西方文化的侵害，有其经国济世的用心。其二，可以从章太炎当时的内心状态来考察。章太炎曾有过最为黑暗的人生经历的磨砺，并在这样的磨砺中收获了他对于宇宙、人生、革命、社会的深刻感悟。之后，当他再次回到诸子王国当中，发现自己往昔只是靠理性的推理来理解诸子所言之理，如今却能够感同身受地理解诸子学说了。于是，他认为诸子学不仅仅具有玄妙高蹈的形而上学性质，同时还具有切合社会情思的特性。

---

① 章太炎：《国故论衡》，载《章太炎全集》，上海人民出版社 2017 年版，第 131 页。
② 章太炎：《国故论衡》，载《章太炎全集》，上海人民出版社 2017 年版，第 131 页。

他说："诸子之书，不陈器数，非校官之业、有司之守，不可按条牒而知，徒思犹无补益。要以身所涉历中失利害之端回顾则是矣。诸少年既不更世变，长老又浮夸少虑，方策虽具，不能与人事比合。"①因而，在笔者看来，章太炎之所以选定诸子学说大做文章，无非是因为诸子学具有这种"形而上"与"形而下"相统一的潜在性，而这正是大乘佛学"真俗二谛圆融"的理论架构特征之所在。通过以佛学解诸子，建构新的形而上体系，既可以使人明理，又可使人具有现实的方向性。而现实的作为、经历，又反过来可以印证这一体系所蕴含的真理之所在。可以说，《明见》作为章太炎以佛学解诸子的代表之作，比较典型地体现了章太炎以佛解诸子的理路特征。

对于章太炎的诸子学研究，罗检秋先生有着相当精辟的论述：

> 从学术史而言，章太炎在近代诸子学的发展进程中占有重要地位。他不象乾嘉考据派那样把诸子当作经学附庸拘泥于文字训诂，又不象世纪的"西学中源"论者那样怀着狭隘的民族心理看待诸子，也不象康有为鼓吹"诸子创教改制"直接以诸子服务于政治。他主要从学术上、思想上阐释诸子把近代诸子学从比较功利的层次上升到较理性的学术整理阶段。……他在中国传统文化向现代转化的过程中独辟了一条既不依靠儒学，又非完全西化来改造传统的蹊径。②

可见，章太炎的诸子学和他本人一样，有着特立独行的特色，他与康梁等人的诸子学研究有着不同的路径，这种研究范式对于我们今日的学术研究依然具有极其重要的作用。章太炎的诸子学研究虽然无法完全摆脱时代的烙印，但在思想史上依然闪耀着独一无二的光芒。正如侯外庐先生总结的那样："太炎对于诸子学术研究，堪称近代科学整理的导师，其文如《原儒》《原道》《原名》《原墨》《明见》《订孔》《原法》，都是参伍以法相宗，而议征严密地分析诸子思想的，他的解析思维力，独立而无援附，故能把一个中国古代的学库，第

① 章太炎：《国故论衡》，载《章太炎全集》，上海人民出版社 2017 年版，第 107 页。
② 罗检秋：《章太炎与诸子学》，《北京师范大学学报》（社会科学版）1995 年第 2 期。

一步打开了被中古传袭所封闭着的神秘壁垒，第二步拆散了被中古偶像所崇拜着的奥堂，第三步根据他的自己判断能力，重建了一个近代人眼光之下所看见的古代思维世界。”①侯外庐先生以递进的方式呈现出章太炎诸子学的三步骤，在笔者看来，贡献最大的是第三步，即将诸子学研究上升到形而上的层面，为近代以来的救亡图存提供了本土意义上的思维世界，以抗衡西学的侵略。

之后，章太炎将这一理路集中在了以佛解庄之上，从而产生了《齐物论释》。此正是对于《明见》篇治学思路的进一步具体化。具体而言，《齐物论释》是以《齐物论》为主要篇章来进行注解的，但不乏对于《庄子》其他篇章的引用，亦不乏对于儒墨九流的探讨，但这些只是作为佐证的材料而已，并无独立的地位。章太炎之孙章念驰先生认为：“太炎先生对传统文化讨论从经学扩大到诸子学。在诸子学中他特别欣赏庄子的‘愤世’精神，著有《诸子学略说》，又成《庄子解故》，借老庄哲学而展开本人的哲学思想体系，又以佛理解释老庄，成《齐物论释》，以及《原道》、《原名》、《明见》、《辨性》、《道本》、《道微》、《原墨》等，胡适称之为都是‘更为空前的著作’……太炎先生深知佛学对中国文化的重大影响，而博研佛藏，在佛教义众多流派林立中，他独尊唯识宗，以华严之行和法相之理，来发挥他的政治主张，谓此与其所治朴学为近，‘以分析名相始，以排遣名相终’。他‘宗师法相，亦兼事魏晋玄文’，觉得佛学与庄子义有相征，都是发扬‘平等如一’之旨，遂以佛释道，企图融合玄佛为一家，撰《无神论》、《大乘佛教缘说》、《建立宗教论》等。他借佛学来建筑自己的哲学体系，以佛学释老庄，又纳入康德的‘批判哲学’，为革命理论服务，并用以阐述自己对哲学中诸重大问题的看法。”②这段话极其全面透彻地概括了章太炎哲学体系建构的基本途径。章太炎对于哲学体系的建构，并没有脱离传统知识分子“六经注我”与“我注六经”的藩篱，依然以本土文化为主，博采他者之言，先通过对本土文化资源进行注疏，之后进行义理的阐发，借以表达

① 侯外庐：《近代启蒙思想史》，长春出版社 2016 年版，第 173 页。

② 章念驰：《我的祖父章太炎》，上海人民出版社 2011 年版，第 41—42 页。

自己的观点，进而建构起自己的哲学体系。

朗擎霄在《庄子学案》中提到："近二十余年来研究老庄之学亦众，如章炳麟、梁启超、马叙伦诸辈其最著者也。章氏精训诂及佛乘，并运用唯识以释《庄子》，故所言多独到之处，洵可谓不落恒蹊者也。"[①]可见，章太炎对庄子的研究，是庄学研究者在研究过程中不可绕过的部分，具有举足轻重的地位。

三、 从以佛解诸子到以佛解庄的原因

显而易见，从《明见》到《齐物论释》，章太炎以佛解诸子的理路又得到了进一步的具体化和深刻化。这就存在着一个需要我们来解决的问题：章太炎为何将庄子的思想作为自己解读的重点，并为之花费了很大的精力来进行创造性的发挥？

究其原因，笔者认为可以从以下几个方面进行分析。

第一，1906 年的日本东京之行使章太炎看到了发达国家内部的各种矛盾和问题，因过度追求物质文明而导致问题丛生。这使他彻底明白西方的文化并不能够解决所有的问题。这时他发现，庄子思想却能够解决世间的许多问题。对于庄子思想价值的真正认同可以说是他经历过许多变故和思想的转变之后产生的。正如他所说："余向者诵其文辞，理其训诂，求其义旨，亦且二十余岁矣，卒如浮海不得祈。涉历世变，乃始谋然理解，知其剀切物情。"[②]因此，在日本期间，章太炎经常给诸位学生讲授庄子，认为庄子乃善权大士，是应世之最合适的选择，进而认识到了庄子对于应对中国社会各种问题的重要作用。

第二，庄子对于诸家学说所持的宽容态度正符合章太炎此时的内心世界，从而使其与之产生了共鸣。章太炎认为："其为庄生，览圣知之祸，抗浮云之情，盖齐稷下先生三千余人，孟子、孙卿、慎到、尹文皆在，而庄生不过焉。以为隐居不可以利物，故托抱关之贱；南面不可以止盗，故辞楚相之禄；止足不可以

① 朗擎霄：《庄子学案》，商务印书馆 1934 年版，第 364 页。

② 章太炎：《国故论衡》，载《章太炎全集》，上海人民出版社 2017 年版，第 107 页。

无待,故泯生死之分;兼爱不可以宜众,故建自取之辩;常道不可以致远,故存造微之谈。"[①]章太炎的分析是:几千年前的荀子、慎到等人在应对世事方面的见解,不是逃避现实,便是使用权术。这些见解在庄子看来都是不圆满的、有待的;庄子认为与其如此,不如超越其有待、有分别的理论,创造出一种更加超拔物外、泯却分别差异的理论,从而解决世间的所有纷争。在章太炎的视野中,庄子的这种超越物我之外的境界正合他意。

章太炎关注的是如何解决文化之间纷争的问题。当时社会问题产生的根源就在于世人对各种学说、理论的争执:有人崇尚西学,一切以西学为归宗来解释中国的各种问题,胡适等人就是代表;另一种是一切以中国本土文化为主导,不允许有异质文化的掺杂和渗透,守住老祖宗的家法不愿放松,俞樾就是典型。中与西,文明与野蛮之争始终无法终结。从章太炎的上段材料我们可以看出,对于庄子看待文化的态度的分析亦折射出章太炎对解决文化纷争问题的态度——泯绝对事物的分别心。这些在《齐物论释》中都有着深刻的体现。

第三,革命阵营中的种种道德衰坏现象,亦使章太炎内心充满了担忧,他在给梦庵的信中说道:"近世又益昌言功利,而热中利禄者,以宪政为干进之阶,虽此革命党中,能严严如泰山者几何?乘坚车,策肥马,衣服惟恐不丽都,发鬘惟恐不膏泽,去朴质之风,而近浮华之习,革命者将安赖此?欲与为枯槁之逸民既不可得,亦不足以应急务。"[②]可见,在章太炎看来,革命党人在当时争名夺利的大环境之下,已忘记革命的初衷,沾染了浮华趋利的习气,革命党人的道德滑坡,直接影响到革命的成败。百日维新失败后,身为排满战将的章太炎亲眼目睹了康梁等人的惨烈结局,于是他通过反思,得出了这样一个结论:戊戌变法失败的主要原因是林旭、杨锐等人不能做到"赤心变法无他志"[③],从而认

① 章太炎:《齐物论释·序》,载《章太炎全集》,上海人民出版社 2014 年版,第 3 页。

② 章太炎:《书信集》(上),载《章太炎全集》,上海人民出版社 2017 年,第 320 页。

③ 章太炎:《太炎文录初编》,载《章太炎全集》,上海人民出版社 2014 年版,第 288 页。

为“戊戌之变，戊戌党人之不道德致之也”。[①] 如果戊戌党人都能像谭嗣同、杨深秀一样“草厉敢死”，那么“颐和之围或亦有人尽力”。[②] 同样，唐才常自立军起事失败，也是“庚子党人之不道德致之也”。[③] 在此攸关之时，章太炎指出革命进程中要面临艰辛，革命党人如果没有良好的道德信念，面对这样的艰难困苦就很可能没有坚持的勇气，故而纵使拥有再高深的理论，也难以保证革命事业的成功。因此，在他看来，华盛顿领导的革命之所以能够成功，就在于华盛顿等人有着良好的道德品质，他举例说：“昔华盛顿拯一溺儿，跃入湍水，盖所谓从井救人者。若华盛顿作是念曰：‘溺儿生死轻于鸿毛，吾之生死，重于泰山，空弃万姓倚赖之驱，而为溺儿授命，此可谓至无算者。’如是，则必不入湍矣。华盛顿以分外之事而为之死，今人以自分之事而不肯为之死。吾于是知优于私德者亦必优于公德，薄于私德者亦必薄于公德，而无道德者之不能革命，较然明矣。”[④]可见，革命道德建设势在必行，进而，他提出了革命党人至少要做到“知耻”“重厚”“耿介”“必信”，才有可能成为一位真正的革命者[⑤]。于是，在提出这一思想的同时，章太炎也一直试图给予其更为充分的论证和理论上的支持，并且还思考了以何种方式来完成颇富实践色彩的问题。在这一过程中，他推翻了中国人几千年来所遵从的儒家之道德准则，并认为儒家思想已经无法满足当前道德建设的需要了，其原因在于“儒家之病，在以富贵利禄为心”[⑥]，“用儒家之道德，故艰苦卓厉者绝无，而冒没奔竞者皆是。俗谚有云：‘书中自有千钟粟。’此儒家必至之弊。”[⑦]因此，“然则三纲六纪，无益于民德秋毫，使震旦齐民之道德不亡，人格尚在，不在老、庄，则在释氏，其为益至宏远

---

① 章太炎：《太炎文录初编》，载《章太炎全集》，上海人民出版社 2014 年版，第 288 页。

② 章太炎：《太炎文录初编》，载《章太炎全集》，上海人民出版社 2014 年版，第 288 页。

③ 章太炎：《太炎文录初编》，载《章太炎全集》，上海人民出版社 2014 年版，第 288 页。

④ 章太炎：《太炎文录初编》，载《章太炎全集》，上海人民出版社 2014 年版，第 287—288 页。

⑤ 章太炎：《太炎文录初编》，载《章太炎全集》，上海人民出版社 2014 年版，第 294—296 页。

⑥ 章太炎：《演讲集》（上），载《章太炎全集》，上海人民出版社 2015 年版，第 52 页。

⑦ 章太炎：《演讲集》（上），载《章太炎全集》，上海人民出版社 2015 年版，第 53 页。

矣。”①由此可见，在章太炎看来，儒家思想容易激发人产生对于名利等世俗之物的执着，因而难以让人超越自我，从而放下一己之私，舍生忘死地为国家，为他人去赴汤蹈火。曾经的三纲六纪已经对民德的提升没有什么作用了。相反，庄佛则完全能够满足这一要求，因为佛教可以“以勇猛无畏治怯懦心，以头陀净行治浮华心，以惟我独尊治猥贱心，以力戒诳语治诈伪心”②，佛教“要在普度众生，头目脑髓，都可施舍于人，在道德上最为有益”，“要有这种信仰，才得勇猛无畏，众志成城，方可干得事来”③。因而，佛教之所以能够“勇猛无畏”，正在于其讲众生平等，讲万法皆唯心所现，所以在佛教义理的教导下革命党人才可以认识到自我本是虚妄之存在，从而就不会对“我”有太多的执着，如此才能放下私欲，放下名利之心，全身心地投入革命，革命成功才有希望。同时，章太炎将佛教所具有的这种勇猛无畏的菩萨精神折射到了庄子的身上，认为庄子具有大乘菩萨一阐提的精神：“庄生本不以轮转生死遣忧，……又其特别志愿本在内圣外王，哀生民之无拯，念刑政之苛残，必令世无工宰，见无文野，人各自主之谓王，智无留碍然后圣。”④庄子的“智无留碍”在章太炎看来已经达到菩萨“无所住著，不欣涅槃”⑤之境界。之所以以庄子所具有的菩萨一阐提的精神来激励革命党人之道德，在章太炎看来，其原因不外乎庄子较之佛教更加贴近本土人之心理状态，更贴近现实生活，更能应机说法。

最后，如前所述，庄子在晚清民初之际受到了一定程度的关注，许多知识分子利用各种理论资源来解读庄子。而章太炎亦与这些人交往甚密，亦可能受到了影响。在清末民初这样一个内忧外患的时代，本土文化式微、信仰的动

① 章太炎：《书信集》（上），载《章太炎全集》，上海人民出版社 2017 年版，第 320 页。
② 章太炎：《书信集》（上），载《章太炎全集》，上海人民出版社 2017 年版，第 321 页。
③ 章太炎：《演讲集》（上），载《章太炎全集》，上海人民出版社 2017 年版，第 6 页。
④ 章太炎：《齐物论释定本》，载《章太炎全集》，上海人民出版社 2014 年版，第 141 页。
⑤ 章太炎：《齐物论释定本》，载《章太炎全集》，上海人民出版社 2014 年版，第 142 页。

摇都催促着有责任感的知识分子们努力致力于文化和信仰的重建。西方文化的传入，使得一部分知识分子开始运用西方的理论和逻辑来建构自己的思想体系，表达他们对于挽救民族国家的渴望之情。他们中的一些人试图将西方学术思想渗透到对传统文化的分析和挖掘中去，即“以新知附益旧学”①。之所以选择庄子，其原因正如崔大华先生所言：“当中国固有的传统文化、思想同一种外来的异质文化、思想接触、发生观念冲突时，宽广深邃的庄子思想总可以浮现出某种与这种外来的异质文化、思想体系对应的、接近的、相同的观念或思想，形成最初的共识、认同，沟通进一步去理解、消化的观念渠道。庄子思想的这种文化作用，在中国历史上，如前所述，在汉唐当印度佛教传入和发展时曾经卓越地表现过一次；这里，在近代中国当西方思想传入时又一次表现出来。”②可见，当西方学说入侵时，知识分子在传统文化中寻找可与之相抗衡的资源时，首先会想到庄子，这是因为庄子思想中所具有的关于自由、平等等理念是可与西方文化相对应的，虽说不是具有完全一致的内涵，但也比较接近，是知识分子们用来建构自己挽救民族国家理论的有力武器。比如严复用西方的自由思想来解释庄子的自由观，他在评《马蹄》篇时说：“此篇持论，极似法之卢梭，所著《民约》等书，即持此义。”③同时，在解读《寓言》篇时说：“挽近欧西平等自由之旨，庄生往往发之。详玩其说，皆可见也。如此段言平等，前段言自由之反是已。”④从今天的角度来看，《马蹄》篇对于本真自然精神的追求确实与西方的自由思想有着某种相似之处，但如果从文本语境来看，庄子在本篇所呈现出来的思想与西方的自由思想却又有着很大的差异性，而这种差异性既与文化传统的不同有关，也与两种文化所处的社会历史背景不尽相同有关。故而，在西学东渐的清末民初，由于向西方学习的需要，严复在研究

① 梁启超：《清代学术概论》，凤凰出版传媒集团、江苏文艺出版社 2007 年版，第 88 页。

② 崔大华：《庄学研究》，人民出版社 1992 年版，第 543 页。

③ 严复：《严复集》（第 4 册），中华书局 1986 年版，第 1121 页。

④ 严复：《严复集》（第 4 册），中华书局 1986 年版，第 1146 页。

庄子思想时便不可避免地用西方思想来加以比较和审视,这是诚可理解的文化解读现象。又比如康有为用西方显微镜的原理来解释庄子的齐物思想,认为:"因显微镜之万数千倍者,视虱如轮,见蚁如象,而悟大小齐同之理。因电机光线一秒数十万里,而悟久速齐同之理。知至大之外,尚有大者;至小之内,尚包小者,剖一而无尽,吹万而不同……"①因显微镜的作用,使虱子与大象一般大;因电光机的快速而悟出速度齐同之理,这样的比附在现在看来的确感觉不妥和幼稚,但这并非重要之处。重要的是,通过这种比附,我们感受到了康有为那个年代的人对于西学肤浅的认识以及想以西学来表达自己新学思想的饥渴。在如此饥渴心情的驱动下,他们才将人所皆知的庄子之齐物境界变成冷冰冰的科学理论分析下的对象。同时,我们也能感受到,在那个年代,庄子也确实为知识分子们提供了一些可以比附的资源,在某种程度上满足了他们理论上的需要。

以西学来诠释庄子思想最有代表性的人物就是胡适。胡适利用进化论思想来解读庄子思想:"'万物皆种也,以不同类相禅',这十一个字竟是一篇'物种由来'。他说万物本来同是一类,后来才渐渐地变成各种'不同形'的物类。却又并不是一起首就同时变成了各种物类。这些物类都是一代一代的进化出来的,所以说'以不同形相禅'。"②对此,梁启超表示难以认同③:"胡先生讲的庄子,我也不甚佩服。这篇里头最重要的话,是说庄子发明生物进化论,内中讲'种有机'那一段,确是一种妙解,但我以为无论这话对不对,总不是庄子精

---

① 康有为:《康南海自编年谱》,中华书局 1992 年版,第 12 页。

② 胡适:《中国哲学史大纲》,上海古籍出版社 1997 年版,第 187 页。

③ 不仅仅是梁启超对胡适的庄子研究不满意,后来的牟宗三也是持有负面的意见,他在《庄子〈齐物论〉讲演录》中说:"当时我在北大读书的时候,记得胡适之有这么一句话,他说庄子要我们不要争是非,但我们现实人生就是要争那一点点嘛。他说得理直气壮,其实他并没有真正了解庄子。所以,自胡适之以来,大家都以为老庄这套哲学没有道理,是懒汉哲学。一般人把庄子当作清凉散,这就坏了。这种了解不对的。可见这套东西不容易了解。"(牟宗三讲演,卢雪昆整理:《庄子〈齐物论〉讲演录》,《鹅湖杂志》2002—2003 年第 319—332 期)可见,胡适对庄子的理解和研究还是相对肤浅,但因为其重要的学术地位,因此其观点被广泛传播,形成了一定的影响力。

神所在。《寓言》篇'万物皆种也,以不同形相禅'这两句,章太炎先生拿佛家'业力流注'的意义来解释,胡先生拿生物进化的意义来解释。我想还是章先生说得对。章先生的名著《齐物论释》用唯识解庄子,虽然有些比附得太过,却是这个门庭里出来的东西;胡先生拿唯物观的眼光看庄子,只怕不是那回事了。"①梁启超对于胡适和章太炎解读庄子的评价完全不同,这种不同在笔者看来可以作如下理解:首先,二者所采用的思想资源的深刻程度不同。章太炎所采用的佛学较之胡适所采用的西学更加深刻。其原因在于,较之西学,佛教义理包罗万象,其所探讨的各种问题之深入和全面是西学所无法比拟的。因而可以说,对比佛学而言,西学是有限的学问。其次,二位解读者对各自的诠释资源的掌握程度亦有深浅上的不同。章太炎对于佛教有着深刻的理解和把握,他不仅写过多篇关于佛学的文章,而且还用佛学来建构自己的形而上之体系。而胡适同当时的大多数学者一样,对于西学之了解还算不上特别深刻。3、较之佛学已经完成了中国化的进程,成为传统文化的一部分而言,西学还是一种异质文化;同时,较之佛教浸淫传统文化几千年之久而言,西学传入中国才短短的几十年。从这一点来看,以佛教来诠释庄子更加能够迎合知识分子内心的传统情结,这亦是梁启超褒章太炎而贬胡适的原因之一。

除此之外,章太炎也认为胡适的做法有断章取义之嫌,并未了解庄子之本意。他还认为胡适对于"万物皆种"的解释是自相矛盾的;并用佛教的理论对这一命题进行了解释,他说:"'万物皆种也'一段,就说无尽缘起的话,仿佛佛家由阿赖耶识缘起,如来藏缘起,转入无尽缘起。"②而胡适后来在"台北版自记"中反思:"此书第九篇第一章论'庄子时代的生物进化论',是全书里最脆弱的一章,……用的材料,下的结论,现在看来,都大有问题。"③可见,胡适后

① 梁启超:《梁启超全集》,北京出版社 1999 年版,第 3992—3993 页。

② 参见章太炎:《书信集》(下),载《章太炎全集》,上海人民出版社 2017 年版,第 859 页。

③ 胡适:《中国古代哲学史》(台北版自记),载《胡适文集》(第 6 册),北京大学出版社 1998 年版,第 159 页。

来的改变应该与梁启超和章太炎的反对及批评有关。这段公案显示出当时学界对于庄子解读的两种方式：一种是与胡适一样，积极利用西学知识来诠释旧学；另一种是与章太炎一样，试图用佛教来解读庄子，将西学仅仅视为佐证的材料。胡、章之间关于庄子学的探讨，以及梁启超的评判，都可以折射出当时知识分子面对西方文化时的两种心态。正如干春松先生所言："中国新式知识分子接受了进化论和科学主义的思想方式，因此中国文化和西方文化的问题被转换成'新'、'旧'的问题，因而在文化认同和社会变革的选择中，他们的观点是应该以'理智'的态度去接受'新'的思想，而不应被情感上的认同所阻碍。"①干春松先生指出了近代知识分子在面对西学时的一种矛盾心态。此论断是有一定道理的，近代知识分子在面对中西文化之时，确实存在着从理智上说服自己接受，但情感上不甘的矛盾心理，比如康有为就具有典型性，如其弟子梁启超所言："先生为进步主义之人，夫人而知之。虽然，彼又富于保守性质之人也。爱质最重，恋旧最初，故于古金石好之，古书籍好之，古器物好之。笃于故旧，厚于乡情，其于中国思想界也，谆谆以保存国粹为言。"②可见康有为对传统文化于情感上的不舍与依恋。不仅如此，康有为托古改制，将孔子认定为素王，虽然引起了疑经之风，但其方式依然是在传统典籍内部进行的，所用之法与原则是今文经学。可见，康有为的维新变法，是其冷静观照之后的决定，具有理性的力量，而其感情上却依然无法割舍旧的事物。萧公权先生说康有为在写作《康子内外篇》时，"对他的基本观点尚无把握，以至彷徨于两级之间。一方面他采取世界化的'趋向'，影响到他大部分的社会思想；另一方面他隐约的或无意间仍然依恋中国传统的某些部分。"③章太炎同样也是如此，他对于诸子学早有重视，早年的《膏兰室札记》中就已涉及了诸子学说，但只

① 干春松：《制度化儒家及其解体》，中国人民大学出版社 2003 年版，第 33 页。

② 梁启超：《南海康先生传》，载《梁启超全集》，北京出版社 1999 年版，第 497 页。

③ [美]萧公权著，汪荣祖译：《近代中国与新世界——康有为变法与大同思想研究》，江苏人民出版社 2018 年版，第 332 页。

是单纯地援引西学释之，其注释的形式主要是以传统训释为主。之后的《訄书》中亦有对于诸子学六篇的解读，但都是为了其革命理想和政治理念而进行的。他早年曾经激情地随波逐流，认为西方的自然科学、进化论可以解救中国，并同当时的知识人一样，用西方的文化概念和理念来注解、分析中国的传统文化，但结果是让他失望和悲痛的。因而，从某种程度上来说，近代知识分子面对西学时也是在传统的范围内寻求一种突破。

由此我们来观照章太炎、梁启超等知识分子对待西学时的复杂心情，此正是列文森所认为的，近代中国知识分子在面对西学时所呈现出来的理智与情感的断裂，一方面在情感上依恋传统，另一方面则认识到，传统文化只具有"博物馆"中的典藏价值（犹如埃及的木乃伊），因而在理智上全心地拥抱西方文明。进而他认为中国知识分子深感："我们所熟悉的正是我们决定抛弃又不忍抛弃的，而我们极生疏的又是我们刻意获取但却无法获取的。"①可见，近代知识分子既有理智上想借西学抵抗西学的诉求，亦有从情感上排斥西学的心理。这样的矛盾心理是可以理解的，近代知识分子虽然都是接受过新事物的有识之士，具有开明觉醒的一面，但其毕竟出生于中国的传统社会，自小就接受着传统的教育，接受着传统习俗和理念的熏陶。传统因素早已渗透、深藏在其心理结构中，而对于胡适而言，是主张全盘西化的，西学对于他而言正是摒弃传统的有力武器。

通过以上论述可见，章太炎所处的时代是一个提升庄子地位从而运用各种资源进行整合、重构进而对抗西学的时代，《齐物论释》就是这一时代潮流的产物。

《齐物论》是《庄子》一书中的核心篇章，因为它不仅是达到庄子之逍遥境界的方法论基础，亦是庄子整个世界观和人生观的认识论基础。在《齐物论》中，庄子通过"吾丧我"的途径破除人对自我和世界的执着，对于世间名相的

---

① 转引自杜维明：《儒教中国及其现代命运》，载《现代精神与儒家传统》，（台北）联经出版事业公司 1995 年版，第 297 页。

执着,进而破除对于生死之间的执着,最终达到无待之境界。通过了解《齐物论》,我们亦可以了解庄子的其他思想。不仅如此,在《庄子》一书当中,章太炎最为看重的也是《齐物论》。他说:

《齐物》一篇,内以疏观万物,持阅众甫,破名相之封执,等酸咸于一味;外以治国保民,不立中德,论有正负,无异门之衅,人无愚智,尽一曲之用,所谓衣养万物而不为主者也。远西工宰,亦粗明其一指。彼是之论,异同之党,正乏为用,攖宁而相成,云行雨施而天下平。故《齐物论》者,内外之鸿宝也。①

可见,在章太炎的眼中,《齐物论》既可实现人的内在的超越,破除人对天、地、物、我、名言的执着,亦可以在这样的境界中实现对于外在世界的平等相待,从而解决世间的各种纷争,因而可得"天下平",故为"内外之鸿宝"。在章太炎看来,《齐物论》正集中体现了庄子的内圣外王之道,对于晚清民初的社会政治问题亦有启发作用。不仅如此,章太炎还认为"夫能上悟唯识,广利有情,域中故籍,莫善于《齐物论》"②,即《齐物论》与唯识义理最为贴近,而且能够在了达唯识之境的同时,继而广利众生。从这一点来看,章太炎不仅从佛学唯识角度,亦从佛法上求佛道、下化众生的菩萨精神对于《庄子》篇章加以拣择。这充分表现出他以佛解庄的最终意图是要表达自己经国济世的理念,是一种"六经注我"的心态。

四、 以佛解庄之必要性

通过前文对于《明见》中章太炎以佛解诸子之原因的论证,我们可以得知,章太炎以佛解庄的原因亦当包含在以佛解诸子的原因之内,因为庄子亦是诸子之中的一员,此处不再赘言。当然,章太炎之所以以佛解庄,除了具有以佛解诸子的共同原因之外,还有一些独特的理由。

---

① 章太炎:《菿汉微言》,载《章太炎全集》,上海人民出版社 2015 年版,第 26 页。

② 章太炎:《齐物论释·序》,载《章太炎全集》,上海人民出版社 2014 年版,第 8 页。

1.“以佛解庄”有传统①

以佛解庄的传统始于魏晋南北朝时期，众所周知，这一时期是中国历史上较为混乱的时期，亦是学术思想较为活跃和丰富的时期。老庄易三玄在这一特殊的历史阶段抚慰着人们的恐惧之心，亦成为士人谈玄论道的资粮。同时，佛教在经过前期的格义阶段之后，越来越走向独立的发展道路。这一趋向的标志就是“六家七宗”的形成。如果说在格义阶段僧人们注重的是用老庄的言说方式和概念比附佛经，以达到被中土士人所接受的目的的话；那么“六家七宗”阶段侧重的则是对于义理之间大概的契合，这其中最具有典型性的以佛解庄之代表人物当属支遁。支遁对于《庄子》的解读主要集中在《逍遥游》中。据《高僧传》记载：“遁常在白马寺与刘系之等谈《庄子·逍遥游》篇，云‘各适其性以为逍遥。’遁曰‘不然。夫桀、跖以残害为性，若适性为得者，彼亦逍遥矣。’于是退而注《逍遥篇》。”②可见，支遁注《逍遥游》的直接动力就是对郭象和向秀对于“逍遥”之“各适其性”理解的不认同。支遁认为所谓的“逍遥”当是：“夫《般若波罗蜜》者，众妙之渊府，群智之玄宗，神王之所由，如来之照功。其为经也，至无空豁，廓然无物者也。无物于物，故能齐于物；无智于智，故能运于智。是故夷三脱于重玄，齐万物于空同，明诸佛之始有，尽群灵之本无，登十住之妙阶，趣无生之径路。何者？赖其至无，故能为用。”③可见，支遁对逍遥的理解是建立在以佛解庄的基础之上的，通过用《般若波罗蜜》中的境界来解读庄子齐物之后的境界，认为至人所得之境界是破除各种执着之后的佛的境界。由此可见，支遁对庄子《逍遥游》的解读主要动用的佛学资源是

---

① 在庄学史上一直不乏以佛解庄的做法，但较为零散和细琐，本书无法面面俱到，故选择其中最具有集中性和代表性的以佛解庄之作来进行论述。

② （梁）释慧皎撰，汤用彤校注：《高僧传》，中华书局 1992 年版，第 160 页。

③ 支道林：《大小品对比要抄序第五》，载（梁）释僧祐撰，苏晋仁、萧鍊子点校：《出三藏记集》，中华书局 1995 年版，第 298 页。

般若空宗的理论。但是值得一提的是，支遁对于“空”的理解是从色法之因缘聚散的角度来生发的。他认为“空”就是色法之因缘的散失，因而从色法不可永恒存在这一角度看，色即是空。他说：“其色之性非自有色，若非色自有虽色亦空。故曰色即是空，色复不异于空。”①由此可见，色法不是自有的，是因缘和合之时才有的，但是色法本身是空的这一义理，支遁并未深悟。正如唐朝元康《肇论疏》云：“林法师但知言色非自色因缘而成，而不知色本是空，犹存假有也。”②可见，支遁对于空理解的偏颇在于他没有认识到色法存在之时亦是假有的存在，他对于龙树的《中观》还未有太多的了解。

支遁对于庄子的解读，一方面在于他自身对于老庄的兴趣；另一方面则在于作为一名僧人，他通过对于庄子的佛学化解读，使得佛学得以传播，从而被中土士人所接受。因而，在魏晋时期，支遁的影响力非常大，当时的士人都尊崇支遁对于庄子的解读，从而取代郭象的旧义。不仅当时的士人要用支遁取代郭象，就连近人方东美先生都如是说：“我们若要了解逍遥游，千万不能只透过向秀、郭象的注来了解！因为若是透过向秀、郭象的注，那么在‘逍遥游’一开头，郭象就说得清清楚楚的：‘小大虽殊，而放于自得之场，则物任其性，事称其能，各当其分，逍遥一也’！这种看法只是近代‘小市民的心声’！这个心声是每个人都有的微末的观点；在这个观点里，人们只求他自己生活范围内一切欲望的满足，各当其分。”③方东美先生还说：“我们若把精神提到这种境界，然后由此来解释‘逍遥游’的话，这就不是向秀、郭象所能够了解的。反倒是东晋时代的支道林勉强可以了解庄子这种精神。依照支道林的看法，人把精神提升到最高境界，变做造物主的化身，变做真宰、真君，然后可以了解一切；而这一切对于这种精神又不能成为障碍——用支道林的名辞来说，就叫做

① 张富春：《支遁集校注》，巴蜀书社 2014 年版，第 596 页。

② 《大正新修大藏经》第 45 卷，第 171 页下。

③ 方东美：《原始儒家道家哲学》，（台北）黎明文化事业公司印行 1983 年版，第 246 页。

‘无待’。”[1]可见，人们弃郭象之义而不用的原因在于，郭象对于逍遥的理解过于世俗化。这种做法不仅丢掉了庄子原有的天地境界，反而将其具体化、限定化了。而人们信赖支遁的解释，究其原因正是在于支遁用般若思想对于精神境界的展示将庄子之玄远境界还给了庄子，甚至比之更加高远，更加超拔。总而言之，支遁作为以佛解庄之第一人，他身在以庄解佛之年代而能有如此之举，实为可贵。

到了唐代，道士成玄英则作《庄子注疏》，亦有以佛解庄之举。其中较为典型的是：在《逍遥游》的注疏中，他用般若中道思想来解读“尧见四子”。他说：“四子者，四德也，一本，二迹，三非本非迹，四非非本迹也……”[2]这种双边否定的方法正是龙树菩萨在《中论》中的：“因缘所生法，我说即是空，亦名是假名，亦是中道义。”所具有的遮遣两边而得真义之法。对于中道思想和思维方式的吸取使得成玄英以佛解庄展现出最为独特的一面。之所以这样做，是因为在成玄英看来，道是超绝形名的，不可以象求，为了不使众生对道起分别心，所以以遣之又遣的方法破除众生对道的分别与执着。破除执着之后就是空的境界。在《齐物论疏》中也体现了他的以空解庄：“夫玄悟之人，鉴达空有，知万境虚幻，无一可贪；物我俱空，何所逊让？”[3]此处的空，并非空无，而是因缘假合的虚幻之相。在成玄英看来，达到这样境界的人就是庄子的理想人格——至人、真人、圣人。成玄英将此理想人格判摄为大乘菩萨：“真人应世，赴感随时，与物交涉，必有宜便。而虚心慈爱，常善救人，量等太虚，故莫知其极。”[4]“大圣慈悲，兼怀庶品，平往而已，终无偏爱，谁复有心拯救而接承扶翼者也！”[5]“夫玄悟之人，……内蕴慈悲，外宏接物，故能俯顺尘俗，

---

① 方东美：《原始儒家道家哲学》，（台北）黎明文化事业公司印行 1983 年版，第 248 页。
② （晋）郭象注，（唐）成玄英疏：《庄子注疏》，中华书局 2011 年版，第 18 页。
③ （晋）郭象注，（唐）成玄英疏：《庄子注疏》，中华书局 2011 年版，第 48 页。
④ （晋）郭象注，（唐）成玄英疏：《庄子注疏》，中华书局 2011 年版，第 128 页。
⑤ （晋）郭象注，（唐）成玄英疏：《庄子注疏》，中华书局 2011 年版，第 318 页。

惠救苍生,虚己逗机,终无迕逆。"[①]可见,成玄英已经从境界的层面将庄佛统一,从更高的层面上会通了两种文化。成玄英的这种判摄方法被后来者所继承,如明朝的憨山德清,清末民初的杨文会,本书重点研究的章太炎等人都有类似的做法,可见其贡献之大。方勇先生认为,成玄英超越支遁的地方在于他打破了支遁仅以佛理诠释庄子《逍遥游》的局限,为以佛解庄开拓了新空间。[②]

到了宋朝,以佛解庄的代表人物非林希逸莫属,他站在理学的立场上将天理等概念运用于对《庄子》的解读中去,比如在解读《齐物论》中"一受其成形,不亡以待尽,与物相刃相靡,其行尽如驰,而莫之能止"一段时,林希逸如是说:"天理未尝不明,汝以人欲自昏,故至于此,知道之人岂如此茫昧乎?此所谓金篦括膜,要汝开眼也。"[③]可见,林希逸用理学中的天理与人欲来分析庄子此处感慨人在世间逐渐异化的悲哀,充分体现了理学特色。不仅如此,林希逸也将佛教禅宗的概念、思想和参悟的方法融汇其中,其所著《南华真经口义》实际上就是一部以佛、儒解释庄子的著作,里面大量引用了灯录、语录等材料进行庄佛之间的会通。比如他说:"大觉,见道者也,禅家所谓大悟也。"[④]将庄子的大觉解读为禅宗中的大悟之人。又如,在解读"庄周梦蝶"时,他说:"故曰周与胡蝶必有分矣。此一句似结不结,却不说破,正要人就此参究,便是禅家做话头相似。"[⑤]将庄周梦蝶中的开放性结论看作如同禅宗的参话头。这样的诠释在《口义》中随处可见。之所以写这样一部书,是因为:"若《庄子》者,其书虽为不经,实天下所不可无者。郭子玄谓其不经而为百家之冠,此语甚公。然此书不可不读,亦最难读。……是必精于《语》

① (晋)郭象注,(唐)成玄英疏:《庄子注疏》,中华书局 2011 年版,第 48 页。

② 方勇:《庄子学史》(第 1 册),人民出版社 2008 年版,第 465 页。

③ (宋)林希逸著,周启成校注:《庄子鬳斋口义校注》,中华书局 1997 年版,第 21 页。

④ (宋)林希逸著,周启成校注:《庄子鬳斋口义校注》,中华书局 1997 年版,第 41 页。

⑤ (宋)林希逸著,周启成校注:《庄子鬳斋口义校注》,中华书局 1997 年版,第 44—45 页。

《孟》《中庸》《大学》等书，见理素定，识文字血脉，知禅宗解数，具此眼目而后知其言意一一有所归着，未尝不跌荡，未尝不戏剧，而大纲领、大宗旨未尝与圣人异也。”①可见，林希逸援引儒家及佛学来解释庄子，不仅仅是为了将庄子解释得更为透彻，更能被人们所理解，亦是为心学做论证。因此，从其所表现出的立场来看，林氏还是归于儒宗的。因而，林希逸的以佛解庄尽管千百年来经常被人所提及，但毕竟还不是典型。然而后世学者对其在以佛解庄史上的贡献依然持有肯定的态度，比如周启成先生说：“用佛学来解《庄》，支遁已开其端，成玄英虽是道士，其实疏中佛理也不少，王雱《新传》也引过一点，然而大量直接引用佛家的概念、命题来和庄子对比，则是林希逸《口义》所特有的，《口义》中约有八十余处之多。后陆长庚《南华真经副墨》、释德清《庄子内篇注》等在佛理上也许比林希逸精通，然而在以佛解《庄》这条路上，仍是步的林希逸《口义》的后尘。”②从此处看，林希逸虽然不是以佛解庄的开拓者，但可谓承上启下者。尤其是以儒解庄的方法，在清朝得以勃兴。

在林希逸之后，亦有明朝道士陆西星在《南华真经副墨》中用佛教理论来解读庄子。之所以写《副墨》，是因为“昔晋人郭象首注此经，影响支理，多涉梦语；鬳斋《口义》颇称流畅，而通方未徹，挂漏仍多”。③ 可见，陆西星认为前人对《庄子》的研究还不够，他要通过以佛解庄的方式来弥补这一缺失。纵观整部《副墨》发现，这部著作是以佛解庄和以儒解庄的结合体，比如，在解读《齐物论》中的“大知闲闲”时，陆西星说：“孟子亦言‘知者行所无事’，无事，非闲闲乎？”④用先秦儒家学说来解读庄子思想。不仅如此，陆西星深受林希逸的影响，未脱离理学的藩篱。比如他将《齐物论》中“以言其日消也。其溺，

① （宋）林希逸著，周启成校注：《庄子鬳斋口义校注》，中华书局 1997 年版，第 1—2 页。
② （宋）林希逸著，周启成校注：《庄子鬳斋口义校注》，中华书局 1997 年版，“前言”第 16 页。
③ （明）陆西星撰，蒋门马点校：《南华真经副墨》，中华书局 2010 年版，“前言”第 8 页。
④ （明）陆西星撰，蒋门马点校：《南华真经副墨》，中华书局 2010 年版，第 17 页。

之所为之不可使复之也”解读为:“小知之人,心斗若此,但见人欲日萌,天理日消,消之又消,以至心死而不自觉。”[①]用宋明理学的概念和范畴来解读庄子。在以佛解庄方面,陆西星喜欢用禅宗的话头来解读,如:“‘怒者其谁’之‘谁’,皆是这个,禅家谓之‘真主人’,道家谓之‘元神’,大要认得。”[②]“这个”是禅宗的话头,当为未被染污前之清净本心、真心,而陆西星将其用于此处,是为了解释宇宙万有之本源。其实亦是归向了心学之一念未起,便是“为始有物”,而一念既起,便始有物之理论。他对《齐物论》中“瞿鹊子问乎长梧子曰”一节的注释为:“尝观古之达人,皆以还于造化为大解脱,大了当,故佛氏以涅槃为至乐。其言曰:‘生灭灭已,寂灭为乐。’盖必平日于性命根宗力到功深,得知此身假合不常,四大分散之后,有个不受变灭、超然独存者在,然后可以言乐。古之至人所以旁日月、挟宇宙、乘云气、御飞龙,而游乎四海之外者,盖是物也。”[③]在这里,陆西星将佛教的涅槃境界等同于“旁日月,挟宇宙,乘云气,御飞龙,而游乎四海之外者”之仙人境界,在境界层面实现了庄佛互通,但在某种程度上拉低了佛教的涅槃境界。综上所述,虽然有学者认为陆西星《南华真经副墨》的最大特点是“一改前人或偏重于以儒解庄,或偏重于以佛解庄,或偏重于以道教思想解庄的各种做法,而采用以道教、佛教思想一同印证《庄子》的阐释指向,从而为后人开创了一条诠解《庄子》的新途径”。[④] 但通过笔者论述,陆西星并非只是用了道佛两家解庄,而是将道教、佛教、儒家理学之思想同时运用于对《庄子》的解读中,这正反映了明朝三教合一的思想文化大潮流,不仅陆西星如此,明朝的高僧释德清更是将这种思潮表现得最为典型。

《观老庄影响论》正集中表现了释德清三教融合的观点:“学佛而不通百

① (明)陆西星撰,蒋门马点校:《南华真经副墨》,中华书局2010年版,第17—18页。
② (明)陆西星撰,蒋门马点校:《南华真经副墨》,中华书局2010年版,第20页。
③ (明)陆西星撰,蒋门马点校:《南华真经副墨》,中华书局2010年版,第40页。
④ 方勇:《庄子学史》(第2册),人民出版社2008年版,第500页。

氏，不但不知世法，而亦不知佛法。解庄而谓尽佛经，不但不知佛意，而亦不知庄意。此其所以难明也。故曰：'自大视细者不尽，自细视大者不明。'余尝以三事自勖曰：'不知《春秋》，不能涉世。不知老庄，不能忘世，不参禅，不能出世。'知此，可以言学矣。"①由此段材料可以看出，释德清认为三教只有相互融通，才可发挥最大的作用，有所偏颇则效果不佳。若偏佛法，而遗其他学说，则不能完全了解佛法精义；而只执着于庄子，认为解透庄子便可参透佛法的想法亦不可取。最终只能导致既不懂佛法，亦不懂庄子。

释德清明确指出三教之间会通融合的根基在于"吾教五乘进修工夫，虽各事行不同，然其修心，皆以止观为本。"②由此可推断止观③是释德清解读庄子的前提和基础所在。对此，他指出，只有印证到佛教修行所得之境界，才能够真正了解老庄义涵。他说："愚谓看《老》、《庄》者，先要熟览教乘，精透《楞严》，融会吾佛破执之论，则不被他文字所惑，然后精修静定，工夫纯熟，用心微细，方见此老工夫苦切。"④可见，释德清倡导先从佛教之《楞严经》入手，破除对于万法的执著。但这只能达到一种明理而不被文字所惑的层次，并未深入到佛教之至深境界中。因而，还需要通过禅定之甚深境界才可知老庄思想之深刻。不仅如此，释德清还认为，亦可通过止观的方式来纠正以往以佛解庄者对于庄子理解上的偏差。而这种偏差产生的根本原因，还是在于以佛解庄者止观工夫之缺失的情况下仅凭自己的一己之见来阐发老庄之意，林希逸和

① （明）释德清：《观老庄影响论》，载《憨山老人梦游集》，北京图书馆出版社 2005 年版，第 332—333 页。

② （明）释德清：《观老庄影响论》，载《憨山老人梦游集》，北京图书馆出版社 2005 年版，第 336 页。

③ "梵名奢摩他，定慧，寂照，明静。止者停止之义，停止于谛理不动也。此就能止而得名。又止息之义，止息妄念也。此就所观而得名。观者观达之义，观智通达，契会真如也。则止属于空门，真如门，缘无为之真如而远离诸相也。观者属于有门，生灭门，缘有为之事相而发达智解也。若就所修之次第而言，则止在前，先伏烦恼，观在后，断烦恼，正证真如。"（参见《佛光大辞典》）

④ （明）释德清：《老子道德经解》，载《憨山老人梦游集》，北京图书馆出版社 2005 年版，第 344 页。

陆西星都有如此之偏失①。不仅如此，释德清在《庄子内篇注》中对于“齐物”解读的根基亦为“止观”。他说：“今庄子意，若齐物之论，须是大觉真人出世，忘我忘人，以真知真悟，了无人我之分，相忘于大道，如此则物论不必要齐而是非自泯，了无人我是非之相。此齐物之大旨也。篇中立言以忘我为第一。若不执我见我是，必须了悟自己本有之真宰，脱却肉质之假我，则自浑融于大道之乡。此乃齐物之功夫。必至大而化之，则物我两忘，如梦蝶之喻，乃齐物之实证也。”②此处，德清用老庄的语言方式表达了佛学的止观义理，他所谓的“大觉真人”，其实就是证入空性③之修行者，他们已经无我相、无人相、无寿者相，已经破除了对于法我的执着而了知真如体性，对于世间一切亦无分别心，因而其境界就是庄子所说的“齐物”之境界，亦是庄子的“齐物”之旨意。由此可以说，止观是达到“齐物”的前提和基础。

由此可见，释德清对于庄子的解读是站在佛教立场之上的，他所谓的三教合一亦是将道儒二教纳入佛教的体系当中。对庄子学说的解读亦是以佛教的义理和修行境界为前提的。他的做法是要将佛学通过庄子学说这样的本土文化之载体得以传播，从而使佛学“本土化”。因而，将释德清的“以佛解庄”界定为“以佛纳庄”亦不为过。

清末民初，以佛解庄的主要著作为杨文会居士的《南华经发隐》。对于写这部著作的初衷，杨文会在《南华经发隐》之序言中明确提到：

---

① “及见口义副墨，深引佛经，每一言有当，且谓‘一大藏经皆从此出’，而或者以为必当。深有慨焉。余居海上枯坐之余，因阅《楞严》、《法华》次，有请益老庄之旨者，遂蔓衍及此，以自决非敢求知于真人，以为必当之论也。”[（明）释德清：《观老庄影响论》，《憨山老人梦游集》，北京图书馆出版社 2005 年版，第 329 页］从这段材料可知，释德清认为林希逸的《南华真经口义》和陆西星的《南华真经副墨》虽然深引佛经进行注解，但很草率地论断说庄子思想中蕴含大藏经的义理，这是他们没有自己去了悟甚深境界，没有去止观便凭自己的知识结构去臆断老庄的思想，同时亦歪曲了大藏经之义理。

② （明）释德清：《庄子内篇注·齐物论第二》，华东师范大学出版社 2009 年版，第 19—20 页。

③ 真如之异名。梵语舜若多，译曰空性。真如为离我法二执之实体，故修空观而离我法二执之处，真如之实体跃然而显，即依空而显之实性，谓为空性。（参见《佛光大辞典》）

> 至唐初尊之为《南华经》，而作注解者渐多。惟明之陆西星、憨山二家，以佛理释之。憨山仅释内篇，西星则解全部。今阅二书，犹有发挥未尽之意。因以己意释十二章，与古今著述迥不相同，质之漆园，当亦相视而笑。尝见《宗镜》判老、庄为通明禅，憨山判老、庄为天乘止观。及读其书，或论处世，或论出世。出世之言，或浅或深，浅者不出天乘，深者直达佛界，以是知老、列、庄三子，皆从萨婆若海逆流而出，和光混俗，说五乘法（人乘、天乘、声闻乘、菩萨乘、佛乘），能令众生随根获益。后之解者，局于一途，终不能尽三大士之蕴奥也。①

可见，杨文会以佛解庄的主要原因，是他对历史上著名的陆西星、憨山德清以佛解庄的不满，进而希望能够还庄子相关思想以真实之面目。在这部著作中，杨文会从《庄子》内外篇中节选了十二篇的文章，进行了佛学式的发微。他不仅运用了佛教的修行理论来解读《庄子》之大义；而且还引用佛教哲学的理论来对其进行格义和会通。杨文会以佛解庄的思想资源主要集中在《大乘起信论》的义理和唯识宗的名相之上。从具体内容而言，第一，杨文会认为三教皆是如来设教，依众生的不同根器来应机说法，因此在理解老、庄思想时并不能偏之一隅，这样是无法真正理解其中真义的。在《德充符》中，杨文会用了佛教的判摄法，将王骀和孔子判摄为佛教显教和密教的修行者，“王骀与仲尼分道扬镳，一显一密。行显教者，耳提面命，进德修业，人所共知。行密教者，潜移默化，理得心安，人所难见。”②杨文会在三教中的判摄法并不是首创，在憨山德清那里就有所体现，在其后的章太炎那里发展为一种专门的诠释方法，可见，这种方法是以佛解庄者不可绕开的一种方法。第二，他以佛解庄的形式并非侧重章节的注疏，而是从中挑选一些基本的概念进行格义。比如他

---

① 季羡林主编:《杨仁山居士文集》，载《中国近现代佛学大师著述系列》，黄山书社 2005 年版，第 240 页。

② 季羡林主编:《杨仁山居士文集》，载《中国近现代佛学大师著述系列》，黄山书社 2005 年版，第 245 页。

在解读《逍遥游》时，说："初释大因：北冥，幽暗之处也。鲲鱼潜藏其内，喻根本无明也。此无明体，即是诸佛不动智。是之谓具大因。二释大果：鲲化为鹏，奋迅而飞，脱离阴湿，而游清虚，无障无碍。是之谓证大果。三释大处：南冥天池，离明之方也。善财南询，龙女南往，皆以处表法。天池者，浮幢王刹诸香水海之象也。是之谓居大处。……"①可见，杨文会认为鲲鹏在幽暗处，似在无明中，离开幽暗处，似破除无明缠缚，从而将"北冥"解释为"根本无明"，将"浑沌"解释为"无始无明"，可见其中的以佛解庄之精妙。在解读《齐物论》中"吾丧我"命题时说："岂知南郭子内证无心，我执已亡乎？倘我执未亡，定有对待法时时现前，不能深入宝明平等普观也。"②认为丧我的前提是破除我执，才能到达无我相、无人相、无众生相、无寿者相的境界。在《人间世》中，杨文会将"吉祥止止"解读为"吉祥者，至善之地也。求其动相，了不可得，即是性定，而以修定契合，故重言止止也"。③ 第三，他也有以佛教义理会通《庄子》某一篇大意的做法。比如在《天道》篇中，他并未进行概念之间的格义，而是对这篇的主旨作了总结："此章为执著文字者下针砭。今进一解，为扫除文字者下针砭。"④在他看来，《天道》一篇的内涵在佛教的意义上就是破除文字、名相。

通过论述，我们可以感知到，杨文会所用佛教义理非常纯正，且限于纯学术的理论探讨，并不像章太炎的以佛解庄在佛学义理的运用上有混淆或误用的情况，且有很强烈的匡时济世用心。对于杨文会的以佛解庄之贡献，方勇先生认为："自支遁以佛教即色派理论解释庄子逍遥义之后，中经林希逸《南华真经口义》、陆西星《南华真经副墨》、释德清《庄子内篇注》等的大力推阐，至杨文会《南

---

① 季羡林主编：《杨仁山居士文集》，载《中国近现代佛学大师著述系列》，黄山书社 2005 年版，第 242 页。

② 季羡林主编：《杨仁山居士文集》，载《中国近现代佛学大师著述系列》，黄山书社 2005 年版，第 243 页。

③ 季羡林主编：《杨仁山居士文集》，载《中国近现代佛学大师著述系列》，黄山书社 2005 年版，第 244 页。

④ 季羡林主编：《杨仁山居士文集》，载《中国近现代佛学大师著述系列》，黄山书社 2005 年版，第 251 页。

华经发隐》而达到了以佛解庄的极致，从而把庄子思想几乎完全融会到了佛教中去。”①可见，方勇对于杨文会以佛解庄之地位与特色的评价是非常高的。

通过前文的论证，我们得知杨文会曾与章太炎有过书信往来，并间接地影响了章太炎的学佛，因而杨文会的《南华经发隐》亦有可能对章太炎以佛解庄具有一定的影响和启示。

我们通过对《南华经发隐》的探究发现，杨文会并未追随西学东渐之潮流，亦未用任何一个西学的概念或者理论来佐证庄子思想；而章太炎的以佛解庄不仅用佛教来格义庄子，而且亦用佛教来格义西学概念。与此同时，杨文会在解读的过程中，并未体现出经国济世之用心。因而，可以说其所作实为纯学术义理的探讨与会通；而章太炎在《齐物论释》中除了学术上的探讨与会通之外，还明显地体现出他的应世之目的。不过，相同的是，他们都利用了唯识宗理论、《大乘起信论》中的一心开二门的理论来解读庄子。究其异同之原因可见，杨文会的目的很单纯，就是想通过对于《庄子》进行佛学化的解读，从而使得中国人在理解庄子内涵的层面得以提升，得到启示，亦是他借庄子这一中土文化为载体，传播佛学、复兴佛学的一部分，其用心完全是居士佛教层面上的。而章太炎则不然，他通过这样一种形式，就是要达到求是与致用的完美结合，学术与救国的一体两用。而此“体”就是《齐物论释》的形而上之思想；“用”就是他所蕴含其中的具体的革命、政治思想和文化理念。所以，章太炎之用心完全是知识界的应世佛学层面上的。

对此，张志强先生说：“近代佛教的复兴运动，由居士开其先路、成其大端，应该说不是偶然的。清代居士佛学为其提供了前提和资粮，而近代居士佛学也承继了清代居士佛学的精神和规模，并在回应时代问题中更有进一步的扩展和深化。作为士君子之学的居士佛学，在近代遭遇到士阶层及其文化身份依托的儒家意识形态的崩解，以及在这种崩解中所面临的中国问题的挑战。

① 方勇：《庄子学史》（第 3 册），人民出版社 2008 年版，第 398 页。

这样,近代居士佛学作为士阶层回应挑战的一种方式便具有了批判传统的近代性质。不过,这种批判性的近代性质仍然不碍于居士佛学作为士君子之学的本质,其思想性格的复杂与近代崩解中的士阶层精神世界的曲折矛盾,是我们理解近代思想起源及其特质的一个重要的维度。近代唯识学对明清以来思想史主题的回应所具有的复杂面向,也从一个侧面说明了中国近代展开的复杂动力。"①张先生肯定了居士佛学对于应世佛学的奠基作用和推动作用。当然,我们不能将二者完全分隔开来,而应注意到在救亡图存的社会现实面前,居士佛学和应世佛学站在各自的立场上有着一个共同的目标。

总而言之,在以佛解庄的传统中,每一个时代的以佛解庄者都烙上了时代的烙印。同时,亦难以改变他们自身的立场和用心。章太炎的以佛解庄之作《齐物论释》正是这种传统的延续,并在此基础上有了新的内涵和特色。

2. 可使"庄子五千言,字字可解"

除了前人和同时代学人以佛解庄方法的影响外,章太炎还要通过这一方法使得庄子之义理得以明确化,要使"庄子五千言字字可解"。

这种想法产生的前提是,章太炎认为以往注家对于庄子的解读有许多的偏差和误解,正如他所言:"却后为诸生说《庄子》,间以郭义敷释,多不惬心,旦夕比度,遂有所得。"②可见,章太炎在给学生讲解《庄子》时,虽然会采用郭象的注疏,但总感觉郭象的解释含糊其辞,并未抓住庄子思想的本意;而湛然、法藏等人却又"阴盗阳憎",对于庄子思想表面是排斥的、反对的,而实际上却采用了庄子的一些理论来作为解释佛教的资源。

这些做法在章太炎看来是难以接受的,因而他想要通过自己的解释明确庄子的义理。这样做的方法就是以佛解庄,而这种方法产生的直接原因正是:

① 张志强:《从"理学别派"到士人佛学——由明清思想史的主题演进试论近代唯识学的思想特质》,《哲学研究》2007 年第 9 期。

② 章太炎:《蓟汉微言》,载《章太炎全集》,上海人民出版社 2015 年版,第 69 页。

> 所谓摩尼见学光，随见异色，因陀帝网，摄入无碍，独有庄生明之，而今始探其妙。千载之秘，睹于一曙。次及荀卿、墨翟，莫不抽其微言；以为仲尼之功，贤于尧舜，其玄远终不敢望老、关……顷来重译庄书。①

即庄子与佛教从内在根源上有互通的可能性。这种可能性在章太炎看来，就是佛教的圆融之境与庄子的“天地万物与我为一”之逍遥境界有一定的相通性，较之庄子，其他的圣贤都执着一隅，难以达到圆融。故而，章太炎采用佛学来解读庄书。在《齐物论释》之前的《国故论衡》的《原道下》篇中，章太炎用佛学来解读了如何“齐物”的问题，他说：“何谓齐物？曰：‘物无非彼，物无非是，彼是莫得其耦，谓之道枢。枢始得其環中，以应无穷’，浮屠谓之‘法无我’。‘非彼无我，非我无所取，是亦近矣，而不知其所为使。若有真宰，而特不得其眹。百骸九窍眩而存，与物相刃相靡，其行尽如驰，而莫之能止’浮屠谓之‘補特伽罗无我’。庄周言是，固以上游冥极，而下连犴无伤，足以经国，故曰道未始有封，言未始有常，为是而有畛也。（有畛即有差别，未始有封即无差别，有差别起于无差别，故万物一如也。）卒之‘春秋经世先王之志’，下视韩非，而庄周深远矣。”②在此处，章太炎已经开始用佛教的“人无我”“法无我”来解释如何“齐物”的问题，即破除对世界万有和对“我”的执着，没有了分别心，就没有了对世间万有整齐划一的标准的存在，而是尊重万有各自的存在价值。在此，章太炎还认定庄子的“齐物”思想既有形而上的超越性，还有经国济世的现实功用，可谓意义深远。章太炎这种用佛教来解庄子的做法在笔者看来是有一定合理性的。佛教与庄子在某些方面确实具有相通性③。而

① 章太炎：《菿汉微言》，载《章太炎全集》，上海人民出版社 2015 年版，第 69—70 页。

② 章太炎：《国故论衡》，载《章太炎全集》，上海人民出版社 2017 年版，第 120 页。

③ 比如，佛教和庄子都揭示了人的生存状态：苦。尽管庄子是从人在社会关系之尴尬无奈的角度来呈现这种苦，而佛教多从缘之聚散的角度分析人生的苦空无常；不仅如此，庄佛都有与现实存有距离的超拔境界，在此境界中，都可达到对世间了无分别的状态。而且，二者的修养工夫亦比较相似，庄子的坐忘与佛教的禅坐都是以“坐”的形式进行内心意念的集中，从而收摄散乱之心。

且,佛教较之庄子义理更加深刻全面,境界更加超拔,解脱方式亦更加具有彻底性,因而,用比庄子立意更高的佛学解读庄子的确有利于加强对庄子义理之深刻化理解。

3. 佛庄结合才是应世的最好良药

在章太炎看来,纯佛法不能应世,而将佛法与庄子结合才是最好的办法。他说:

> 若专用佛法去应世务,规画总有不周。若借用无政府党的话,理论既是偏于唯物,方法实在没有完成。唯有把佛与老庄和合,这才是"善权大士",救时应务的第一良法。至于说到根本一边,总是不住涅槃,不住生死,不著名相,不生分别。像兄弟与诸位,虽然不曾证到那种境界,也不曾趣入"菩萨一阐提"的地位,但是闻思所成,未尝不可领会;发心立愿,未尝不可宣言。①

> 佛法虽高,不应用于政治社会,此则惟待老庄也;儒家比之,邈焉不相逮。②

章太炎的这一看法可从两个方面来理解:从佛法的角度来看,章太炎认为佛教从应世的层面来看,毕竟不如庄子贴切③。其原因在于,庄子较之佛法毕竟是世间法,而佛法是出世间法。同时,庄子学说较之佛法更加符合中国人的心理结构,具有心理上的亲近感。因而,佛法需要与庄子学说相结合。从庄子

① 章太炎:《演讲集》(上),载《章太炎全集》,上海人民出版社 2015 年版,第 159 页。

② 章太炎:《自述学术次第》,载姚奠中、董国炎:《章太炎学术年谱》,山西出版传媒集团、三晋出版社 2014 年版,第 211 页。

③ 其实,具有同样心态的时人不只有章太炎,民初还有很大一部分知识分子对于佛法可否直接应用于现实深感忧虑。其原因在于清末民初的各种问题都如洪水猛兽,佛法应对这样的情状即使有很大的功能亦因周期过长而不利于解决这些问题。对此,熊十力等新儒家们通过对佛教的深入了解,得出佛教不如儒家具有经世功能的结论,从而把佛教之逻辑架构和名相义理应用到自己对于儒家的解读中去,并为儒家思想设立了可与西方文化相对抗的儒家形而上学,《新唯识论》就是代表作之一。

的角度来看，庄子之境界毕竟不如佛法高蹈，对于事物的看法亦不如佛法彻底。但最为重要的是，用佛法来改造庄子，可以顺应历史之潮流，通过名相、因明等佛教义理和方法的改造，庄子即具有了西方哲学意义上的形而上学的地位，将自己一生所倡导的核心理念浓缩在这一形而上学的载体之中，从而有利于实现他对于挽救民族国家，乃至文化危亡的急迫愿望。用章太炎自己的话来说，就是："兄弟看近来世事纷纭，人民涂炭，不造成一种舆论，到底不能拯救世人。"①章太炎制造的这种舆论正是《齐物论释》这部可与西方学术相媲美的学术经典所表达的各种思想理念。因而，庄子需要佛法的形而上的改造②。

但是，笔者并不同意章太炎认为佛法应世不如老庄的看法，更不同意他认为佛法偏重理论教义而少有具体可实施性的见解。也许章太炎对于佛法的理解还停留在对于小乘佛教的印象之中。小乘佛教的确讲求的是以"断离"的方式出离世间，抛妻弃子，舍离财富、名利等世间之物，以求了脱生死，进入涅槃；但是大乘佛教讲求的却是"出世而即世"，是"上求佛道，下化众生"，这些都不是让人远离世间，不管人间事。它强调的是"心"的出离，即对于世间万有的不执着，不执着的原因是世间之有为法如同梦幻泡影，是虚假的，因而要观世间如幻，而不起贪执心；同时，要深入世间，救度众生，使他们离苦得乐；因

---

① 姚奠中、董国炎：《章太炎学术年谱》，山西出版传媒集团、三晋出版社 2014 年版，第 183 页。

② 对此，学者吴光兴认为："在探讨章太炎所论庄子哲学体系之前，有一点需分辨清楚。从表象于结构完整统一的角度看，庄子所业是古代中国九流之一的道家学术，也就是说，就其原生形态言，庄子本身是道家的代表，并不是一个哲学家，所谓哲学是西方学术的一个部门的名称。尽管如此，古代中国的各家学术，在它们的实际运作中，又常常依据并表现出一些形而上的、对人的认识、对人与宇宙的关系，对于人的价值等诸多问题的潜在的原则系统，这些原则系统是一些具有哲学意味的或称哲学思想的体系。所以，所谓的庄子哲学体系，是指被分析出来的、体现于庄子学术之中的哲学思想体系。在分析和描述庄子哲学体系时，章太炎主要参照的是他赞成的大乘佛教哲学体系。"［吴光兴：《论章太炎的庄子学》，载《道家思想研究》（第 20 辑），三联书店 2003 年版，第 89 页］吴先生的这段话将章太炎为何用佛教之因明、名相建构庄子形而上学的做法之原因非常明白地分析了出来。可见，章太炎通过以佛解庄建立形而上学的做法并非仅仅是时代的催动，庄子本身所蕴含的形而上之因素亦适合与佛教进行结合进而成为章氏之齐物哲学。

而，在大乘佛法中，真俗二谛是圆融无碍的，是不即不离的。同时，佛法亦有许多现实可行的应世方法，比如四摄法、六和同、方便法等，并不是只偏理论，而无现实可行之方法。而且，章太炎在《齐物论释》中，将真俗二谛应用得非常得当，但在此地对于佛法却有如此之看法，当为他与庄子比较而得出的结论。

通过以上论述我们得知，从《明见》到《齐物论释》所体现的并不仅仅是解读对象的具体化，更蕴含了深刻的时代因缘和学者的个人用心。此正如张灏先生所说："像梁启超等人一样，章氏也是这个过渡时代中的知识分子先锋群体中的一员，这些知识分子从大乘佛教中发现了一种全新的维度。这种维度使得他们能够把政治积极主义与一种全面的哲学相融合，从而去理解生命与世界。"①由此可说，《齐物论释》一书的问世，既是晚清以降以佛救国，以佛教建立可与西方哲学相抗衡的形而上学潮流的代表之一；同时，亦是章太炎的思想体系之"体"，之"形而上学的浓缩"。它的产生，不仅是时代洪流催促的结果，亦是章太炎一生个人经历、学术理念以及知识储备之变化的结果。

第三节　《齐物论释》的成书经过

章太炎对庄子早就很重视，大约写成于光绪十七、十八（1891、1892）年的《膏兰室札记》中就已涉及了《庄子》的《则阳》《让王》《大宗师》《养生主》《天下》等篇章，但只是单纯地援引西学对其加以解释，注释的形式也主要以传统训释为主。之后的《訄书》中亦涉及老庄思想，但亦限于零散的形式，缺乏系统性，且与后来的释庄关系并不密切。1906 年发表的《诸子学略说》虽涉及庄子，但主要还是从政治的层面来进行解读的。对此，章太炎认为："庄子晚出，其气独高，不惮抨弹前哲。愤奔走游说之风，故作《让王》以正之；恶智力取攻之事，故作《胠箧》以绝之。"②以此来看，他是将庄子看成是为世俗事务操劳

① 张灏：《危机中的中国知识分子——寻求秩序与意义》，新星出版社 2006 年版，第 142 页。

② 章太炎：《演讲集》（上），载《章太炎全集》，上海人民出版社 2015 年版，第 55 页。

费心的高人。1908—1910年，章太炎在东京为诸弟子讲解《庄子》，并写就《庄子解故》《齐物论释》初写本和《齐物论释》定本，从而对《庄子》的注释和理解从零散逐渐走向了系统。通过《庄子解故》到《齐物论释》定本演变的这一线索，我们可以使《齐物论释》成书的过程更加明朗化。

一、《庄子解故》

《庄子解故》实际上是一部训诂之作，曾连载于《国粹学报》第五年（1909）。章太炎通过对于《庄子》字词、概念的考据和分析，使其在文字上更加明了，但在义理上，他并未给予太多的发挥。关于写这部著作的原因，章太炎曾有过明确的说明："《庄子》三十三篇，旧有《经典释文》，故世人讨治者寡。王氏《杂志》附之卷末，洪颐煊财举二十九事，晚自俞、孙二家而外，殆无有从事者。余念《庄子》疑义甚众，会与诸生讲习旧文，即以己意发正百数十事，亦或杂采诸家，音义大氐备矣。"①可见，章太炎对于前人考证《庄子》一书中的一些"疑义"并不满意，想要加以完善之。自1908年起，章太炎向黄侃、钱玄同、朱希祖、龚宝铨、许寿裳、周作人等弟子进行讲学，主讲的内容就是《说文解字》《庄子》《广雅疏证》等。期间，对《庄子》讲解更多，在此教学相长的过程中，章太炎对于《庄子》有了更加深入的了解，推动了《庄子解故》的问世。经由此书，章太炎主要是想通过自己的学术努力使得《庄子》之意更加明确，以解除众疑。

众所周知，章太炎早年受业于俞樾，而俞樾又深受王念孙父子治学方法和思路的影响，因此，章太炎也必然深受这些清朝朴学家的影响，在《庄子解故》中，章太炎便引用了清朝俞樾、孙怡让、王念孙等人的注释。可以说，《庄子解故》是对这些前辈注释《庄子》的继承和发挥。此书按《庄子》的篇目次序进行分条排列，引用的典籍主要有：《诗经》《周礼》《说文解字》《经典释文》等。在

① 章太炎：《〈庄子解故〉前记》，载《章太炎全集》，上海人民出版社2014年版，第149页。

书中，章太炎通过引用字书、史书、各家注释等方式，将《庄子》中的字义词义都逐一进行了训释，体现出他扎实的小学功底。① 除此之外，章太炎尊重前辈的考证，在自己训释考证之时能够将其运用其中。不仅如此，在进行训诂考证的时候，章太炎还能够搜全《庄子》的不同版本，进行对比参照，以保证其准确性。章太炎在《庄子解故》与《膏兰室札记》当中虽然治学理路相同，且具有一定的连续性，但在《庄子解故》中，章太炎对庄子的认识已经超越了早年的理解。虽然章太炎在此部著作中大量吸纳了清代朴学前辈的已有成果，但他对其中的一些注释也不能认同，而是有着自己的见解。通过《庄子解故》中的训诂考证，使章太炎对《庄子》的内容和思想有了更为深入的理解和把握，为后来《齐物论释》的成书作了思想上的准备。方勇先生对此书的评价很高："章炳麟的《庄子解故》是以传统的训诂方法来解释《庄子》的著作，虽然似不能与王念孙的《读书杂志》、俞樾的《诸子平议》拥有同等的地位，而且由于此书是章氏讲学的结果，受时间和可引资料所限，对各家说法的引述多凭记忆而来，故不免微瑕，但它的价值仍是不能忽略的。首先它是章氏庄子学研究的两部重要著作之一，是他庄子学研究的重要组成部分；其次，就注《庄子》本身而言，由于章氏所选条目尽量不与俞樾《庄子平议》重复，故恰可补俞氏之未言，两书参看，则更为完备。而且作为讲义，选择条目多是看似简单却容易产生歧义的词句，常常阐释一、二关键词而可使全句可解，重点突出，简洁明了，使之成了一部通俗实用之书，对以后注《庄》之人也起到了或多或少的影响。因此，章炳麟的《庄子解故》无疑是清末民初庄子研究史上不可或缺的一环。"② 同时也"对民国《庄子》考据学有着最直接的影响"。③ 方勇先生对《庄子解故》的评价非常得当。作为一部训诂之作，其最为主要的价值并不在于能否从中寻得哲理，而是从推动学术发展的角度，看其训释得是否合理、是否完备，

① 参见方勇：《庄子学史》（第3册），人民出版社2008年版，第378—380页。

② 方勇：《庄子学史》（第3册），人民出版社2008年版，第388页。

③ 方勇：《庄子学史》（第3册），人民出版社2008年版，第426页。

是否能够给后人的学术研究提供翔实的资料。从这个角度来看,《庄子解故》虽然没有《齐物论释》的影响力大,但是的确有其价值之所在。

二、《齐物论释》初写本

《齐物论释》发表于宣统二年(1910 年)的《国粹学报》。如前所述,章太炎早年对佛学并无兴趣,30 岁左右遇到好友宋恕,宋恕喜好佛教,对章太炎产生了一定影响。故而,这个时期的章太炎开始接触佛教,广读佛经,但还未深入其中。1905 年苏报案后,章太炎有了三年牢狱之灾,在狱中通过读佛经佛典获得慰藉,所读关于唯识宗的经典尤多。出狱后,他依然爱好佛典,并将其与《庄子》进行结合,通过以佛解庄的方式写出《齐物论释》初本。全书共有九个部分,分别是自序、主体七章和后序。此后序为好友乌目山僧黄宗仰所作:"太炎居士以明夷演《易》之会,撰《齐物论释》,成书七章,章比句栉,题理秩然。以为齐物者,一往平等之谈,然非博爱大同所能比傅,名相双遣,则分别自除,净染都忘,故一真不立,经其不齐,齐之至也,若夫释老互明其术旧矣。"(《齐物论释·后序》)。黄宗仰在后序中对章太炎所作《齐物论释》的评价可谓中肯,将其著书的方法理路、现实用意皆用简明扼要的语言予以概括归纳,既非常到位,又具有提纲挈领之作用。

从体例上来看,章太炎在《齐物论释》初写本中遵从传统的注疏形式,对《齐物论》中的概念、命题赋予佛理化、西学化的解读,但其重点仍在于义理的阐释和发挥。对此,蒋海怒先生说:"从形式上看,《齐物论释》却是一个标准的乾嘉'疏证'体著作;从内容上看,其对庄子、唯识学各自的具体解释也均符合庄子和唯识学自身的理义。但是从整体而言,章炳麟的对庄子的'绎读'又超越了各自的学术话语谱系,其宏通的视野也就无法为传统的治学途径所容纳。"①可见,虽然章太炎在注疏的过程中也尊重庄子的原义,其所运用的唯识

① 蒋海怒:《晚清政治与佛学》,上海古籍出版社 2012 年版,第 225—226 页。

学这一工具也并未有意曲解,但二者的合一所表现出的却是章太炎自己的思想理路。因此,《齐物论释》总体而言虽然从体例来看是依照传统经学的注疏模式,但实质上却是章太炎发挥自己哲学思想的载体,正所谓“处处训诂,处处说理”。[①] 不仅如此,《齐物论释》以《齐物论》为文本基础,但不局限于《齐物论》,而是将思想的触角延伸到了更为广阔的领域。章太炎在用佛教诠释庄子的过程中,还涉及儒家、墨家、法家、西方哲学等方面,这也是二者的不同之处。

三、《齐物论释》定本

据德国学者谢林德先生考证:“章炳麟《齐物论释》初本是武昌起义前夕写完的。出版以后,受到过肯接受佛学的中国留学生的短期注意。辛亥革命发生以后,虽然中国社会及思想背景已改变。但章炳麟却一直继续重视其著作,并肯定它有一个永久不朽的价值。民初章炳麟修订《齐物论释》,于是《齐物论释重订本》问世。两本皆列入《章氏丛书》。”[②]此处,虽然谢林德对于章太炎《齐物论释》的成书过程有一个基本的描述,但是由于历史的原因仍未将其成书的时间加以明确化。所以说,关于《齐物论释》定本的面世时间,学界一直没有定论,如王仲荦言:“至于重定本的改稿,大概又在 1911 年之后。”[③]但据蒋海怒的考证,认为其写于 1913—1916 年因禁龙泉寺期间。[④]

《齐物论释》发表后,章太炎发现了其中的不足。于是他于 1912 年写信给其弟子吴承仕说:“《齐物论释》第五章尚有未尽义,昨者读《法苑·义林章》,乃悟《人间世》篇‘耳目内通,虚室生白’之说,即内典所谓三轮清净神变

① 蒋海怒:《晚清政治与佛学》,上海古籍出版社 2012 年版,第 227 页。

② [德]谢林德:《中国晚清、民国初期哲学与政治思想接受唯识学的基础与动机——以谭嗣同和章炳麟为主》,《时代人物》2013 年 3 月 21 日。

③ 章太炎:《齐物论释定、定本校点后记》,载《章太炎全集》,上海人民出版社 2014 年版,第 145 页。

④ 蒋海怒:《晚清政治与佛学》,上海古籍出版社 2012 年版,第 232 页。

教诫世人。但以禅那三昧视之,虽因果相依,究与教诫卫君何与耶?思得此义,甚自快也。足下可携《齐物论释》改定本来,当为补入。杨仁山曾注内篇,未审其曾悟此否?"[①]可见,章太炎在后来的深思中发现了可以将其更加完善之处,并付诸实践。《齐物论释定本》在民国元年(1912 年),由频伽精舍出了单行本。

四、《庄子解故》——《齐物论释》初写本——《齐物论释》定本

章太炎在著《庄子解故》的过程中,使自己对《庄子》的理解更加深入,进而为以后用佛学解读《庄子》而成《齐物论释》奠定了基础,随着他学识的不断提升和人生经历的不断丰富,他对原来所作的《齐物论释》又有了补充完善的需求,从而促成了《齐物论释》定本的问世。

《庄子解故》和《齐物论释》初写本撰写时间一前一后,前者主要侧重于训诂,以探求《庄子》文本的原义为旨归,对义理并无多少发挥,而后者则是在训诂的基础上融入多种思想资源,从而实现了义理的阐发,以己意寓庄意,以表达自己的济世理想为旨归。可以说,前者是一部纯粹的学术类著作,可以丰富庄子学的研究注疏成果,后者除了具有学术的价值之外,还是一部经世致用之作。虽然两者在本质上差别较大,但都是章太炎学术转向庄子之后的力作,表现出他对庄子的重视。然而,《庄子解故》和《齐物论释》初写本都有着各自的问题,前者的问题是"先生为此,肇端讲习,一时乘兴,多凭记忆,退而疏录,不更检书,先后参差,非无出入"。[②] 说明此书有一些不严谨、有出入的地方。而后者的问题则是注疏论证不够完善。对于两者的传承关系,章太炎说:"若夫九流繁会,各于其党,命世哲人,莫若庄氏,消摇任万物之各适,齐物得彼是之

① 章太炎:《书信集》(上),载《章太炎全集》,上海人民出版社 2017 年版,第 400 页。
② 朱季海:《庄子解故点后记》,载《章太炎全集》,上海人民出版社 2014 年版,第 191 页。

环枢,以视孔墨,犹尘垢也……微言幼眇,别为述义,非解故所具也。”①可见,章太炎明确表示,因为庄子的重要性,所以专门作《庄子解故》,但这部著作不涉及微言大义,即义理的阐发,并表示,准备专门作一本关于阐释庄子微言大义的著作,故“别为述义”,这部著作就是后来的《齐物论释》。因此,《庄子解故》可以说是《齐物论释》的前文本。

从《齐物论释》初写本到《齐物论释》定本,章太炎又增加了一些材料和论述,使得定本的论证更为严密,义理更加明确了。比如在自序中,章太炎在初写本中对“齐物”的解释是:“齐物者,一往平等之谈”②,没有注释和解释。在定本中他对“齐物”的解释是:“齐物者,(齐物属读,旧训皆同,王安石、吕惠卿始以物论属读。不悟是篇先说丧我,终明物化,泯绝彼此,排遣是非,非专为统一异论而作也。应从旧读。因物付物,所以为齐,故与许行齐物不同。)一往平等之谈。”③可见,对于“齐物”这一概念,在定本中,章太炎汲取以往注家之所长,用佛教对其进行解读,解释得更为丰富明朗。如在初本中他对《齐物论》主旨的佛学化解读是:“其文皆破名家之执,而亦兼空见相,如是乃得荡然无阂。”④在定本中,他更换了说法:“其文既破名家之执,而即泯绝人法,兼空见相,如是乃得荡然无阂。”在增加了“泯绝人法”之后,解释力更强。诸如此类,在定本中不胜枚举。除此之外,通过对比二者,我们还可以发现一些细微的差别。首先,在定本中,章太炎多次使用《大乘起信论》作为资源对庄子的《齐物论》进行解读,但在初写本中,《起信论》所占比重较少。其次,在定本中,不仅在内容上较初写本有所变化,在体例上也有变化。在初写本中,一共有九个部分,正文前有章太炎的《序》,正文后有黄宗仰的《后序》。但是《序》与《后序》在定本中均被章太炎删除,只是凸显了七章的内容,更侧重于对文

① 章太炎:《庄子解故题记》,载《章太炎全集》,上海人民出版社 2014 年版,第 149 页。
② 章太炎:《齐物论释》,载《章太炎全集》,上海人民出版社 2014 年版,第 5 页。
③ 章太炎:《齐物论释定本》,载《章太炎全集》,上海人民出版社 2014 年版,第 73 页。
④ 章太炎:《齐物论释》,载《章太炎全集》,上海人民出版社 2014 年版,第 5 页。

本本身内容的填充和丰富。具体原因，不得而知。再次，在定本中，章太炎改变了一些说法，初本还在使用如来藏来解读《庄子》的真宰，在定本中他会换成阿赖耶识，这说明了他对唯识宗的理解和把握更加精准。关于初写本与定本具体的差异，孟琢先生说："《齐物论释》由初本到定本，经历了较大调整，体现出重要的哲学发展。根据李培伟君的统计，二者之间共有六十处差异。其中，第一章第一节、第二节有明显的思想演进，第五章、第七章更进行大段增补，充分拓展了初本思想。"①

尽管如此，两个版本的《齐物论释》的基本精神并未改变，并都被收入浙江图书馆所刻的《章氏丛书》中。

总而言之，章太炎对《庄子》由产生兴趣到讲学于诸弟子再到亲手注释考证而成《庄子解故》，再到将义理和思辨通过以佛解庄的方式融入注释考证之中形成《齐物论释》初写本，这是一个对《庄子》由零散的涉及和认识到系统成书的过程，也是一个从学术上升为学术与思想并重的过程。《齐物论释》定本虽然与初写本从精神实质上并无差异，但在丰富性和准确性上均得到了极大的提升，通过对比初写本与定本之间的差别，有助于深化我们对章太炎思想变化的研究。

① 孟琢：《齐物论释疏证》，上海人民出版社 2019 年版，第 4 页。

第二章　章太炎《齐物论释》之哲学思想

学界一般认为，章太炎的哲学思想分为前期和后期两个阶段。以其任《民报》主笔的时期为分水岭，前期的哲学思想以科学主义为中心，尊崇自然科学、进化论等西方学说。这一时期的哲学思想主要体现于《訄书》《视天论》《菌说》等文章中。后期以佛教唯识宗为理论基础，汲取西方哲学养料，建立了新的哲学体系。

章太炎早期的哲学思想深受西方学说的影响，认为“阿屯”是宇宙万物的始基[①]。他说：“盖凡物之初，只有阿屯，而其中万殊。各原质皆有欲恶去就，欲就为爱力、吸力，恶去为离心力、驱力。由此故诸原质不能不散为各体，而散发又不能不相和合。”[②]可见，在章太炎看来，宇宙万有是由阿屯之间的爱力、吸力而成，又因离心力和驱力而保有原质的相对独立性。由于原质间的排斥与吸引、分散与聚合，便构成了世界的图景。不仅如此，在章太炎看来，这样的原质是极小的：“阿屯者，其小无内之称也。夫以至精之显微镜窥物，则一分之质可视如三百丈，是虽纤微之至，而可放大三十万倍。然犹未能见阿屯也，

① 阿屯就是英语原子（原质）的音译。

② 章太炎：《太炎文录补编》（上），载《章太炎全集》，上海人民出版社 2017 年版，第 181 页。

其小岂复可比拟哉?"[①]可见阿屯是极为纤微的存在。在此问题上,章太炎批判了谭嗣同将以太比附于孔子的仁、佛教的性海、基督教的灵魂的做法。他说:"或谓'性海即以太'。然以太即传光气,能过玻璃实质,而其动亦因光之色而分迟速。彼其实质,即曰阿屯,以一分质为五千万分,即为阿屯大小之数,是阿屯亦有形可量。以太流动,虽更微于此,而既有迟速,则不得谓之无体。"[②]从此处看,这一时期的章太炎对佛教还是排斥的心态,他倾心的是西方的科学主义。他批评谭嗣同将"以太"佛学化的做法,认为谭嗣同所说的"以太"其实就是阿屯。

《訄书》时期的章太炎,继承了荀子"凡同类同情者,其天官之意物也同"(《荀子·正名》)思想。他认为"黄赤、碧涅、修广,以目异;徵角、清商、叫啸、喁于,以耳异;酢𤁩、甘䕡、苦涩、隽永百旨,以口异;芳苾、腐臭、腥蝼、膻朽,以鼻异;温寒、熙湿、平棘、坚疏、枯泽,以肌骨异;是以人类为公者也。生而乐,死而哀;同类则爱,异类则憎;是以生物之类为公者也。公有大小,而人不营度,公其小者,其去自私,不间以白氂。"[③]即人对外界的各种认知,都来自人身体各个器官对外物接触和感知。比如对各种颜色的认识来自眼睛与客观对象的接触,同样的,通过人的口鼻等与外界对象接触而形成人对事物的判断与认知。若人的器官出现问题时,就无法正确感知外界。他举例说:"以黄赤碧涅之异,缘于人之眸子,可也;以目之眚者,视火而有青炎,因是以为火之色不恒,其悖矣。"[④]可见,若是眼睛出了问题,那么人所看到的火光是青色的,就对火光本来颜色的感知出现了偏差。但青色并非火光的本来颜色,若因其所见而判断火的颜色不正常,那么就是错误的。因为外物是独立于感官而存在的,并非因感官所感而改变其性质。

---

① 章太炎:《太炎文录补编》(上),载《章太炎全集》,上海人民出版社 2017 年版,第 145 页。
② 章太炎:《太炎文录补编》(上),载《章太炎全集》,上海人民出版社 2017 年版,第 184 页。
③ 章太炎:《訄书》,载《章太炎全集》,上海人民出版社 2014 年版,第 13 页。
④ 章太炎:《訄书》,载《章太炎全集》,上海人民出版社 2014 年版,第 13 页。

章太炎对认识的看法并非停留在此,而是认为并非所有的事物都能通过感官而得到把握,因为感官所得的认知毕竟是有局限性的。因此认识需要升华,他非常赞同荀子从“天官薄类”到“心有征知”的认识途径,而反对颜元只重视感觉经验而轻视理性思维的做法。通过论证我们得知,章太炎早期的哲学观还是深受西方自然科学的影响的,在认识论的问题上,他尊崇的是荀子的思想。

章太炎出狱东渡日本是他建构哲学体系的黄金阶段。在这一时期,他发表了一系列的哲学论著,诸如《无神论》《俱分进化论》《建立宗教论》《国故论衡》《齐物论释》等,这些论著系统地阐释了他后期的哲学思想。这一时期,章太炎的哲学本体论主要是以唯识学为基础的,并将“真如”作为其本体。章太炎说:“夫此圆成实自性云者,或称真如,或称法界,或称涅槃。”“乃至言哲学创宗教者,无不建立一物以为本体。其所有之实相虽异,其所举之形式是同。是圆成实自性之当立,固有智者所认可也。”①此处可见,圆成实性就是真如本体,是圣智不为任何外在因缘所束缚的真空妙有之境界。

章太炎说:“人有八识,其宗曰如来藏。以如来藏无所对,奄忽不自知,视若胡越,则眩有万物。物各有其分职,是之谓阿罗耶。阿罗耶者,藏万有,既分即以起末那。末那者,此言意根,意根常执阿罗耶以为我,二者若束芦,相依以立,我爱、我慢由之起。意根之动,谓之意识。物至而知接,谓之眼、耳、鼻、舌、身识。彼六识者,或施或受,复归于阿罗耶。”②此处,章太炎分析了人的认识的来源问题,认为真如因无始无明而成阿赖耶识,阿赖耶识含藏万有,后起第七识及前六识。六识所获得之认识可再次返熏到阿赖耶识中去。

可见,在认识的问题上,章太炎用唯识宗的阿赖耶识作为基础。阿赖耶识

---

① 章太炎:《太炎文录初编》,载《章太炎全集》,上海人民出版社 2014 年版,第 424 页。

② 章太炎:《国故论衡》,载《章太炎全集》,上海人民出版社 2017 年版,第 141—142 页。

为八识中的第八识。所谓的八识，就是唯识宗所讲的前五识，即眼、耳、鼻、舌、声五种感官与外界直接接触所产生的五种认识作用；意识为第六识；末那识为第七识，是前六识与第八识—阿赖耶识之间的中介。阿赖耶识含藏万有之种子，因此又名种子识。章太炎认为，阿赖耶识中含藏着一切事物现象和范畴的种子，是认识的源泉，人的意识活动都要以阿赖耶识作为根基。对于认识产生的具体过程，章太炎用唯识宗的"相、见二分"说将认识活动从外部世界转移到认识主体内部中当去。无论是前五识还是第六识，当它们进行认识活动时，均会产生"相、见二分"。"由有此识，而有见分、相分依之而起。如依一牛，上起两角。"①所谓的"相分"又被称作"所取分"，就是指外界事物印现于心之影像。所谓的"见分"，又作"能取分"，是指认识之主体，一般指前五识和第六识。既然如此，那么相分和见分是如何作用而产生认识的呢？章太炎认为："五识惟以自识见分缘色及空以为相分。心缘境起，非现行则不相续；境依心起，非感觉则无所存。而此五识对色及空，不作色空等想。"②也就是说，五识的感觉活动，是在"色及空"对五官的刺激下才能进行；同样，"色及空"也只能在五官对它们选择之时才能在五识中留下相分，才能被人感知。但是，五识并不能对这些相分进行思维，从而得到相应的认识。认识需要第六识通过末那识的中介作用，从而在第八识的"种子"和"原型观念"的支配下，对五识所接受的各种直观经验进行综合和整理才能得到。可见，"种子"或"原型观念"其实相当于康德的"感性直观形式"和"知性的纯粹范畴"。

由此可见，章太炎后期的哲学思想与前期截然不同，姜义华先生认为"他建立了一个相当庞大而又个性鲜明的哲学体系。这一哲学体系，涉足的范围之广，探索的程度之深，超过了他自己 1900 年前后那几年中所撰写的哲学著

① 章太炎：《太炎文录初编》，载《章太炎全集》，上海人民出版社 2014 年版，第 425 页。

② 章太炎：《太炎文录初编》，载《章太炎全集》，上海人民出版社 2014 年版，第 423—424 页。

作,也超过了近代中国其他所有的思想家”。① 因此,虽然侯外庐先生认为,章太炎的经学、小学和文章,以及革命逸事等影响巨大,其哲学思想则无人问津,②但我们不可否认章太炎有着建构哲学体系的巨大勇气。可以说,其哲学体系之完备和方法之独特在近代哲学思想界也有着非常重要的地位。

章太炎是这样鉴定哲学的:

> 哲学者,一浑沦无圻堮之名,以通言、别言之异,而衺延之度亦殊。上世哲学为通言,治此者亦或阊明算术,推寻物理,乃至政治、社会、道德伦理诸言,亦一二陈其纲纪。此土与印度、希腊皆然。是一切可称哲学者,由其科目未分。欧洲中世,渐有形上、形下二途,而政事、法律,亦不可比于形下。近人或以文学、质学为区,卒之说原理者为一族,治物质者为一族,极人事者为一族。若夫万类散殊,淋离无纪,而为之蹑寻元始,举群丑以归于一,则哲学所以得名。③

可见,章太炎认为西方世界科目未分时代的思想文化更合哲学之义,而近代的学科划分则割裂了哲学的超越性和普遍性,有失偏颇。所谓的哲学就是没有地域界限和具体学科界限的,是具有普遍性的学科。它适用于所有的事

---

① 姜义华:《章太炎评传》(下),(台湾)昌明文化有限公司 2018 年版,第 230 页。近代建构哲学思想体系者不仅仅局限于章太炎,还有康有为、梁启超、谭嗣同等人,但是,较之其他人,章太炎的哲学体系更为完备,思想更为深刻,此可从萧公权先生对康有为的哲学评价中获得启示:“康氏在思想上对中国近代化的一些贡献,实为民国初年接受西方科学与哲学者的先导。追寻康氏将西方哲学加诸中国思想的拓荒工作,虽然比较微小,却深具兴味。”“历史背景是导致康氏无法成为真正哲学家的一部分原因。生长在多难的时代,中国遭遇到的威胁不仅仅是政治的毁灭,且是文化的消逝,康氏很难专心致志纯理论的研究。在四分之一世纪中,他少有做哲学静思的时间。唯有在他的晚年,特别是 20 世纪 20 年代,悠闲的生活使他有暇照顾到较财经政务远为抽象之事。康氏像许多在他之前的中国思想家,没有完成精致的哲学系统,并不令人感到奇怪。”([美]萧公权著,汪荣祖译:《近代中国与新世界——康有为变法与大同思想研究》,江苏人民出版社 2018 年版,第 108、110 页)可见,同为建构哲学体系的先驱人物,康有为没有精致完整的哲学系统,最主要的原因是康有为在真正意义上是一位政治家,对纯学思的东西用力不够。相比而言,章太炎则较能深入钻研,从某种程度上说,他是一位有着政治情怀的学问家。

② 侯外庐:《近代启蒙思想史》,长春出版社 2016 年版,第 200 页。

③ 章太炎:《太炎文录补编》(上),载《章太炎全集》,上海人民出版社 2017 年版,第 322 页。

物，是对这些事物形而上的浓缩，是万事万物之根源。从此处来看，章太炎的哲学观念以及对其的阐发都深受西方哲学的影响。

之后的1910年，章太炎在《明见》中进一步发挥了他对哲学的理解：

> 九流皆言道。道者彼也，能道者此也。白萝门书谓之陀尔奢那，此则言见。自宋始言道学，今又通言哲学矣。道学者，局于一家；哲学者，名不雅故；搢绅先生难言之。……故予之名曰见者，是葱岭以南之典言也。见无符验，知一而不通类，谓之蔽；诚有所见，无所凝滞，谓之智。①

可见，章太炎在《明见》中认为，传统诸子学中的“道”最接近哲学之义。但更进一步来说，哲学其实就是佛教中的“智”，即一种超越了一切局限性的、世俗性的体认和观照，是破除了“见”的分别具化之后的、对宇宙万象整体的、本质的观照，这较之以往传统将道、道学作为哲学又有了更高的理解。可见，由于章太炎后期接触了佛教，所以此时他对哲学的理解也难免印有佛学的痕迹。在章太炎眼里，诸子学中内蕴着中国的哲学，但如果不进行建构，终究还不是严格意义的哲学，也就是说，中国没有真正的哲学，具体原因在于他认为中国所谓的哲学，重视人生观，而很少论及宇宙观，或是世界起源之理。他更是直接认定中国九流中没有纯粹的哲学②。对此他说：“讨论哲学的，在国学以子部为最多，经部中虽有极少部分与哲学有关，但大部分是为别种目的而作的。以《易》而论，看起来像是讨论哲学的书，其实是古代社会学，只《系辞》中谈些哲理罢了。”③可见，在章太炎的眼中，传统的哲学萌芽或道理基本集中存在于诸子学中，但如何从诸子学中获得哲学思想，则依然要依靠传统的注疏方法。可以说，章太炎的哲学建构就是通过对诸子的重新理解而逐渐建立起来的。对此，罗检秋先生认为章太炎这种试图以佛学和近代西方哲学重建一个

---

① 章太炎：《国故论衡》，载《章太炎全集》，上海人民出版社2017年版，第130—131页。

② 章太炎：《太炎文录补编》（下），载《章太炎全集》，上海人民出版社2017年版，第954、957页。

③ 章太炎：《演讲集》（上），载《章太炎全集》，上海人民出版社2015年版，第332页。

诸子理论世界的做法，其“理论运思多限于认识论层面而对主体论的理论建树不多。他不像梁启超那样把诸子纳入西方近代哲学社会科学的框架之中。而是相反，把西方哲学溶解在佛学或诸子的理论之中。但实际上，他们殊途同归，都以西学发展了诸子思想。”①在用西学和佛学重建诸子哲学的尝试中，《齐物论释》中的“齐物”哲学是章太炎一生哲学思想的最高点，它是章太炎沿用传统注疏训诂的方法对庄子思想进行诠释的著作，“但是，他笔下的庄子思想，其实，常常是他自己夫子自道”。“庄子哲学尽管给章太炎以重大影响，却绝不等于章太炎本人的哲学。章太炎解释《齐物论》，其实就是要借助庄子哲学的旧身躯，纳入康得‘批判哲学’与华严、法相哲学的新内容，以说明他自己对于哲学中诸重大问题的看法。”②可见，章太炎的齐物哲学虽然建立在庄子哲学的基础之上，但不简单地等同于庄子哲学，其诠释资源的复杂性决定了他哲学思想的复杂性和深刻性。可以说，章太炎建构了形而上的“齐物”哲学，以“不齐而齐”的平等观来连接了真与俗两界。这样的哲学思想是他通过将佛教作为主要诠释资源，同时杂用西方哲学、印度哲学、本土资源等来诠释与解读《庄子》尤其是《齐物论》而建构起来的，目的不是纯粹的形而上建构，而是有着形而下的济世理想，期望将哲学思想与济世理想相统一，避免哲学由于过度超拔而远离当时的现实社会。具体而言，章太炎是通过用“破我执、法执”来解读“吾丧我”；用“名相本空”来解读“指与非指”；用“无尽缘起”来解读“万物一体”；用“生死轮回”来解读“庄周梦蝶”。

就文本内容而言，由前所述，《齐物论释》初写本和定本在思想主旨和基本内容方面并无太大的变化，初写本的《齐物论释》全文一共分为九个部分，正文前面是章太炎的《序》，正文之后附有其友黄宗仰（乌目山僧）的《后序》，后于 1919 年被收录于浙江图书馆刊印的《章氏丛书》。在初本的《序》中，章太炎主要表达了自己写作《齐物论释》的目的：庄子处于乱世，能够作《齐物

① 罗检秋：《章太炎与诸子学》，《北京师范大学学报》（社会科学版）1995 年第 2 期。

② 姜义华：《章太炎评传》（下），（台湾）昌明文化有限公司 2018 年版，第 235 页。

论》来遣除各种是非纷争，表达自己的忧患之情。章太炎亦处于晚清世道混乱之时，比庄子之时更加严峻。因而，他以与庄生一样的心境作《齐物论释》，以示众人。其次，他论述了庄子的《齐物论》在当时百家争鸣中的重要地位和作用；最后，他指出自己在《齐物论释》中所用到的方法是：以佛教解庄子的方法，以及将儒墨作为自己参照的做法。他认为，这样的方式所具有的合理性在于："义有相征，非傅会而然也"，"一致百虑，则胡越同情，得意忘言，而符契自合。今之所述，类例同兹。"①定本的《齐物论释》删去了《序》与黄宗仰的《后序》。由于本书主要以定本为主，因此下文将大体介绍一下《齐物论释定本》的基本内容：

1.《释篇题》。在《释篇题》中，章太炎认为"齐物"之义为"不齐而齐"，为泯除心识之执著分别而得齐物之境。并认为一切是非都起源于人心，一切的人法因名相而存在，因而"齐物者，一往平等之谈，详其实义，非独等视有情，无所优劣，盖离言说相，离名字相，离心缘相，毕竟平等，乃合齐物之义"。"齐其不齐，下士之鄙执；不齐而齐，上哲之玄谈。""人心所起，无过相名分别三事，名映一切，执取转深，是故以名遣名，斯为至妙。"②其中所用之思想资源有唯识宗的"四种寻思"，以及《庄子》书中的其他篇章。

2. 释第一章。在这一章中，章太炎以"吾丧我"为主旨而主要探讨了这样几个问题：第一，庄子所论述的一切现象正是唯识学的阿赖耶识缘起所生的各种现象，本非真实的存在。第二，论述了丧我之后，所得真我的状况，以及与之相对的幻我，同时用佛教的藏识来比附庄子所讲的真宰，认为因为真我的存在，而有百骸、九窍、六臧之属。并对如何从"真我"而产生百骸等肉体器官用佛教唯识理论进行了论证。第三，用康德的原型观念来比附阿赖耶识中的种子，同时用康德的原型观念和阿赖耶识种子的理论去解释庄子"成心"之本质存在的理由及其生成过程。最后得出结论："成心之义，当分三科：第一明种

---

① 章太炎：《齐物论释》，载《章太炎全集》，上海人民出版社 2014 年版，第 4 页。
② 章太炎：《齐物论释定本》，载《章太炎全集》，上海人民出版社 2014 年版，第 73—74 页。

子未成，不应倒责为有；第二明既有种子，言义是非或无定量；第三明见量所得计为实法实生者，即是意根妄执也。”①第四，破名守之拘，谴名相之实，论证其体性为空，并有详细的分析。总之，第一章中，在唯识宗和华严宗的理论作为主要诠释资源，西方哲学和《庄子》其他篇章作为辅助资源的共同支持下，章太炎主要分析了《齐物论释》中对“吾丧我”“指与非指”以及“万物与我为一”命题的佛学化理解。

3. 释第二章。此章主要是在第一章的基础之上来阐释《齐物》之大用，认为：“夫其风纪万殊，政教各异，彼此拟议，率皆形外之言，虽其地望可周，省俗终不悉也。”②“宇内事亦无限，远古之记，异域之传，有可论列，人情既异，故不平订是非也。”③认为由于历史和地理的原因，存在各种不同的风俗和政教，是非难定。此时的庄子学说可以化解这一难题，因为庄子早就认识到“物量无穷”“天地未足以定至大之域”，即认识到外界万物数量和宽广的不可掌控性，分为“六合之内”与“六合之外”从而从世俗层面和道的层面，也即常识与总相的层面化解了是与非。章太炎认为这是庄子《齐物论》的大用之处。

4. 释第三章。此章主要破除的是文明野蛮之别，分析了帝国主义以文明的名义侵略他国的背后原因，同时肯定了庄子《齐物论》中的思想理念对于解决这一现实问题的贡献，明确提出“《齐物》之用，廓然多途，今独以蓬艾为言，何邪？答曰：文野之见，尤不易除，夫灭国者，假是为名，此是梼杌、穷奇之志而”。“应务之论，以齐文野为究极。”④体现了章太炎在时代危机面前通过用佛教诠释庄子的现实用心。

5. 释第四章。此章主要接续第三章破文野之别的论题，从形而上的层面给予论证，认为“明能觉者既殊，则所觉者非定，此亦所以破法执也。人与飞

① 章太炎：《齐物论释定本》，载《章太炎全集》，上海人民出版社 2014 年版，第 93 页。
② 章太炎：《齐物论释定本》，载《章太炎全集》，上海人民出版社 2014 年版，第 116 页。
③ 章太炎：《齐物论释定本》，载《章太炎全集》，上海人民出版社 2014 年版，第 115 页。
④ 章太炎：《齐物论释定本》，载《章太炎全集》，上海人民出版社 2014 年版，第 119 页。

走，情用或殊，转验之人，蚳醢，古人以为至味，燔鼠，粤人以为上肴，易时异地，对之欲噦，亦不应说彼是野人，我有文化，以本无文野故”。① 章太炎认为认识主体和被认识对象均不具有确定性而导致认知没有一个统一的标准，因此需破除法执，即破除对外界的执着。

6. 释第五章——第七章：从“瞿鹊子问乎长梧子曰”到“此之谓物化”。此三章主要破除对于生死的执着，认为生死好比日夜交替，如梦如幻，不应畏惧死亡，亦不应心念长生不老。认为“庄生是菩萨一阐提已证法身，无所住箸，不欣涅槃，随顺生死，其以自道，绰然有余矣”。② 从而提出以菩萨一阐提精神为基础的革命道德建设的理念。

章太炎在《齐物论释》中表明了他对“齐物”的看法：“齐物者，一往平等之谈，详其实义，非独等视有情，无所优劣，盖离言说相、离名字相、离心缘相，毕竟平等，乃合齐物之义。次即《般若》所云：字平等性、语平等性也。其文既破名家之执，而即泯绝人法，兼空见相，如是乃得荡然无阂。”③从此纲领性的文字来看，章太炎主要通过佛学的遮遣方法来破除人们对于世间的各种执着，从而达到“荡然无阂”的“齐物之境”。此“齐物”的主旨就是“离相”，在离各种相的前提之下，才可平等无碍地对待世间万物。在此纲领的指引下，章太炎应用以佛解庄的方法是以“吾丧我”为基础，进而破除名相之存在，破除宇宙万有与我之分别，最后，连生死之间的区别都得以遣离。至此达到真正的“不齐而齐”之齐物观。

第一节　章太炎对“吾丧我”的解读

“吾丧我”作为庄子思想当中的核心命题，历来注家对其都有着自己的解

① 章太炎：《齐物论释定本》，载《章太炎全集》，上海人民出版社 2014 年版，第 122 页。
② 章太炎：《齐物论释定本》，载《章太炎全集》，上海人民出版社 2014 年版，第 142 页。
③ 章太炎：《齐物论释定本》，载《章太炎全集》，上海人民出版社 2014 年版，第 73 页。

读。与先前的注家一样，章太炎在《齐物论释》一书中，亦运用以佛解庄的方式对其进行了佛学化的解读，同时，章太炎的解读又有着不同以往的时代背景与思想特色。

“吾丧我”，在章太炎看来就是“子綦坐忘，自言丧我，若依定境，则《毗婆沙论》八十四云：瑜伽师初解脱地名空无边处，从此定出，必起相似空想现前，手觅自身，最极为灭尽定，意根中断，我执不行，若依真证，则双断人我法我也”。[①] 即双断人我法我之意。章太炎这里所谈到的“双断人我法我”就是“破人法大相”，[②]其实就是佛教的人我法空思想。所以，要了解章太炎对于“吾丧我”的创造性理解与解读，就要从佛教的“人我法空”、庄子的“吾丧我”与章太炎本人的解读三个方面入手来进行综合性的梳理与分析。

章太炎的“双断人我法我”在佛教中就是破除“我法二执”，而章太炎关于破除二执的方法则是建立在唯识宗的基础之上的。所谓的我执和法执，在章太炎看来就是：“意根恒审思量执阿罗邪识，以为自我，而意识分别所不能见也，以恒审思量故，必不自觉为幻，自疑为断。”[③]他还说：“阿托那识持一切种子也。不知其所持者，此识所缘内执受境，微细不可知也。不可持者，有情执，此为自内我，即是妄执。若执唯识真实有者，亦是法执也。”[④]由此可见，章太炎认为“我执”就是意根对于阿赖耶识的执着，即因第七识对第八识执着以为自我而得的我执；而法执，则是执意根攀援前六识为实有。

一、 人我法空

在佛教看来，“我执”产生的根本原因在于无始无明。真如本来清净无染，但因无始无明而转为阿赖耶识种子生起，因进一步的染着使得第七识执着阿赖

① 章太炎：《齐物论释定本》，载《章太炎全集》，上海人民出版社 2014 年版，第 78 页。
② 章太炎：《齐物论释定本》，载《章太炎全集》，上海人民出版社 2014 年版，第 80 页。
③ 章太炎：《齐物论释定本》，载《章太炎全集》，上海人民出版社 2014 年版，第 84 页。
④ 章太炎：《齐物论释定本》，载《章太炎全集》，上海人民出版社 2014 年版，第 78 页。

耶识为"我",并恒审思量,无有间断,进而传递给第六识,使得凡夫在意识心的层次执著于"我"的实有之存在,同时对于关于"我"的一切起各种乐受或者苦受,产生各种烦恼,造作各种业。可见,在这一过程当中,无始无明是根本源头,它的产生是无因的,是最初之一念的无明。但我执产生的直接原因则为枝末无明[①],断除了此无明就可以达到"人我空",这是小乘修行者所证之境界。

而法执,就是指凡夫因无明而使第七识攀援前六识而妄想分别,从而执着诸法实在实有[②]。法执的根本原因亦是无始无明,但直接原因则是尘沙无明[③],因而,破除法执就是要破除尘沙无明。此种无明会让众生执着心识中的名相符号为实有,表现在外即是执着世间森罗万象为实有,故此种无明似亦未到第八识种子层次,种子是没有名相的(只是形成名相之材料)。破除尘沙无明即不再执世间诸法为实有,证得法无我智。

由上可知,破除我执是要破除枝末无明,而破除法执则是要破除尘沙无明。破除我执得人无我,此为阿罗汉、辟支佛的境界,但二者均未破除尘沙无明和根本无明,其原因在于这些修行者认为"我"为虚妄之存在,但执着"法"为实有。既达"人无我"又达"法无我"者为初地以上菩萨的境界,他们破除了枝末无明和尘沙无明,但还未破除无始无明。只有佛才既破除了前两者的无明,亦破除了"无始无明",从而成就了圆满佛果。

由此可见,章太炎对于我执和法执的理解是符合佛教义理的。但是,他虽

---

① 此谓依根本无明(无始无明)生起业相、能见相、境界相等三细,及依境界缘生起智相、相续相等六粗,总称为枝末无明。(参见《佛光大辞典》)

② 对此,《楞伽阿跋多罗宝经》有解释:"云何法无我智?谓觉阴界入妄想相自性。如阴界入离我我所,阴界入积聚,因业爱绳缚,展转相缘生无动摇,诸法亦尔,离自共相。不实妄想相、妄想力,是凡夫生,非圣贤也,心意识五法自性离故。大慧!菩萨摩诃萨当善分别一切法无我。善法无我菩萨摩诃萨,不久当得初地菩萨无所有观地相观察,开觉欢喜。次第渐进超九地相,得法云地。于彼建立无量宝庄严大宝莲华王像、大宝宫殿,幻自性境界修习生,于彼而坐同一像类。诸最胜子眷属围绕,从一切佛刹来佛手灌顶,如转轮圣王太子灌顶。超佛子地到自觉圣法趣,当得如来自在法身。见法无我故,是名法无我相。汝等诸菩萨摩诃萨,应当修学。"(《大正新修大藏经》第 16 卷,第 478 页下、第 479 页上)

③ 指的是对于名相符号的执着,将森罗万象之法执为实有。

然提出了要“破除人法二执”，但是没有明确指出究竟如何破除。由此可以了知，章太炎只是要作一种义理上的发挥和比附，并不关心具体修行的路数。

“吾丧我”是庄子《齐物论》中的核心命题。对此，历代注解者甚多，其原因在于它是理解庄子齐物思想不可或缺的关键部分。如释德清认为：“此齐物以‘丧我’发端，要显世人是非，都是我见。”①张志强先生认为：“所谓‘丧我’即是破除‘我见’，同时也是将附着在‘我见’之上的固有的价值秩序加以否定，摆脱固有价值秩序所树立的‘情存彼此，智有是非’的价值观念的束缚和左右。”②陈静女士也认为，庄子《齐物论》“无论从思路上看还是从文气上看，都是一篇相当完整的论文，而解读它的关键，就是‘吾丧我’”。③ 其地位之重要可见一斑。

下面，我们从三个方面来分析庄子的“吾丧我”，以期达到与章太炎对“吾丧我”之解读的对比，从而凸显章太炎解读方式的独特之处。

二、“吾丧我”的义涵及历代注解

“吾丧我”一语，出自庄子《齐物论》中的一段话：

> 南郭子綦隐机而坐，仰天而嘘，嗒焉似丧其耦。颜成子游立侍乎前，曰：“何居乎？形固可使如槁木，而心固可使如死灰乎。今之隐机者，非昔之隐机者也。”子綦曰：“偃，不亦善乎，而问之也！今者吾丧我，汝知之乎？汝闻人籁而未闻地籁？汝闻地籁而未闻天籁夫？”

这段话提到了“丧其耦”和“吾丧我”，其中，“丧其耦”是指心物之间的合二为一。而“吾丧我”，则指的是作为主体的“吾”失掉了作为对象与客体而存在的“我”，实际上是在主观方面做到了对于身体、肉体这一客观对象的超越，亦即实现了庄子泯灭物我差别的齐物之境界。

---

① 释德清：《庄子内篇注·齐物论第二》，华东师范大学出版社2009年版，第21页。

② 张志强：《“操齐物以解纷，明天倪以为量”——论章太炎“齐物”哲学的形成及其意趣》，《中国哲学史》2012年第3期。

③ 陈静：《“吾丧我”——〈庄子·齐物论〉解读》，《哲学研究》2001年第5期。

这段话虽然历来对其注解很多，但大都将注意力集中在了“吾丧我”上。对于“吾丧我”的解读亦各有侧重，大概可分为以下几类：

第一类：将侧重点放在了对于“丧”字的解读之上，认为“丧”就是“忘”之意。比如：

郭象曰：“同天人，均彼我，故外无与为欢，而嗒然解体，若失其配，死灰槁木，取其寂寞无情耳。夫任自然而忘是非者，其体中独任天真而已，又何所有哉！故止若立枯木，动若运槁枝，坐若死灰，行若游尘，动止之容吾所不能一也；其于无心而得，吾所不能二也。……吾丧我，我自忘矣，天下有何物足识哉！故都忘外内，然后超然(俱)(自)得。”[①]在这里，郭氏认为，“吾丧我”乃是对于天人、彼我之差别的超越，从而将人置于浑然无别的天地之间，于是在他那里，“丧我”亦为忘掉与天地之无限性相对的有限性之我。

成玄英的解读是：“丧犹忘也。”[②]成氏将“丧”释为“忘”，尽管两者意思近同，但仍有差别之处。“丧”，乃失也，侧重于强调被动的状态，是对外因的彰显与呈现；“忘”，有着强烈的主观色彩，所表现出来的更多地是个体的主体性与主动性。但联系到庄子思想里亦有坐忘之工夫，因而将“丧”释为“忘”仍有其可取之处。

郭庆藩则将“吾丧我”解释为“我自忘矣”[③]。郭氏之解实有见于主观努力之效能。在他看来，庄子之所以能够达致“齐物”“逍遥”之境界，实是经由了心斋、坐忘诸工夫。换言之，依郭氏的观点，庄子所力行的心斋、坐忘工夫，实际上即是个人内心精神历练之过程，唯有经历过这种艰难、甚至会有反复的历练过程，方能达致这种非凡的境界。可以说，此种解释是非常确切的，他将修养、修习工夫最终落实在了个人的心上，而非外在的条件与环境上。

第二类：将侧重点集中在了对于“吾”和“我”的解读上。如：

---

① (晋)郭象注，(唐)成玄英疏：《庄子注疏》，中华书局2011年版，第23—24页。

② (晋)郭象注，(唐)成玄英疏：《庄子注疏》，中华书局2011年版，第24页。

③ 郭庆藩：《庄子集释》(第1卷)，中华书局1961年版，第45页。

释德清认为:"'吾'指真宰,'我'即形骸。"①

林希逸:"吾即我也,不曰我丧我,而曰吾丧我,言人身中才有一毫私心未化,则吾我之间亦有分别矣。吾丧我三字下得极好。洞山曰:'渠今不是我,我今正是渠。'便是此等关窍。"②生于宋朝的林希逸深受其所处时代背景的影响,他对于庄子思想的注解亦带有浓厚的理学色彩,"言人身中才有一毫私心未化,则吾我之间亦有分别矣"一语即彰显了宋明理学之特色。不仅如此,其间"渠今不是我,我今正是渠"所言亦透着禅宗的玄机,所以说,尽管林氏之说有其特色与创造性,但着眼于整个注庄传统来看的话,其说并不具有典型性。因而,此虽可备为一说,但不必详究。

钟泰曰:"惟丧我而后能尽执,惟尽执而后能超然于物论之外,而物论始可得而齐矣。'我'者人也。'丧我'者天也。惟人而能天,可以齐物论之不齐。"③可见,钟泰将"吾"解读为"天",而将"我"解读为人,"丧我"之结果就是要齐"物论",即齐各种是非成见。

方东美则认为庄子的"我"有五层含义:第一为躯壳之我;第二为心理之我;第三为心机之我;第四为吾人自发之精神本性(即理性之大用),庄子谓之"灵台"或"灵府";第五为永恒之常心,亦即庄子谓之"真宰"或"真君",乃广大无限之境界。④ 他说:"自庄子看来,吾人之尽丧小我妄我,乃所以能复大我真己也。大我真己非他,道本是也。"⑤实际上,方东美所说的妄我,其实正是前三个意义上的"我",而大我、真己则是后两者的"我",是体认宇宙人生之精神的本体。

陈鼓应先生则解释为:"'丧我'的'我',指偏执的我。'吾',则指真我。由'丧我'而达到忘我、臻于万物一体的境界。"因而,"吾丧我"就是"摒弃我见"。⑥

---

① (明)释德清:《庄子内篇注·齐物论第二》,华东师范大学出版社 2009 年版,第 60 页。
② (宋)林希逸著,周启成校注:《庄子鬳斋口义校注》,中华书局 1997 年版,第 13 页。
③ 钟泰:《庄子发微》,上海古籍出版社 1988 年版,第 28 页。
④ 方东美:《中国哲学之精神及其发展》,(台北)成均出版社 1984 年版,第 195—196 页。
⑤ 方东美:《中国哲学之精神及其发展》,(台北)成均出版社 1984 年版,第 196 页。
⑥ 陈鼓应注译:《庄子今注今译》,中华书局 1983 年版,第 35 页。

可见,到了陈先生这里,对于“吾”“我”之间的关系有了更深入的见解,并从本质上分析了二者之间的区别。

“吾丧我”是如何“丧”的呢？在《庄子》当中,除了《大宗师》中的“坐忘”之外,还有《人间世》的“心斋”。根据《庄子》的说法,“坐忘”就是“堕肢体,黜聪明,离形去智,同于大通”。[①] 其实,这是一种修养的方式,相当于佛教徒的禅坐,即通过凝神静思而体悟诸法空性的方式。另外,“心斋”与“坐忘”的意思相似:

回曰:“敢问心斋?”仲尼曰:“若一志,无听之以耳而听之以心,无听之以心而听之以气！耳止于听,心止于符。气也者,虚而待物者也。唯道集虚。虚者,心斋也。”[②]

可见,“坐忘”和“心斋”是丧我之途径,通过“坐忘”“心斋”,得以“虚心”,即破除各种是非之见,以达到物我两忘、与天地万物为一体的境界,从而实现精神上的纯粹自由——无待。

徐复观先生认为:“《逍遥游》的‘无己’,即是《齐物论》中的‘丧我’,即是《人间世》中的‘心斋’,亦即是《大宗师》中的‘坐忘’。”[③]但是,笔者对此种观点并不认同,因为通过以上论述,我们可以感受到“坐忘”和“心斋”是“吾丧我”的必然途径,如同佛教修行者通过禅定而入十方圆明之境界一样,而“吾丧我”只是表达了这种修为方式所达到的一种状态而已,并未明确包含修为之意。徐先生之所以将三者同一,是将三者都看作状态和境界,故而有此论断。

可以说,“吾丧我”的结果即是“无已”和“无待”。其具体表现在:“举世而誉之而不加劝,举世而非之而不加沮,定乎内外之分,辩乎荣辱之境,斯已矣。彼其于世未数数然也。虽然,犹有未树也。夫列子御风而行,泠然善也,旬有五日而后反。彼于致福者,未数数然也。此虽免乎行,犹有所待者也。若夫乘天地之正,而御六气之辩,以游无穷者,彼且恶乎待哉？故曰,‘至人无

① 陈鼓应注译:《庄子今注今译》,中华书局1983年版,第205页。
② 陈鼓应注译:《庄子今注今译》,中华书局1983年版,第117页。
③ 徐复观:《中国人性论史·先秦篇》,载《徐复观文集》,湖北人民出版社2002年版,第356页。

己，神人无功，圣人无名’。”①

通过以上对于“吾丧我”的论述，我们可以得知，“吾丧我”是一种物我两忘之后的状态，这种状态同于天地万物，就是“无已”，进而“无待”，从而实现精神上的自由。

当然，这一命题只是对于《庄子》当中的内涵而言的，而具体到章太炎那里，又有了别样的风味。章太炎是用唯识宗义理来解读“吾丧我”的，从某种意义上说，这为理解庄子的这一命题提供了另外一种可能，并且更加透彻、深入地体悟了庄子的“吾丧我”。

三、 人我法空：吾丧我

在章太炎的眼里，“双断人我法我”之人我法空思想正可诠释庄子的“吾丧我”。既然是“双断人我法我”，那么其意在用断除人我法我之后的罗汉、辟支佛所得之境界和佛菩萨所得之境界来阐明庄子“吾丧我”之后的境界。其实，这样的思路在释德清那里早有已所体现。具体而言，释德清对于实现“吾丧我”的工夫主要集中在了“破形骸之我”上。他说：

> 大概此论立意，若要齐物，必先破我执为第一，故首以“吾丧我”为发端。然“吾”指真宰，“我”即形骸。初且说忘我，未说工夫。次则忘我工夫。……然忘我工夫先观人世如梦，是非之辩如梦中事，正是非者如梦中占梦之人。若以梦观人世，则人我之见亦自解矣。②

可见，释德清也认为“吾丧我”的前提是要“忘我”，而“忘我”则要“观人世如梦”，那么这样的如梦观是如何实现的呢？那就是要“破执”，即通过破除“法我”二执之后，世间万象都如同梦幻泡影，了无实性，因而，无所谓差别、是非、人我之争了。实际上，释德清的这一解读是以“止观”为基石的，“止观”作

---

① 陈鼓应注译：《庄子今注今译》，中华书局 1983 年版，第 14 页。

② 释德清：《庄子内篇注 · 齐物论第二》，华东师范大学出版社 2009 年版，第 60—61 页。

为修行方法，可引领修行者逐步破除人我法执，从而站在诸法了无实性的高度上来看待宇宙万法，皆无有分别。

与释德清有所不同的是，在《齐物论释》中，章太炎对于“吾丧我”的解读主要是以唯识宗理论及《大乘起信论》的思想进行解读的。

对于什么是“吾”？章太炎并未明确说明，但我们可以从下列材料中进行推断：

> 绝待无对，则不得自知有我，故曰非彼无我。若本无我，虽有彼相，谁为能取，既无能取，即无所取，故曰非我无所取。由斯以谈，彼我二觉，互为因果，曾无先后，足知彼我皆空，知空则近于智矣。假令纯空彼我，妄觉复依何处何者而生，故曰不知其所为使。①
>
> 我苟素有，虽欲无之，固不可得。我若定无，证无我已，将如槁木枯腊邪？为是征求我相名色，六处我不可得，无我所显，真如可指，言我乃与人我法我异矣。②

此处，章太炎推断必有一个心体被众生所依，这个心体的呈现要靠“无我”，并明确表示，“无我”之后，“真如可指”。从此处推断来看，章太炎认为“吾”就是“真如”（如来藏），其为诸法的本体，本性为清净无染，为空性，为不生不灭、不垢不净者。从佛教的义理上来看，真如（如来藏）乃诸法之体性，为空性，为清净性，但因一念无始无明的现起而转为第八识之功用和种子③，第

---

① 章太炎：《齐物论释定本》，载《章太炎全集》，上海人民出版社 2014 年版，第 84 页。

② 章太炎：《齐物论释定本》，载《章太炎全集》，上海人民出版社 2014 年版，第 83—84 页。

③ 对此，《楞伽经》有最为合理的解释：“如来之藏是善不善因，能遍兴造一切趣生，譬如伎儿变现诸趣，离我我所，不觉彼故，三缘和合万便而生，外道不觉计著作者。为无始虚伪恶习所薰，名为识藏，生无明住地，与七识俱。如海浪身，常生不断。离无常过离，于我论，自性无垢毕竟清净，其诸余识有生有灭，意意识等念念有七因，不实妄想，取诸境界种种形处，计著名相，不觉自心所现色相，不觉苦乐，不至解脱，名相诸缠，贪生生贪。”（《大正新修大藏经》第 16 卷，第 510 页中）这段经文非常清楚地解释了真如（如来藏）与阿赖耶识之间的关系：如来藏本来清净，但因一念无始无明而转生为藏识，此藏识是如来藏受无明之影响而产生，因而其自身也是无明之状态（“生无明住地”）。此藏识执持前七识，故而前七识运作起种种法时，不能离开藏识（“与七识俱”）。它们之间的关系若以比喻来说明，即藏识如大海，含藏一切法之种子，阿赖耶识与其之间的互动关系，正如大海与海浪的关系。如来藏不生不灭，而八识则有生有灭，当转第八识为大圆镜智之时，八识亦不存在。

八识即阿赖耶识(阿陀那识),为宇宙万法之源头,内含宇宙万法之种子和杂染种子,故较之真如而为染污之本源。因进一步的染着而有第七识,使得第七识(末那识)执着于阿赖耶识,并恒转不断而产生我执。在《齐物论释》中,章太炎用此阿赖耶识来诠释了真宰、真我、灵台。

章太炎说:"真宰即佛法中阿罗邪识,惟有意根恒审思量阿罗邪识以为自我,而意识分别所不能见也。以恒审思量故,必不自觉为幻,自疑为断,进止屈伸,霍乎自任,故曰可行已信。"①"明必有真我在,此即阿陀那识"②同时还说:"盖灵台者,任持根觉,梵名阿陀那,亦以含藏种子,名曰灵府,梵名阿罗邪"真宰、真我、灵台之体就是"其体不生不灭者,佛典称如来藏"。可见真宰、真我、灵台是如来藏一念无明起后所成的阿赖耶识。③ 是人所不能自觉的,只发挥作用而不见其形,因而阿赖耶识只是八识之体,掌控八识的运作,但它对于凡夫俗子来说却是无形无象的,可以说,真宰、真我、灵台在章太炎的解读视域中是同一种存在,是由"我"到"吾"的过渡阶段的存在。

"我"即章太炎所提到的"意根执藏识为我"④,亦可称之为现代心理学意义上的"潜意识"。此处意根即第七识。⑤ 章太炎认为第七识对第八识永续不断地执着以为自我而产生了"我",此我为幻我。对此,章太炎在自己其他的著作中也提到说:"究竟佛家也不能硬把这个我字抹杀,只说万物的主因,名为'阿赖耶识',因'意根'念念思量,把这'阿赖耶识'认做是我。其实本来没有我。……无我就是不把'阿赖耶识'认做我。"⑥由章太炎的解读来看,"我"不能够正面定义其究竟是什么,而只能从其产生的角度来彰显它的内涵,即

---

① 章太炎:《齐物论释定本》,载《章太炎全集》,上海人民出版社 2014 年版,第 84 页。

② 章太炎:《齐物论释》,载《章太炎全集》,上海人民出版社,2014 年版,第 15 页。

③ 章太炎:《齐物论释定本》,载《章太炎全集》,上海人民出版社 2014 年版,第 85 页。

④ 章太炎:《齐物论释定本》,载《章太炎全集》,上海人民出版社 2014 年版,第 79 页。

⑤ 章太炎在《国故论衡·辨性》中说:"末那者,此言意根。"(章太炎:《国故论衡》,载《章太炎全集》,上海人民出版社 2017 年版,第 141 页)

⑥ 章太炎:《演讲集》(上),载《章太炎全集》,上海人民出版社 2015 年版,第 415 页。

“我”产生于第七识（末那识）对于阿赖耶识的执着和思量。

对于“丧”，章太炎认为是“意根中断，我执不行，若依真证，则双断人我法我也”。① 即破除我执和法执。章太炎还进一步认为：

> 庄生子綦之道，以无我为户牖，此说丧我，《逍遥游》云：“至人无己。”《在宥》云：“颂论形躯，合乎大同，大同而无己。无己，恶乎得有有！”《天地》云：“忘乎物，忘乎天，其名为忘己。”皆说无我也。我苟素有，虽欲无之，固不可得。我若定无，证无我已，将如槁木枯腊邪？为是征求我相名色，六处我不可得，无我所显，真如可指，言我乃与人我法我异矣。②

由前文可知，以往注家如郭象、成玄英、郭庆藩等人对于“丧”的解读多集中在“忘”的意思之上，而在章太炎这里，“丧”却是“破”之意，即破除我执与法执之意。而“丧我”则是破除因二执而产生的假我、虚妄之我，即“六处我”；通过“丧我”所得之“我”其实就是“吾”，即章太炎所说的“无我所显，真如可指”之真如本体。对比前文对于“吾”的“如来藏”之义的推断，我们可以感受到章太炎将“真如”等同于如来藏，不仅如此，章太炎有时还将“真如”“如来藏”“庵摩罗识”三者等同。如他所说：“唯证得庵摩罗识，斯为真君，斯无我而显我耳。是故幻我本无而可丧，真我常遍而自存，而此庵摩罗识本来自而，非可修相，非可作相，毕竟无得，故曰求得其情与不得，无益损乎其真。”③由此看来，丧幻我假我之后所得又是“庵摩罗识”。而此庵摩罗识亦具“非可修相，非可作相，毕竟无得”的本体之特征，与其前文所提及的如来藏和真如的特征一致。不仅如此，他还说“证得庵摩罗识自体，以一念相应，慧无明顿尽于色究竟处”，④此正是佛教中对于无始无明的破除从而得到诸法体性——真如（如来藏）之最后一刻所得的佛果，而章太炎却将这一真如体性等同于庵摩罗识

① 章太炎：《齐物论释定本》，载《章太炎全集》，上海人民出版社 2014 年版，第 78 页。
② 章太炎：《齐物论释定本》，载《章太炎全集》，上海人民出版社 2014 年版，第 83—84 页。
③ 章太炎：《齐物论释定本》，载《章太炎全集》，上海人民出版社 2014 年版，第 85 页。
④ 章太炎：《齐物论释定本》，载《章太炎全集》，上海人民出版社 2014 年版，第 85 页。

自体。同时,他还认为"大君不可废置,喻庵摩罗识不变",亦证明了庵摩罗识与真如和如来藏同样的不变不异,不垢不净,不增不减。在《齐物论释》成书之前的1908年,章太炎在《与梦庵》的信中说:"百法言一切法无我,而法相诸论,皆以阿赖耶识为宗。当其杂染,以阿赖耶识为名;原其清净,以庵摩罗识为名,乃即马鸣所谓如来藏矣。"①在《齐物论释》成书之后的1911年,章太炎于《读〈灵魂论〉》中亦说:"如来藏、庵摩罗识为圆成实性,阿赖耶识乃为依他起性,依他不离圆成而立,圆成不异依他而有,虽取依他为本而寄远致于圆成,斯所以为无碍之辩也。"②可见,章太炎确实将庵摩罗识放在了形而上的最高点,认为"庵摩罗识"与"真如"(如来藏)同义。实际上,章太炎对于庵摩罗识的看法是有些偏颇的。其实,仔细考究起来发现,庵摩罗识只是"识"的范畴,只是真如因无始无明现起之时尚未被染着的清净识种子,并非如来藏或真如。当庵摩罗识进一步染着之后便成为了第八识——阿赖耶识。唯识古学的代表人物真谛法师于八识之外另立第九识,即庵摩罗识;并认为转阿赖耶识之迷而回归觉悟之清净阶位,即庵摩罗识。而作为唯识今学的玄奘系统则认为八识中包含清净面,故不另立第九识。由此可见,章太炎深受唯识古学思想的影响,既然如此,那么他对于深受唯识古学影响的《大乘起信论》思想的援引亦在情理之中了。

行文至此,我们可以从《齐物论释》中推断章太炎用"破人我法我执"解读"吾丧我"的具体思路:首先就是破除第七识对第八识的执着,破除枝末无明从而达到破除"我执"的程度,以到达阿罗汉和辟支佛的境界。但章太炎并未满足于这样的境界,他的目的是要使阿赖耶识转为庵摩罗识,亦即破除尘沙无明从而到达菩萨境界,最终破除根本无明而到达佛的大涅槃境界,此正如他所说的:"子綦坐忘,自言丧我,若依定境,则《毗婆沙论》八十四云:瑜伽师初解脱地名空无边处,从此定出,必起相似空想现前,手觅自身,最极为灭尽定,意

① 章太炎:《书信集》(上),载《章太炎全集》,上海人民出版社2017年版,第325页。

② 章太炎:《太炎文录补编》(上),载《章太炎全集》,上海人民出版社2017年版,第368页。

根中断，我执不行，若依真证，则双断人我法我也。”①可见，章太炎很明确地解说“意根中断，我执不行”的灭尽定②之境界尚且不能达到真正的“丧我”，真正的“丧我”则要双断“人我法我”。因此，仅仅破除“我执”还不够，还要破除“法执”，从而达到“人无我”“法无我”乃至“毕竟无我”的佛之境界。以此推断，章太炎在《齐物论释》中将庄子的境界界定为大乘菩萨之境界，这说明了章太炎认为庄子亦只是破除了枝末无明和尘沙无明，尚未彻底破除无始无明，因而尚未达到毕竟无我的佛之境界，此即是“子綦既不逮，庄周亦无以自达”。③

从这个意义上来看，章太炎对于“吾丧我”的理解要深于历代注家的解释，亦拔高了庄子的境界，因为，庄子的最高境界亦只是“天地万物与我为一”而“与造物者游”的逍遥游之境界。这个境界在牟宗三先生看来是一种主观的境界，他认为，庄子的形而上之体同老子相比将老子之客观性的本体拉入了主观之境界中，从而消解了其客观性、实体性、实现性。④ 但笔者认为，将其界定为一种美学的境界似乎更为恰当，其原因在于这种境界尽管至纯至美，甚至绝对自由，但也只是一种暂时的精神享受，庄子亦不得不面对人间世，不得不在夹缝中生存。因而，境界尽管高远，但并不实际，亦无一种从根本上解脱世间生死烦恼的方法。说章太炎将庄子境界拔高的原因，是因为真如为诸法实在之体，体悟到此，便可从根本上解脱生死之困扰，因而这已不是境界的问题，而是实实在在的状态。

---

① 章太炎：《齐物论释定本》，载《章太炎全集》，上海人民出版社 2014 年版，第 78 页。

② 又名灭受想定。二无心定之一。灭尽六识心心所而不使起之禅定也。不还果已上之圣者，为假入涅槃之想而入于此定，极长者为七日，属于非想天，外道所入之无心定，名为无想定。属于第四禅。俱舍论五曰：“如说复有别法，能令心心所灭，名无想定。如是复有别法，能令心心所灭，名灭尽定。”大乘义章二曰：“灭尽定者，谓诸圣人患心劳虑，暂灭心识。得一有为非色心法，领补心处，名灭尽定。”同九曰：“灭受想者，偏对受想二阴彰名。想绝受亡，名灭受想。灭尽定者，通对一切心心数法以彰名也。心及心法一切俱亡，名为灭尽。”（参见《佛光大辞典》）

③ 章太炎：《国故论衡》，载《章太炎全集》，上海人民出版社 2017 年版，第 315 页。

④ 牟宗三：《才性与玄理》，（台北）学生书局 1975 年版，第 178—180 页。

总而言之，通过对庄子“吾丧我”的解读，章太炎不仅用唯识宗的识、真如等理论分析了庄子的“吾”“我”，亦解决了如何“丧我”的问题，那就是破除“我执”和“法执”，通过冲破枝末无明、尘沙无明，最终彻底破除无始无明，从而实现佛之境界。陈少明先生对于章太炎此种以佛解庄的做法进行了评价：“近人章太炎有些例外。他的特出不在依佛解庄，因为此前憨山、方以智等释庄也用此法，且也有收获，而在于他提出用‘藏识’或所谓‘原型观念’解释‘我’的性质。他是从唯识论出发，由破除自我执着，进而破除外在事物的执着，即进行‘丧我’的新诠释。问题不仅是‘我’必须丧，而且是我如何可能‘丧’。太炎也是大家，他的庄解虽有歧解之嫌，且带来比被解释的对象更需要解释的佛家名理，但确有新的突破。他抓住‘丧我’的关键在于对‘我’的理解，这就超越了郭、王，把‘我’当作自明的现象略过而直接谈论‘丧我’或‘无我’的疏漏。”①可见，在陈少明先生看来，章太炎用佛学解释庄子并非其优势，因为历史上就有这样的解庄者，他的特色在于对唯识宗的运用上，更在于其对如何丧我这一过程的清晰论证上，章太炎并没有回避哪一个环节，而是努力对庄子的“吾丧我”作出了最大化的解读。张志强先生通过对比郭象和章太炎关于“丧我”的理解，从而揭示出章太炎对“吾丧我”进行佛理化解读的重要意义。他说：“问题的关键在于郭象式的‘丧我’仅仅是‘忘我’意义上的在不改变规定‘差异’的秩序的前提下，主观地取消了‘差异’，‘不以差异为差异’；而章太炎的‘丧我’则是在破除由‘差异’的秩序所规定的‘差异’的观念的前提下，改变规定‘差异’的秩序，从差异自身出发来获取规定差异自身的权力。因此，章太炎的‘丧我’‘破执’同时即是一种通过改造观念中的既定价值秩序来实现的改造世界的批判性实践。真正的平等是在对固有价值秩序的改造中实现地对差异之所以为差异的解放，是在差异是其所是的意义上实现的平等。同样是‘丧我’，经由对‘我’的否定而带来的结果是不同，这种不同不仅取决

① 陈少明：《“吾丧我”：一种古典的自我观念》，《哲学研究》2014 年第 8 期。

于所丧之‘我’的内涵，更取决于‘丧我’之后所证境界的实质。也就是说，‘丧我’之后是什么而‘丧我者其谁’的问题，是理解二者不同的机窍。”①可见，郭象对于“丧我”的理解是建基于对于差异的规定，是停留于主观层面的预设，是一种逻辑先行的假设，并不具有说服力。与其不同的是，章太炎的“丧我”是在破除了观念的差异性之后而为现实的差异性秩序赋予了一定合理性。因此，章太炎通过“丧我”而获得的差异是其所是的平等，是具有说服力的。可见，张志强先生是非常赞赏章太炎对“吾丧我”的佛学化解读的。我国台湾地区学者刘纪蕙女士认为：“章太炎的‘齐物’是以生命本身的‘诸法平等’来就性论性，以便抵制形上学理性分殊的形式平等。无论是庄子还是章太炎所诠释的‘丧我’或‘无我’，都不意味着回到湛寂静止的状态或是绝对逍遥的自由，而是能够如同‘心斋’一般保持持续开阖的张力，让这个主体位置成为相互交会缘起的空间。遭遇他者，让不同的感受穿越，打断庸众随俗的主观循环，置疑既有固定之‘法’所定义的‘名’，首先需要有‘无’的运动性。”②刘女士这段话将章太炎对“吾丧我”的诠释总结得非常精彩，尤其是认为“丧我”之后的心是一种开放的，可以与他者对话交互的状态这一点，非常精辟。刘纪蕙女士与张志强先生的观点有一致之处，即都认为“丧我”之后的内心赋予各种差异存在的合理性。笔者认为，他们的这种解读是非常接近章太炎之意的。

综上所述，我们从章太炎通过“双断人我法我”来诠释“吾丧我”的过程中可以看到他的卓越洞察力与理论探索勇气，以及在此基础之上对庄学解释所作出的创新。可以说，章太炎的这种创新性，既充分体现了他对于佛学资源的有效借鉴与运用，也彰显了其学术个性与极具个人特点的学术创造力。但不得不有所警觉的是，章太炎此举亦有其弊病存在。从整体上来看，佛教之境界

---

① 张志强：《“操齐物以解纷，明天倪以为量”——论章太炎“齐物”哲学的形成及其意趣》，《中国哲学史》2012 年第 3 期。

② 刘纪蕙：《法与生命的悖论：论章太炎思想的政治性与批判史观》，《杭州师范大学学报》（哲学社会科学版）2015 年第 2 期。

自比庄子所言要高蹈得多,且佛教修行之工夫自是比庄子所言之心斋、坐忘诸语要系统、复杂得多。所以,仅仅以“双断人我法我”来比附“吾丧我”有些简单,且存在着俗化佛学思想与佛教理论的潜在危险与可能性。

第二节 章太炎的名相观

章太炎在《齐物论释》中说:“名相所依,则人我法我为其大地,是故先说丧我,而后名相可空。”①由此可见,名相本空的前提是破我法二执后的“丧我”。对于名相本空的具体论证,章太炎则是通过对庄子视野中的“指与非指”关系的论证来进行的。章太炎将“指”看作“境”,而将“非指”看作能指,即“识”。同时他还用《大般若经》中的观点进行分析:“盖以境为有对者,但是俗论方有所见,相见同生,二无内外,见亦不执,相在见外,故物亦非境也。物亦非境,识亦非境,则有无之争自绝矣。”②可见,章太炎在此处将《大般若经》中从真俗两个方面论证名相的方法运用于解读《庄子》中。

为了更好地了解章太炎的这一观点,我们必须要先明了“名相”在佛教中的义涵,以及“指与非指”在《庄子》中的具体规定。如此才能深入探究章太炎融通佛庄之后的具体观点。

一、 名相本空

首先要了解什么是“名相”。在佛教经典中,《楞伽经》和《大般若经》都有对于名相的论述。一般都将其分开定义,认为所谓的名,就是能够随声音而诠释事物,并使人对此事物起想之名称。而相则是事物之相状。一般而言,将名与相并称为名相,其原因在于,名与相是不可分离的。名为相之名,而相因名之诠释而被人所识别。

---

① 章太炎:《齐物论释定本》,载《章太炎全集》,上海人民出版社 2014 年版,第 78 页。
② 章太炎:《齐物论释定本》,载《章太炎全集》,上海人民出版社 2014 年版,第 92 页。

为何要涤除名相？名相本性为空，为虚妄之存在，但凡夫却常因此名相而执着万法妄为实有，如《楞伽阿跋罗宝经》第四卷说："愚痴凡夫，随名相流。"①天台《止观》第十卷曰："夫听学人诵得名相，齐文作解，心眼不开，全无理观。"②又曰："著者亦尔，分别名相，广知烦恼多诵道品。要名聚众，媒炫求达。打自大鼓，竖我慢幢。夸耀于他，过生斗诤。"③可见，是非纷争因名相而产生，对于名相的执着使得凡夫是己非他，骄慢自大，产生种种烦恼。如果从唯识宗的角度来解释这种现象，那就是众生因第八识种子的运作而使第七识执着于外在世间，而将变化无常之诸法当作真实永久之存在，而生起好恶爱取之心。名相尽管会导致世间之纷争，从而使得众生在烦恼之三界火宅不得出离④，但名相在世俗的层面又是必要的，因为它有存在的合理性。如《摩诃般若波罗蜜经》中所言：

佛言：此名强作但假施设，所谓此色此受想行识，此男此女，此大此小，此地狱此畜生此饿鬼此人此天，此有为此无为，此是须陀洹果斯陀含果阿那含果阿罗汉果辟支佛道，此佛道。须菩提，一切和合法皆是假名，以名取诸法，是故为名。一切有为法但有名相，凡夫愚人于中生着，菩萨摩诃萨行般若波罗蜜，以方便力故，于名字中教令远离，作是言：诸众生是名但有空名，虚妄忆想分别中生。汝等莫着虚妄忆想，此事本末皆无自性空故，智者所不着。如是，须菩提，菩萨摩诃萨行般若波罗蜜，以方便力故为众生说法。须菩提，是为名。何等为相？须菩提，有二种相凡夫人所著处。何等为二？一者色相；二者无色相。须菩提，何等名

---

① 《大正新修大藏经》第 16 卷，第 511 页上。

② 《大正新修大藏经》第 46 卷，第 132 页上。

③ 《大正新修大藏经》第 46 卷，第 137 页上。

④ 吉藏大师云："总收万化，凡有二种：一者物体，二者物名。此二是生累之所由，起患之根本，故善吉问言：众生在何处行？如来答曰：一切众生，皆在名相中行，名谓名言，相则法体。"(《净名玄论》，载《大正新修大藏经》第 38 卷，第 856 页上)这段话可以证明，名相是众生在世间生存的必要媒介，亦是众生于世间起烦恼且不断轮回的原因，故吉藏大师认为，是"生累之所由"。

色相?诸所有色若麁、若细、若好、若丑皆是空,是空法中忆想分别着心取相,是名为色相。何等是无色相?诸无色法忆想分别着心取相,是名无色相。①

可见,名相乃诸佛菩萨为了利益众生而施设的一种方便法,使得众生能够通过名相而听闻佛法,理解佛法,进而通过名相来了知名相本无自性,是需破除虚妄之存在,进而修证自身,最终得以进入破除名相的佛之境界。因而,名相只是在有限的世俗范围之内具有其效用,而对于诸法体性则不具备可诠释性,因为后者是不可言说,不可分别的。但是,众生对于后者的体证却又离不开名相的引领,以名相为桥梁、为媒介。因而,名相相对于诸法之体性来说,是俗谛,而诸法之体性则为第一义谛,亦即胜义谛,为出世间法之真理,为诸法之本质所在。

如何涤除名相?依然是要通过禅定而破除人法二执,达到毕竟无我之境,才可以离名相之累,但这一境界实际上是佛之境界。

二、“指与非指”义涵的历史呈现

“指”与“非指”本来出自公孙龙的《指物篇》,为探讨名实关系的一对范畴。但是,此处探讨的“指与非指”是从庄子的视野中进行考察的对象。在《庄子》一书中,“指与非指”出自《齐物论》中的一段话:

以指喻指之非指,不若以非指喻指之非指也;以马喻马之非马,不若以非马喻马之非马也。天地一指也,万物一马也。②

对此,历代注家都有不同的看法,比如:

郭象的解释是:“夫自是而非彼,彼我之常情也。故以我指喻彼指,则彼指于我指独为非指矣。此以指喻指之非指也。若复以彼指还喻我指,则我指

① 《摩诃般若波罗蜜经》,载《大正新修大藏经》第8卷,第398页中—下。

② 陈鼓应注译:《庄子今注今译》,中华书局1983年版,第59页。

于彼指复为非指矣。此以非指喻指之非指也。将明无是无非，莫若反复相喻。”[①]郭象的解释意在说明指与非指并无一定的标准。对于我的指头来说，他人的指头就是非指，而对于他人的指头来说，我的指头亦是非指，因而，本无是非，因为是非在不同主体的视野中是有着不同的标准的。成玄英与郭象持相同的看法：“指，手指也。……言人是非各执，彼我异情，故用己指比他指，即用他指为非指；复将他指比汝指，汝指于他指复为非指矣。”[②]

宋人林希逸说：“以我而非彼，不若就他人身上思量，他又非我，物我对立，则是非不可定也。”[③]林希逸的看法和郭象较为一致，也是因主体观念的差异性而导致是非无标准，因而，指与非指并无谁是谁非之说。

释德清说：“以我之触指，喻彼之中指马非我之触指，不若以彼中指，倒喻我之触指又非彼之中指矣。”并认为：“此一节，发挥圣人照破，则泯绝是非。”[④]显见，释德清是将指与非指的界限消解在了圣人之境，即圣人破除对于名相的执着之后所观照到的宇宙万物则为无是无非、了然平等之状态，实际上这是从境界上来消解的。

王先谦说：“今日指非指，马非马，人必不信。以指马喻之，不能明也。以非指非马喻之，则指之非指，马之非马，可以悟矣。”[⑤]

陈鼓应认为：“庄子只不过用‘指’‘马’的概念作喻说，原义乃在于提醒大家不必斤斤计较于彼此、人我的是非争论，更不必执着于一己的观点去判断他人。”[⑥]陈鼓应先生将庄子的本意立为告诫世人不要执着人我是非，亦不能以己之心推人之腹。

冯友兰将“指”看做“共相”，认为“公孙龙以指对举，可知其所谓指，即名

① 陈鼓应注译：《庄子今注今译》，中华书局1983年版，第60页。
② （晋）郭象注，（唐）成玄英疏：《庄子注疏》，中华书局2011年版，第37页。
③ 陈鼓应注译：《庄子今注今译》，中华书局1983年版，第60页。
④ 陈鼓应注译：《庄子今注今译》，中华书局1983年版，第60页。
⑤ （清）王先谦：《庄子集解》，三秦出版社2005年版，第26页。
⑥ 陈鼓应注译：《庄子今注今译》，中华书局1983年版，第60页。

之所指之共相也”。[1] 在「注」中,冯友兰进一步说:“严格言之,名有抽象与具体之分。抽象之名,专指共相;具体公共之名,指个体而包涵共相。指所指之个体,即外延(denotation);其所涵之共相即其内涵(connotation)也。”[2]有意思的是,牟宗三对冯友兰这一解释进行了如是评价,他说:“照冯友兰解释,‘物莫非指’一句中,‘物’是个体。‘指’是谓词,中国人说‘指’就是‘意指’。意指就是 meaning,不是指头(finger)。‘指’是谓述‘物’那个个体的 characters,每一个 character 就是一个 meaning,照亚里士多德讲就是 universals。所以,冯友兰就拿‘物’与‘共相’来解释〈指物论〉。‘物’、‘指’这两个字可以这样讲,但是,光拿这些观念来解释全篇文章还是不通。冯友兰加上很多话,把这些加上的话拉掉,我再看这段文章,还是不懂。所以,我一直不会讲这篇文章。”[3] 牟宗三感觉看不懂的原因,大概是因为冯友兰将指与非指放入西方哲学的概念与范畴之中进行解读,从而增加了对其本身理解的难度,且有一定的随意性。[4] 除此之外,熊十力用大海水和海沤之间的比喻来解释“非指”,认为大海为本,风吹为境,海沤只是风吹起来的万物,并没有独立性,因而是虚妄的分别,这种佛学化的解读也有一定的理论特色。牟宗三先生认可的是熊十力的这种解读方法,同时从佛教的层面明确表示“非指”的“非”是说明“指”的独立性没有了。[5]

---

① 冯友兰:《中国哲学史》(上册),中华书局 1947 年版,第 257 页。

② 冯友兰:《中国哲学史》(上册),中华书局 1947 年版,第 257—258 页。

③ 牟宗三讲演,卢雪昆整理:《庄子〈齐物论〉讲演录》,《鹅湖杂志》2002—2003 年第 319—332 期。

④ 比如他认为,“如果你知道先秦经典里面没有负面的词,没有 nonp 这个观念,那么,‘非指’、‘非马’不能当 negative term 看,而当否定语句看。这是古典文献,讲了两千多年,没有人正式讲这几个句子,都没有扣紧文句讲。你要使人明白‘以非指喻指之非指也’‘以非马喻马之非马也’的意思才行,不能瞎说。”(牟宗三讲演,卢雪昆整理:《庄子〈齐物论〉讲演录》,《鹅湖杂志》2002—2003 年第 319—332 期)从中我们可见牟宗三先生对于学问的态度是非常严谨的,他希望学者能够扎实地弄清古典文献的最接近的意涵,而非简单地比附。

⑤ 牟宗三讲演,卢雪昆整理:《庄子〈齐物论〉讲演录》,《鹅湖杂志》2002—2003 年第 319—332 期。

综合历代注家的理解，我们能够对庄子的这一命题有一个大致的把握，“指”即具体性的事物，而“非指”则是对于这些具体性事物的一种概念性的表述，因而，可以说，“指”就相当于相，而“非指”则相当于名，为一类事物统一的概念。

庄子对于名相的态度是否定的，他认为名言无法表达事物之真相。如他说：“夫言非吹也，言者有言，其所言者特未定也。”①可见，这样具有不确定性之“言”最终将导致一种言语指称的混乱，是非亦随之而起。其实，在庄子看来，所谓的差别都是名言的差别。因而，他劝世人不要执着于名言。但是，庄子又认为：“道行之而成，物谓之而然。”②可见，庄子承认，事物之所以能够成为事物而被人所认识，正在于它是被称谓的，即通过名相的方式而被认识。森罗万象的人世间，种种事物，均离不开言说而成其为自身。正如海德格尔所说：“事物在言词中、在语言中才生成并存在起来。”③又说：“惟当表示物的词语已被发现之际，物才是一物。惟有这样物才存在。所以我们必须强调说：词语也即名称缺失处，无物存在。惟词语才使物获得存在。”④海德格尔的这些话语表明，物成其为物，是因指称它的名言被人所了知之后才得以实现，因而，名言对于万物是必不可少的，它使物在人的视野中获得了一种规定性。

但任何名相都不能诠释“道”。因为在庄子看来，任何对具体事物的诠释之名相都存在着某一方面的限定、区分，而道却是一个浑然一体的完整之境，因而，以名相诠释之是不恰当的。在《齐物论》中，他说：“夫道未始有封，言未始有常，为是而有畛也，请言其畛：有左，有右，有伦，有义，有分，有辩，有竞，有争。此之谓八德。”⑤可见，这种具有“左右、伦义”等局限性的言语，是无法说明、诠释“未始有封”之天道的，若强行诠释，那将是对于“道”的亏损。庄子的

① 陈鼓应注译：《庄子今注今译》，中华书局 1983 年版，第 49 页。
② 陈鼓应注译：《庄子今注今译》，中华书局 1983 年版，第 61 页。
③ ［德］海德格尔：《形而上学导论》，商务印书馆 1996 年版，第 15 页。
④ ［德］海德格尔：《语言的本质》，商务印书馆 1997 年版，第 152—153 页。
⑤ 陈鼓应译：《庄子今注今译》，中华书局 1983 年版，第 74 页。

这种理解在以下这段话中得到了更为切实的体现：

> 物固有所然，物固有所可。无物不然，无物不可。故为是举莛与楹，厉与西施，恢恑憰怪，道通为一。其分也，成也；其成也，毁也。凡物无成与毁，复通为一。①
>
> 夫言非吹也，言者有言，其所言者特未定也。果有言邪？其未尝有言邪？其以为异于彀音，亦有辩乎，其无辩乎？道恶乎隐而有真伪？言恶乎隐而有是非？道恶乎往而不存？言恶乎存而不可？道隐于小成，言隐于荣华。故有儒墨之是非，以是其所非而非其所是。欲是其所非而非其所是，则莫若以明。②

以此知之，"莫若以明"是庄子经过对于名相之实在性否定之后得出来的结论，亦是遣除名相、彰显宇宙万有之本然状态的一种方式。那么，什么是"以明"呢？对此，庄子展开说："是故滑疑之耀，圣人之所图也，为是不用而寓诸庸，此之谓'以明'。"可见，"以明"，就是用无分别之智慧来观照世界万物，从而破除其间的是非。这亦是一种从境界的高度来消解是非的方式，与佛教从第一义谛来观照诸法万相从而了知究竟无有实性的方式有着一定的相似性。

三、 名相本空：指与非指

与历代注家有所不同的是，章太炎对于"指"与"非指"的看法是建立在唯识宗和般若中观派思想基础之上的，他将"指"看作"境"，而"非指"则被看作"识"。对此，他说：

> 《指物》篇云："物莫非指，而指非指。""指也者，天下之所无也；物也者，天下之所有也。以天下之所有，为天下之所无，未可。"彼所谓指，上指，谓所指者，即境。下指，谓能指者，即识。物皆有对，故莫非境；识则无

① 陈鼓应译：《庄子今注今译》，中华书局 1983 年，第 61—62 页。

② 陈鼓应译：《庄子今注今译》，中华书局 1983 年版，第 49—50 页。

对，故识非境。无对故谓之无，有对故谓之有。以物为境，即是以物为识中之境。①

显见，章太炎认为，物无非是境，而境却不等于识，物之所以是境，是因为物之所以成为物，是人心中所呈现出来的影像，并通过阿赖耶识所藏之名言种子的运作而被命名，从而通过名称又被人所认识才成为它自身，因而为“指”，亦即“名相”；而物之所以不等于识，则在于识是一种分别之功能，是形成境的原因，而不是境本身，即为“非指”。在此意义上，“识”是作为“名相”产生的根源之所在的。

基于以上论述可见，章太炎对于“指”与“非指”作出的诠释是完全不同于以往注家之注解的。章太炎说：“广论则天地本无体，万物皆不生，由法执而计之，则乾坤不毁，由我执而计之，故品物流形，此皆意根遍计之妄也。”②可见，名与相皆因我法二执所生。因此，庄子以“非指”来消解“指”的方式是从“道”的层面来讲的，而在章太炎这里，“指”与“非指”却均要被遣离，即“离言说相、离名字相、离心缘相”③。章太炎的这一观点在唐朝的法藏法师那里就有过论述，唐贤首法藏之《大乘起信论义记》中曰：“离言说相者，非在言说音声中故。离名字者，非在文句诠表中故。此二句言语路绝，非闻慧境也。离心缘者，非意言分别故，心行处灭，非思慧境。”④也就是说，法藏将遣离名相落实在了不仅要排遣文字音声，而且连内心中的思想、观念都要遣除，此乃章太炎之既离名言相，又离心缘相之义。“离言说相”和“离名字相”其实就是要排遣“物境”，使其不因名称而被众生执着为实有；“离心缘相”则为遣离八识对于物境之攀援执着，只有破除了八识对于物境的攀援，才能从根本上遣离作为“物境”的名相，从而达到“名相本空”之境界。

---

① 章太炎：《齐物论释定本》，载《章太炎全集》，上海人民出版社2014年版，第92页。

② 章太炎：《齐物论释定本》，载《章太炎全集》，上海人民出版社2014年版，第93页。

③ 章太炎：《齐物论释定本》，载《章太炎全集》，上海人民出版社2014年版，第73页。

④ 《大乘起信论义记》，载《大正新修大藏经》第44卷，第252页中。

在此基础上，章太炎又进一步论证了名相需要被破除的原因主要在于：

第一，名相导致是非。

章太炎将庄子的"成心"解读为"种子"。他说"成心即是种子，种子者，心之碍相，一切障碍即究竟觉"。[①] 由此可见，章太炎认为，成心既然为藏识之中的种子，那么就具备了生成万有之潜能，亦是万有之名相纷繁纷争的根源之所在，它亦障碍了清净之本觉。

其实，是因众生对于名相的执着而产生了是非。具体之过程则为末那识执前六识不断，而生法执，从而产生种种是非名相之见。同时，因为世间众生具有不同的阿赖耶识种子，而使得第七识执着不同的第八识，从而产生了不同的我，以及不同的我见。章太炎认为，每个人都有自己的第八识，每个人第八识中种子的组成情况亦不尽相同，因而对于外界，每个人有每个人的看法，所以是非不在于事物本身，而在于由于人人对于事物不同的看法而产生了争论。对此，章太炎说：

> 人皆自证而莫知彼，岂不亦了他人有我。他人之我，恒依计度推知，并恒审证知故。由此他心及彼心所有法，亦以计度推知，飘忽之间，终有介尔障隔，依是起争，是非蜂午。夫其执有是非者，若无我觉，必不谓彼为非；若无彼觉，亦不谓我为是。所以者何？此皆比拟而成执见。向无比拟，即以散心任运处之，其犹闾娵、子都，不与众人共鉴，必不自谓美好。[②]

可见，若人人都能破除我执，那么，就没有我是人非之观念的存在。如此才有圣人的境界："圣人无常心，以百姓心为心，故不由而照之于天。知彼是之无分，则两顺而无对。"[③]这里的常心为一己之成心。章太炎因此说，圣人已经没有一己之见，已达平等性智，故而能够放弃人我是非，以百姓之心为心，即

① 章太炎：《齐物论释定本》，载《章太炎全集》，上海人民出版社 2014 年版，第 88 页。

② 章太炎：《齐物论释定本》，载《章太炎全集》，上海人民出版社 2014 年版，第 91 页。

③ 章太炎：《齐物论释定本》，载《章太炎全集》，上海人民出版社 2014 年版，第 91 页。

因达到究竟觉而能平等关照百姓之疾苦而忘却一己之私，从而达到了离言自性之境。

在此基础上，章太炎认为对于是非的解决有两种方式：其一为“顺此成心而解纷”；其二为“转此成心而成智”①。

从前者来看，名相在世间还是需要的，名相亦是解决是非纷争的一种方式，具体而言，就是“俗诠”，即通过世间约定俗称的方式使得各种是非之见得以规整。对此，章太炎说：

> 及在名言，白表白相，黑表黑相，菽麦菽事，俗诠有定，则亦随顺故言，斯为照之于天，不因己制。是故指鹿为马，以素为玄，义所不许。所以者何？从俗则无争论，私意变更，是非即又蜂起，比于向日，嚣讼滋多，是以有德司契，本之约定俗成也。②

可见，从世俗的角度来看，名相是必要的，通过对于一些事物的命名言说，可以使得纷争减少，从而有利于众生减少不必要的争论，这也是名相的世俗功用。但不可沉溺其中，因其毕竟不是最为根本之处。

对于后者来说，就是要将成心转成智，从而达到无分别、无障碍、清净无染的真如本觉之状态，此为唯识理论中的“转识成智”，其中的“智”便为佛智，亦称“大圆镜智”。在此智之观照中，便泯绝一切是非，此为最根本之方式。

章太炎运用以佛解庄的方式来诠释庄子的“指”与“非指”是有一定道理可寻的，庄子和佛学有共同之处，那就是破除执着方面。庄子认为，世间所谓的差别其实都是名言的差别，那么就应该将名言破除掉，而佛教则更讲“破执”。牟宗三先生亦遵循这一诠释方式，他也将佛学的理论引入自己对于庄子的理解中去：“名言是我们心思的一种活动。他（庄子——引者注）就是要把站在科学知识立场所凸显的分别性化掉。科学知识、逻辑、数学是我们整个人生中很抽象的一面。佛教也不是从科学知识的立场讲，佛教讲八识，他可以

---

① 章太炎：《齐物论释定本》，载《章太炎全集》，上海人民出版社 2014 年版，第 91 页。
② 章太炎：《齐物论释定本》，载《章太炎全集》，上海人民出版社 2014 年版，第 92 页。

从第六识那个地方凸显出一个知识论来。"①由此所引文字显而易见，牟宗三先生是立足于佛庄比较的高度与视野来看待庄子思想的，进而从佛教讲八识的角度来诠释自己对庄子的理解。具体来说，在他看来，庄子对名言的警惕与反思有其合理之处，这种合理之处即在于对名言所产生消极性的破除，还世界自然而本真的本来面目与状态。在这一点上，庄子思想与佛教理论确实有着相通之处。牟宗三先生认为，与庄子是站在科学知识的立场来讲对名言的消解有所不同，佛学则是从第六识这里来凸显出知识论的，故而很难用科学知识的框架来加以界定与描述。当然，尽管从《庄子》文本来看，用科学知识的立场来定位庄子的某些思想，或许是牟宗三先生在其时深受西学影响的结果，可能会有着诠释过度的倾向，但他从佛学的角度来考察庄子思想，确实也能比较鲜明地凸显出了庄子的思想特点与理论价值。总之，章太炎与牟宗三的诠释思路是一样的，都是用以佛解庄的方法来理解"指"与"非指"，均有合理之处，值得后人借鉴。

第二，名相无有自性。

同佛教对于名相的看法一样，章太炎也认为名相本无自性，体性为"空"。为了论证名相了无自性，章太炎说："名必求实，故有训释之词。训释词者，非古今方国代语之谓。一谓说其义界，求义界者，即依我执法执而起。二谓责其因缘，以其如此，谓其先必当如彼，由如彼，故得以如此，必不许无根极，求根极者，亦依我执法执而起。三谓寻其实质，以不许无成有，谓必有质，求实质者，亦依我执法执而起，故无意根，必无训释。诸说义皆，似尽边际，然皆以义解义，以字解字，展转推求，其义其字，惟是更互相训。"②从以上材料我们可以推断，章太炎是从两个层面来论证名相无自性的：第一，从我执与法执的角度来论证；章太炎认为名言是为了与事相相符而产生的训释之词，从根本上来说，

① 牟宗三讲演，卢雪昆整理：《庄子〈齐物论〉讲演录》，《鹅湖杂志》2002—2003 年第 319—332 期。

② 章太炎：《齐物论释定本》，载《章太炎全集》，上海人民出版社 2014 年版，第 94—95 页。

这只是一种因众生无明生起之二执所致,本为虚妄之存在。若没有意根(第七识)执着第八识亦执着前六识,就没有我执和法执,因而也就没有名相的存在。这是从"离心缘相",亦即遣离"非指"之角度来论证的。第二,从"以名遣名",即从对名相的分析来使人们了知名相本性为空。训释从形式上看来亦是以义解义,以字解字,仍然逃脱不了名相的藩篱,因而是没有自性的,此为从"以名遣名"之角度来论证的。可见,第一层面的论证是根基,决定了第二层面论证之成立。既然名相本无自性,那么就要从根本上破除对于名相的执着,使其空性之义理、之境界得以彰显。在《齐物论释》之后的《菿汉微言》中,章太炎说:"有分别智所证唯是名相,名相妄法所证,非诚证矣。无分别智所证始是真如,是为真证耳。"①进一步从根源处分析了名相之虚妄性的原因即其由分别智所证。认为只有从无分别智所证真如,才可从根源上破除名相的虚妄,但这个真如境界的证成,不是常人所及。

综上所述,我们得知章太炎对于名相的看法,除了继承般若中观的"二谛"思想——世俗谛和胜义谛之外,又不囿于般若思想的限制,充分地将其发挥在庄子以"非指"来遣离"指"的解读当中去。般若学认为,名相是诸佛菩萨慈悲方便施设世间之存在,以使众生能够在名相的世间中逐渐了知佛法、修证佛法,从而破除名相、遣离名相,进而达到了知第一义谛之佛境。与此不同的是,章太炎并没有立足于般若学的解释,而只是借用般若中观的二谛思想方式来建构庄子视野中名相存在的现实合理性及其局限性。庄子肯定名相在俗世中的价值所在,但亦主张遣离名相,因为执着名相乃为是非之源,所以"莫若以明"。与此相应,章太炎亦从俗谛的角度认为,约定俗成的名相对于减少是非纷争是必要的,但还是要超拔于名相,因为名相本性为空,并对其做了一定的论证。

综上所述,我们可以看出,章太炎和庄子对于"指"与"非指"的看法有一

---

① 章太炎:《菿汉微言》,载《章太炎全集》,上海人民出版社 2015 年版,第 27 页。

致之处，但是从二者对于这一对范畴的界定来看，并不相同。实际上，这正彰显了章太炎“六经注我”的诠释特点。

章太炎做这一解读的根本目的并非纯为学术而立，作为一名革命者，归根结底还是有其经国济世之用心在其中。实际上，他通过以佛解庄之方式来解读指与非指，并最终立足于庄子思想本身，此既是其对于西学冲击下传统诸子学的尊重和认可，亦是建构一种形而上学以对抗西学挑战的尝试。而具体到揭示出是非、名相本性为空的理论，更是为他的“多元文化理念”作了哲学上的论证。在这样的理论前提下，对于文化的各种观点和判别都是是非成见，其本性是空的，为虚妄之存在，并没有固定的标准，因而，正如章太炎所说：“论有正负，无异门之畔”。[①] 章太炎对各民族文化的态度是尊重，并认为文化当为多元性之存在，是他对于其时西方文化侵略之回应。

第三节　章太炎的“万物一体观”

作为《庄子・齐物论》中的重要命题，“万物与我为一”在历代思想家那里都有着不同的认知与解释。但章太炎所作的诠释较之以往则更具特色，这不仅体现在他以佛学和西学作为解释资源来诠释“万物与我为一”这个命题，而且还体现在他于诠释中渗透了应对时代危机的现实思考。整体而言，章太炎的万物一体观有着开阔的诠释视野、严密的逻辑论证以及强烈的济世情怀，是一位有着使命感的知识分子在民族危机面前所做的理论上的努力，具有不容忽视的思想价值。

“万物与我为一”出自《庄子・齐物论》，一般被理解为庄子建立在气基础之上的人与宇宙万物平等的观点。学界一般认为经历代思想家的不断发挥，这一命题到宋明时期被理学家们赋予了仁的精神内涵，程颢明确提出“仁者，

---

① 章太炎：《菿汉微言》，载《章太炎全集》，上海人民出版社 2015 年版，第 26 页。

浑然与物同体"，"仁者，以天地万物为一体"[①]的"万物一体"观，赋予其以仁学的解释维度与思想视角。在此之后的王阳明、王心斋等人由于对其的诠释亦建构起了各具特色的"万物一体"观。对此，日本学者岛田虔次则持有不同的看法，他认为庄子之后最早提出"万物一体"说的是僧肇，并且僧肇的观点与庄子的"万物与我为一"是同一类型，而宋明时期则存在着相当多的不同类型的"万物一体"思想，与僧肇和庄子的"万物一体"思想是有区别的。[②] 岛田虔次认为，"无论在庄子处还是在僧肇处，所谓万物一体，被建立在取消大小、寿夭（时间的大小）、有无的基础上，是知性的、理论性的命题"，而"明道的万物一体，是万物一体之'仁'。庄子、僧肇的万物一体，与其说把人驱使向责任和行动，不如说使倒退到冥想和死心，这不是儒家的态度"[③]。岛田虔次的这段话充分地说明了庄子、僧肇与程颢等宋明理学家的万物一体观在本质上是存在着差别的，其差别即在于，宋明时期的"万物一体"观是建立在仁学基础之上的，除了有境界上的指向性之外，还有着具体的伦理情感性。[④] 而庄子的"万物一体"则是建立在"气"的基础之上的，是泯除了天地万物乃至意识心中所有差别性的"一体"，更侧重于一种境界。近代以来，在西方各种势力强势入侵的背景下，儒家的制度化逐渐解体[⑤]，有识之士大多会有运用佛教作为思想资源建构自己学术思想体系以回应和对抗西方文化的举动，章太炎就是其中的代表人物之一。在《齐物论释》中，章太炎主要运用了华严宗的"无尽缘起"理论，并辅之以西方的自然科学理念对庄子的"万物与我为一"思想进行了解读和思考。尽管中国传统学术思想史上对于"万物与我为一"有着比较

---

① 程颢、程颐：《二程集》（上），中华书局 1981 年版，第 15、16 页。

② 参见［日］岛田虔次著，蒋国保译：《朱子学与阳明学》，陕西师范大学出版社 1986 年版，第 30 页。

③ ［日］岛田虔次著，蒋国保译：《朱子学与阳明学》，陕西师范大学出版社 1986 年版，第 30 页。

④ 参见陈来：《仁学视野中的"万物一体"论》（上），《河北学刊》2016 年第 3 期。

⑤ 参见干春松：《制度化儒家及其解体》，中国人民大学出版社 2003 年版。

充分的思想诠释和义理发挥，但将佛教的"无尽缘起"作为主要诠释资源，并将西方理论作为辅助资源来诠释、论证"万物与我为一"则是章太炎主要的诠释特色。他这一做法的目的在于，建构可与西方文化相抗衡的具有形而上学基础的平等观，从而挽救身陷危机的中华文化。

章太炎说："《华严》之事理无碍，事事无碍，乃庄生所笼罩，自非天下至精，其孰能与于此尔。"①由此可见，他在唯识宗理论之外，对于华严宗与庄子思想的契合程度也是比较认可的。同时，章太炎还认为："《华严经》云：一切即一，一即一切"，正符合庄子"万物与我为一"的思想。② 因此，在本文，我们首先需要对华严宗之无尽缘起思想进行必要的说明，并对庄子"万物与我为一"的历代注解进行考察，意在凸显章太炎以华严释庄子思想的独到之处。

一、"无尽缘起"理论的义涵与发展

无尽缘起亦名法界缘起，是华严宗的核心议题，是指宇宙万有皆由诸法之体性而生成，这一体性亦被称作"一真法界"。这种缘起理论首次出现在唐朝智俨法师《华严一乘十玄门》中的一段话："华严一部经宗，通明法界缘起。"之后，华严三祖法藏更在《华严经探玄记》说《华严经》以"因果缘起理实法界"为宗，进而在《华严一乘教义分齐章》中阐扬法界缘起的义理，他说："此教为显，一乘圆教，法界缘起，无尽圆融，自在相即，无碍容融，乃至因陀罗无穷理事等。此义现前一切惑障，一断一切断，得九世十世惑灭；行德即一成一切成，理性即一显一切显，并普别具足始终皆齐，初发心时便成正觉。良由如是法界缘起六相容融，因果同时相即自在具足逆顺。因即普贤解行，及以证入果即十佛境界所显无穷。"③

华严几代祖师均认为无尽缘起是华严思想的灵魂，其价值与地位由此可

---

① 章太炎：《齐物论释定本》，载《章太炎全集》，上海人民出版社 2014 年版，第 128 页。

② 参见章太炎：《齐物论释定本》，载《章太炎全集》，上海人民出版社 2014 年版，第 107 页。

③ 《华严一乘教义分齐章》第 4 卷，载《大正新修大藏经》第 45 卷，第 507 页下。

见一斑。由于将缘起建立在诸法实性之一真法界之上，因而万事万物均为一真法界的显现。所以，从本质上来说，事物之间是相即相入、圆融无碍的，一即一切，一切即一。

华严宗认为本宗所讲的缘起理论是最为完美圆融的，其原因在于，以往部派佛教所讲的业感缘起和瑜伽行派所说的阿赖耶识缘起都对外在有所依赖，而无尽缘起则继承了真如缘起理论，认为宇宙万有都是一真法界所现，为一真法界之"起用"所成，因而是无待的，相比其他的缘起理论则更为圆融无碍。

基于无尽缘起，并由此而生发出了其他的教理，比如四法界、六相、十玄门等方面。可以说，四法界、六相、十玄门等教义既是无尽缘起之具体表现，亦是其具体义涵的呈现。同时，华严宗的判教理论（五教十宗）也是建立在无尽缘起之上的。基于无尽缘起的理论，华严宗亦主张三重观法，依事事无碍法界而立，观察以同一真如理为本性的一一事，遍摄无碍和两门修行阶位。

需要说明的是，无尽缘起与《大乘起信论》之间亦有着非常密切的关系。于此，法藏继承了《大乘起信论》中一心分二门的思想，从而认为："谓一心法界具含二门。一心真如门，二心生灭门。虽此二门，皆各总摄一切诸法，然其二位恒不相杂。其犹摄水之波非静，摄波之水非动。"①这里的"一心"，其实指的是众生染净相杂的妄心，而非清净无染的真如本心。法藏与《大乘起信论》一样，认为这一染净相杂之心是宇宙万物的根本，是众生和佛所普遍具有的。"一心"之真如门亦是前文所说的"一真法界"，在众生心中则表现为清净无染无碍之心，是指"一心"的本来清净无染、不生不灭、不垢不净；"一心"之生灭门，则是指因无明现起之后使得真如被遮蔽而成为生灭无常的染污心。其实这二门都为一心之用，而一心为体。由此可见，一心为宇宙万法的根本。可见，法藏深受《大乘起信论》的影响。不仅法藏，其弟子澄观亦深受《大乘起信论》的影响，同时，其思想亦掺杂有禅宗、天台及《起信论》的成分，亦注重对

① 《华严经探玄记》第 18 卷，载《大正新修大藏经》第 35 卷，第 440 页下。

于一心法界的论述。他认为"总该万有,即是一心;心融万有,便成四种法界"。正如方立天先生所言:"华严宗的圆融性思维方式更为突出。此宗就是依据《华严经》并融合了天台宗、法相唯识宗等思想而创立的。"①由此可见,"无尽缘起"说并非是单一的华严宗理论,亦包含其他宗派的成分或者思想。

实际上,这种思维模式亦影响到了后来的章太炎。当章太炎对"万物与我为一"进行论证诠释时,其所用的理论资源和思维方式亦同时具备了好几个宗派的教理,这正符合他对于学说之间倡导融通的立场。同时,从另一个层面来说,既然无尽缘起理论的提出离不开各个宗派义理的影响,那么其本身必然就渗透了各个宗派的思想在其中,而章太炎在利用这一学说的时候,就必然会连带对其他宗派义理进行必要论证,这是不可避免的。

二、"万物与我为一"的历代阐释

庄子在《齐物论》中对"万物与我为一"有过阐述:"天下莫大于秋毫之末,而大山为小,莫寿于殇子,而彭祖为夭,天地与我并生,而万物与我为一。"②自此以后,思想家们对这一命题或多或少均有所关注。

当然,从哲学史、思想史的角度来看,"万物与我为一"并非是历代注家重点诠释之对象,可能是因为它只是对于各种是非言论、标准进行消解论证的一个总结而已,或者说是在消解了是非、对立、标准等世间存在之后的一种与天地万物融为一体、无人我是非之别的境界。对此,历代注家的解释是:

郭象认为:"苟足于天然而安其性命,故虽天地未足为寿而与我并生,万物未足为异而与我同得。则天地之生又何不并,万物之得又何不一哉!"③方东美认为向秀、郭象"在这一点上,倒是能够了解'庄子'。庄子的精神表现在

① 方立天:《中国佛教哲学思维方式的类型和特点》,载《方立天文集》,中国人民大学出版社 2006 年版,第 399 页。

② 陈鼓应注译:《庄子今注今译》,中华书局 1983 年版,第 71 页。

③ 郭庆藩:《庄子集释》,中华书局 1961 年版,第 81 页。

哪儿呢？在‘天地与我并生，万物与我为一’。所谓‘天地与我并生’，是说一个人同广大宇宙的‘敌意’划除掉了。在哲学上面就是说这个人有一种同宇宙相契合的能力”。[①] 郭象认为宇宙万物以及我都有属于自己的位置和特质，在尊重这种天然具有差异性之“性”的基础上，从而达到了一种天地万物与我同体的态势。所以笔者认为，郭象这种解释的前提是一种逻辑假设，即认为天地万物各有自己的特色属性，而方东美则是从一种去除了“敌意”之后的精神境界的层面来看的。

王叔岷的注解是：“忘生则无时而非生，故天地与无并生。忘我则无往而非我，故万物与我为一。”[②]显然，王叔岷是从“忘”的角度来论证天地万物与我为一的，“忘我”便没有时空的限制，从而在超越时空的境界中达到与天地万物合一的境界。故而，他还是从一种天地境界来解读的，这就与郭象的逻辑论证有了不同之处。

钟泰则认为，其为庄子消解是非人我的根本之所在，亦是整个《齐物论》的核心之所在。[③] 他将其作为一种消解纷争的方式来看待。在“天地万物与我为一”的境界之下，宇宙万物、人我是非都获得了一种本质上的同一性，因而毫无差别可言，即“‘以万物与我为一’观之，则大者何大？小者何小？故‘知通为一’，无不齐也”。[④] 这是一种非常独到的解释。

陈鼓应的解释是：“万物和我合为一体。”[⑤]对此，我们认为，陈先生是站在传统的理解之上，将其看作一种浑然忘我的境界。

牟宗三将其解释为：“这就是说，那些差别都是小波浪，是风吹起来的。没有风就没有波浪嘛，没有波浪，那就是大海水，大海水平静如镜。平静如镜

---

① 方东美：《原始儒家道家哲学》，(台北)黎明文化事业股份有限公司印行 1983 年版，第 258 页。

② 王叔岷：《庄子校诠》，“中研院”历史语言研究所专刊之八十八，第 72 页。

③ 参见钟泰：《庄子发微》，上海古籍出版社 1988 年版，第 47 页。

④ 钟泰：《庄子发微》，上海古籍出版社 1988 年版，第 47—48 页。

⑤ 陈鼓应注译：《庄子今注今译》，中华书局 1983 年版，第 74 页。

的大海水就是‘一’。‘一’这个观念就是这样出来的。”①我们知道，佛教喜欢用大海和波浪比喻心和识，认为阿赖耶识如同大海一般平静，遇到外境这样的风便吹起了波浪，产生了各种想法和分别。可见，牟先生深受佛学的影响，认为人心若无一念无明，则风平浪静，此为万物与我为一的境界。一念无明起，则如大海起浪，万物与我之间便产生了差别、人我。

通过以上梳理，我们可知注家对“万物与我为一”的解释是不尽相同的。但仔细分析可以发现，注家的解释不外乎三类：一类是从境界的角度来讲的，认为它是一种忘我之境，是浑然与天地万物一体的境界。如王叔岷、陈鼓应、牟宗三等学者，从不同的角度认为是从合的角度来呈现出的一种境界。第二类是从逻辑论证的角度来讲的，如郭象，他设定一个逻辑前提进行推理，在尊重差异性的基础之上实现各适其性，内心了无分别，以达到天地万物一体之境界。第三类则是以钟泰为代表，他认为这一命题是泯除分别的方式。相比较而言，笔者更认同第三类看法。但不管是哪种解读，都是解读者与文本融通的结果，既然如此就不能够刻意追求庄子本人之原意，而是通过对这些解读的分析来最大限度地了解庄子。当然，本文之意并非要从解释学的角度来进行一番分析，而只是将其作为分析章太炎解读这一命题的理论背景和铺垫来加以看待。

三、 无尽缘起：万物与我为一

朱义禄认为：“华严宗的‘事事无碍’、‘事理无碍’的思想，同庄子‘天地之为稊米，毫末之为丘山’的‘万物一齐’的相对主义，在精神上是完全相通的。”②事实的确如此，在《齐物论释》中，章太炎充分利用了无尽缘起之说对

① 牟宗三讲演，卢雪昆整理：《庄子〈齐物论〉讲演录》，《鹅湖杂志》2002—2003 年第 319—3332 期。

② 朱义禄：《章太炎和他的〈齐物论释〉》，载胡道静编：《十家论庄》，上海人民出版社 2004 年版，第 490 页。

“万物与我为一”进行解读。但是,他并没有完全遵守华严宗的教义,以及其本身所蕴含的其他宗派的教理,而是将西方自然科学中的物质能量守恒等理论以及外道认为物质有生命的思想运用在了他的解读视域之中,从而凸显了那个时代的思想特色和他本人的学术理念。

那么,章太炎是如何理解“万物与我为一”的?他所理解的“万物与我为一”的具体内涵是什么?

在《齐物论释》中,章太炎有过这样一段话:

> 末俗横计处识世识为实,谓天长地久者先我而生,形隔器殊者与我异分。今应问彼,即我形内为复有水火金铁不?若云无者,我身则无;若云有者,此非与天地并起邪?纵令形敝寿断,是等还喻天地并尽,势不先亡,故非独与天地并生,乃亦与天地并灭也。若计真心,即无天地,亦无人我,是天地与我俱不生尔。故《知北游》篇说:“冉求问于仲尼曰:‘未有天地可知邪?’仲尼曰:‘可。古犹今也。’”①

从此处我们可以得知,章太炎对于“万物与我为一”的理解是“若计真心,即无天地,亦无人我,是天地与我俱不生尔”②,即万物与我为一的前提是真心做主宰,此处之“真心”,为如来藏之清净无染之心。若由真心作主,那么,天地万物是虚妄之存在,我亦是虚妄之存在,本来无生无灭、不垢不净,而世人意识中有天地长久于我,并且与我相隔的观念,是因为他们的阿赖耶识中存有处识和世识③,即先天有生起时空观的种子存在,因而若遇外缘,此种子便生起

---

① 章太炎:《齐物论释定本》,载《章太炎全集》,上海人民出版社 2014 年版,第 107 页。

② 章太炎:《齐物论释定本》,载《章太炎全集》,上海人民出版社 2014 年版,第 107 页。

③ 受康德“先验统觉”思想的影响,章太炎把阿赖耶识解释为“原型观念”,同时还指出,原型观念即阿赖耶识中最基本的种子,共有七类,分别是:世识、处识、相识、数识、作用识、因果识、我识。他认为,所谓的世识,就是现在、过去、未来等时间观念;处识,即点、线、面等空间观念;相识,则指色、声、香、味、触等表象观念;数识,即数量观念;作用识,即目的、行为造作的“有为”的观念;因果识,即“彼由于此,此由于彼”的因果观念;我识,即人我执,法我执等观念。除此之外,有无、是非、合散、成坏等相同于此七类种子皆刹那生灭,先于意识存在。这些种子与康德的“十二范畴”也极其相近。可见,章太炎深受康德认识论的影响,并将其与唯识宗的理论相关联。

现行,形成众生对于天地万物、宇宙万有具有时间和空间的观念,从而执为实有。

章太炎通过两种方式论证了自己这一解读的合理性。

第一种论证方式:从万物与我所组成的材料来看,都是物质元素,因而从这个意义上来讲,天地万物与我本来就是一体的,是同质的。对此他说:"《大毗婆沙论》一百三十六云:'极微是最细色','此七极微成一微尘,七微尘成一铜尘,七铜尘成一水尘。'铜尘、水尘今所谓分子也;微尘,今所谓小分子微分子,极微,乃今所谓原子。"①可见,章太炎将佛教里面的"极微"等同于西方的"原子",作为宇宙万有构成的基本要素,章太炎的这一论证方式显然是受到了西方唯物论的影响。其实,西方的这一观念亦备受争议,如近人方东美先生在《华严宗哲学》中就曾提及西方人面对精神世界的态度:

> 譬如面对精神世界,他会说精神世界不是真象,要化成生理的与生命的条件。而生命条件本身又没有内在的意义,只能把它化作物理的或化学的作用。这样一来,近代的宗教自然就衰微,文学艺术也因而堕落,就是因为它们用 leveling down(拉平往下)来讲平等。换句话说,在思想上它们采取 scientific reductivism(科学的化除主义或科学的约简主义)。把精神作用的部分化成生命作用,再把生命作用化作一物质条件,其结果便丧失了生命的意义,精神失掉它存在的理由。②

方东美先生的这段论述非常得当地揭示出西方人这一观念所导致的后果,那就是精神世界的全面堕落和生命意义的不断丧失。章太炎的这一做法亦可说是将原本虚灵飘逸的天地之境的"万物与我为一"转为了物质世界的一种逻辑结论,这是西方思想赋予其解读传统文化的思想烙印。但是,这样做的结果,就使得人生没有了终极的归宿和境界,而堕入了物质的浅陋之中。对

---

① 章太炎:《齐物论释定本》,载《章太炎全集》,上海人民出版社 2014 年版,第 109—110 页。

② 方东美:《华严宗哲学》(上册),(台北)黎明文化事业公司印行 1981 年版,第 36 页。

此，陈少明先生就认为章太炎的这一做法："把庄子原作'可爱'的一面也丢掉了。"①其原因是："用人身体上包含的各种原素与自然事物有一致之处，来论证'天地与我并生，万物与我一体'的世界观，会令人感到煞风景。"②陈先生所言有一定的道理，章太炎确实歪曲了"无尽缘起"本身的理论前提，这一西化的论证前提是他自己赋予的。但在笔者看来，章太炎这种论证方式也是受到他所处时代背景的影响与限制。

第二种论证方式：章太炎在第一种论证的基础上，进而用无尽缘起和唯识理论来论证，认为动物、植物、矿物皆为有情，批判了佛教中将动物判为有情，将山河大地及草木认为是没有情识活动的矿植物，从而判为无情或器世间的说法。最终章太炎认为，由于草木瓦石、山河大地与动物一样均有生命和情识，他们之间本无隔阂，因而从这个意义上来说，万物与我为一。

《瑜伽师地论》中将植物有生命的说法斥为"离系外道"之谬说，章太炎对此则反驳道："佛法只许动物为有情，不许植物为有情，至于矿物，更不消说了"，"植物也有呼吸，不能说无寿；也有温度，不能说无煖；也有牝牡交合的情欲，卷虫食蝇的作用，不能说无识。依这三件，植物决定有命。"③可见，在章太炎的眼中，植物也是有生命的有情存在④，其原因在于，植物也有呼吸、温度等有情所具有的生命之特质。进而他还认为矿物亦有命，其原因是：

> 现在依《起信论》说，更有证成"矿物有知"的道理。原来阿赖耶识，含有三个：一是业识，二是转识，三是现识。业就是作用的别名，又有动的意思。矿物都有作用，风水等物，更能流动，可见矿物必有业识。转识就

---

① 陈少明：《〈齐物论〉及其影响》，北京大学出版社 2004 年版，第 172 页。

② 陈少明：《〈齐物论〉及其影响》，北京大学出版社 2004 年版，第 173 页。

③ 章太炎：《演讲集》（上），载《章太炎全集》，上海人民出版社 2015 年版，第 150 页。

④ 命即寿也，然据小乘有部之义，则别有非色非心之体，由过去之业而生，因而一期之间维持暖与识，名之为命，命能持暖与识，故名为根。据大乘唯识之义，则第八识之种子有住识之功能，因而一期之间使色心相续，是假名为命根，非别有命之实体也。俱舍颂疏五曰："论云：命体即寿，既将寿释命，故命即寿。此复未了何法为寿？谓有别法持暖与识，说名为寿。"唯识述记二本曰："命谓色心不断，是命之根也。"（参见丁福保：《佛学大辞典》，上海书店出版社 2000 年版）

是能见的意思,质言就是能感触的作用,矿物既然能触,便是能感,可见矿物必有转识。现识就是境界现前的意思,矿物和异性矿物,既能亲和,也能抵抗,分明是有境界现前,可见矿物也有现识。若依《成唯识论》分配,业识便是作意,转识便是触,现识便是受,并与阿赖耶识相应,但没有想思二位。所以比较动植物的知识,就退在下劣的地位。"矿物不但有阿赖耶识,兼有意根。何以见得呢?既有保存自体的作用,一定是有'我执',若没有我执,断无保存自体的理。"①

在这段材料中,章太炎运用《大乘起信论》中的五识理论②对自己的天地万物皆有命的思想进行了论证。在《大乘起信论》中,有情识的众生才具有五识,但在章太炎这里,他却用它来作为论证佛教中"无情"亦有生命的根据。章太炎认为,矿物有流动的功能,因而有业识;矿物能触,故而可被人感知,从而成为能见之相,因而有转识;矿物和异性矿物既能亲和,也能抵抗,便说明矿物有现识。可见,在这一点上,章太炎有些牵强附会,亦无有详细的论述,而只是含糊其辞。实际上,这一点在《起信论》里讲得非常复杂。但据我们的分析还是可以得出:章太炎可能是因为矿物和异性矿物既能亲和又能抵抗,从而认为两者之间都有对对方的表象呈现,这符合《起信论》中对于现识的界定:"能现一切境界。犹如明镜现于色像。"③因而,这当是矿物对于异性矿物之直观的表象呈现。但章太炎在此用众生之心识功能来附会矿物,似乎有些不妥。因为,他的这一论证只是从逻辑出发,而非合情合理。同时,他还认为,矿物不如植物的级别高,其原因在于它没有想与思之心识功能,但矿物亦有"我执",有保护自体之本能。综上所述,章太炎反佛义而行,其论证尽管有西方逻辑之

① 章太炎:《演讲集》(上),载《章太炎全集》,上海人民出版社 2015 年版,第 151 页。

② 《大乘起信论》中对于五识的界定是:"一者名为业识,谓无明力不觉心动故。二者名为转识,依于动心能见相故。三者名为现识,所谓能现一切境界,犹如明镜现于色像,现识亦尔,随其五尘对至即现无有前后,以一切时任运而起常在前故。四者名为智识谓分别染净法故。五者名为相续识,以念相应不断故。"(《大正新修大藏经》第 32 卷,第 577 页中)

③ 《大乘起信论》,载《大正新修大藏经》第 32 卷,第 577 页中。

特色，但亦有失偏颇，不具说服力，这当然不能仅仅从是否符合佛法之真义来评判，只能说，他之所以这样做还是为其目的和用心服务的，这正是我们所要关注的重点。

在论证了植物和矿物皆为有情之后，章太炎又以此为基础，进一步论证了万物与我为一的命题。他说："一有情者，必摄无量小有情者。是故金分虽无穷尽，亦得随其现有，说为自体。问曰：若尔云何说地水火风唯心变现？以彼既由自心变现，即不得由他心变现故。答曰：此中正因由彼自心变现，色相亦由各各他心变现，为其助缘，宁独金石，乃至人畜根身亦尔。若他心无变现力，即不能互相见触故，死后不得尚现尸骸故。是故地水火风，各由他心变现，而亦由彼自心变现，两俱无碍。若尔何故旧分情界器界？应答彼言但依智慧高下，假为分别，如珊瑚明珠等物，是情是器，本难质定，而可随世说为器界。是故虽说金为器界，不碍有生，此但依唯识俗谛为言；若依真谛，即是唯识。"①"有情摄无量小有情"的论断，正是法藏"一切即一，一即一切"，万物之间相即相入之"无尽缘起"理论的翻版。即每一个有情内都摄无量小有情，如人体内摄无量细胞有情一样。但这也只是从俗谛的层面来讲的，若从真谛的层面来讲，一切都无有自性，皆唯心所变现。正如章太炎自己所言："动物植物也有知，矿物也有知，种种不过阿赖耶识所现的波浪。追寻原始，惟一真心。""这植物有命，矿物有知的俗谛，佛法中不能说得圆满。我辈虽然浅陋，还可以补正得一点儿。"②这就从真谛和俗谛两个层面彻底消解了天地之间森罗万象事物的差异性，从而为"万物与我为一"提供了更为超拔和彻底的论证。

为了强调论证中要将真俗二谛相结合之重要性，章太炎批评了法藏的"无尽缘起"说的不足之处，他说："凡此万物与我为一之说，万物皆种以不同形相禅之说，无尽缘起之说，三者无分。虽尔，此无尽缘起说，惟依如来藏缘起说作第二位，若执是实，展转分析，势无尽量，有无穷过，是故要依藏识，说此微

① 章太炎：《齐物论释定本》，载《章太炎全集》，上海人民出版社 2014 年版，第 111—112 页。
② 章太炎：《演讲集》（上），载《章太炎全集》，上海人民出版社 2015 年版，第 153、152 页。

分,惟是幻有。”①可见,他认为法藏对于“无尽缘起说”的论证是一种不断追逐最终自性的过程。这种追逐的结果可能是无穷无尽的。他认为,法藏之所以犯了这样一个论证过失,其原因在于:“盖法藏未得名言善巧,故说多有过。如彼钱喻,易一钱为一铢铜十铢铜,义犹可救,由舍是异分和合之名,既名舍已,乃名舍中支构木梃,故曰法藏未得名言善巧,有类诡辩者也。如是,彼立二喻,既不得成,若专以数为量,义故不破。”②可见,章太炎认为法藏只知道从诸法体性的角度去论证(如来藏缘起),而没有遵从世俗之名言善巧的角度去论证,因而就会给人一种类似诡辩者的印象。因而,当将真俗二谛相结合时才能达到合理论证的效果。对于这种看法,章太炎在后来的演说中有进一步的论证:“佛法中原有真谛、俗谛二门。本来不能离开俗谛去讲真谛。大乘发挥的道理,不过‘万法唯心’四个字。因为心是人人所能自证,所以说来没有破绽。若俗谛中不可说法,也就不能成立这个真谛。但在真谛一边,到如来藏缘起宗、阿赖耶缘起宗,已占哲学上最高的地位。”③可见,章太炎认为如果没有俗谛,那么真谛也就无法成立。他进而非常自信地说:“今依《寓言》以解《齐物》,更立新量,证成斯旨。”④认为正是因为自己懂得用俗谛之学说《寓言》篇来解读《齐物》中的这一命题,才弥补了法藏论证的缺失,从而将“万物与我为一”之意旨揭示了出来。

在章太炎之前,张载在《西铭》中“万物一体”“民胞物与”“生顺殁宁”的思想,同庄子《齐物论》中“天地万物与我一体,万物与我并生”的观点,以及《知北游》中“人之生,气之聚也,聚则为生,散则为死。若死生为徒,吾又何患?故万物一也”的思想非常接近。⑤ 吴根友先生认为,“张载的‘太虚无形

① 章太炎:《齐物论释定本》,载《章太炎全集》,上海人民出版社 2014 年版,第 113—114 页。
② 章太炎:《齐物论释定本》,载《章太炎全集》,上海人民出版社 2014 年版,第 109 页。
③ 章太炎:《演讲集》(上),载《章太炎全集》,上海人民出版社 2015 年版,第 150 页。
④ 章太炎:《齐物论释定本》,载《章太炎全集》,上海人民出版社 2014 年版,第 109 页。
⑤ 参见陈少明:《〈齐物论〉及其影响》,北京大学出版社 2004 年版,第 127 页。

而有气'的命题,便是庄子及其后学'气化生死观','通天下一气耳'思想的发展。"①因此,张载和宋明时期其他思想家的"万物一体"观就存在着较大的差异。此正如陈来先生所说:"横渠未将'一体'与'仁'联系起来,也未将'视天下无一物非我'与'仁'联系起来。"②章太炎之后的熊十力主张众生实际上是体用一源的,并通过反求诸心,才能感受得到这种一源境界。在我们看来,张载的万物一体思想可能深受庄子的影响,从天地一气的角度进行论证,并最终成为其形而上之基础;而熊十力则直接从即体即用的思想基础出发来发挥天地万物一体的思想。较之张载和熊十力,章太炎对于庄子"万物一体"的解读,则是从佛教和西方科学出发进行论证的,独具特色。

与以往注家侧重境界层面的解释相比,章太炎的"万物与我为一"是其逻辑论证之后所得出的结论;不仅如此,他的解读亦有了以往注家都没有涉及的经世之用心隐藏其中,而且,他所运用的思想资源并非如以往注家那样单一,③而是呈现出丰富充实的一面。对于这一特色的原因及表现,我们作出如下分析。

首先,其解读所涉及的理论较为复杂。尽管从总体上看是运用"无尽缘起"说,但在具体的论证中却既有佛学的唯识、华严、般若等理论,还有西方唯物理论。从中可见,章太炎势必无法完全脱离时代的大环境来进行纯粹的佛学式解读;更为特别的是,他亦以庄子来解庄子,用《寓言》来解《齐物》。对于这种"以庄解庄"的做法,是源于他对庄子思想的高度认可。由此可见,章太炎融会佛教、西学、庄子三家思想的做法是他倡导各家学术融通,尊重各家学说价值和个性开放性观念的折射。

其次,通过分析章太炎对于法藏的批判可见,他的佛学理念与纯正的佛学

---

① 吴根友:《道家思想及其现代诠释》,上海人民出版社 2018 年版,第 97 页。

② 陈来:《仁学视野中的"万物一体"论》(上),《河北学刊》2016 年第 3 期。

③ 由于时代的原因,在以往注家中,即使是以佛解庄者,亦只是以佛学来解读庄子,如释德清等人。

相比还是有着一定的距离和出入的。这种现象的出现不应该是由于章太炎本人不了解佛学所致，从其对于佛学所掌握的熟练程度来看，他并非是无意曲解，反而是有其用心之所在。他的用心就是用此种方式来方便自己对于庄子的解读从而为实现其经世致用的目的作思想理论的论证。因而，他并不是一个严格意义上的佛教学者，而是运用佛学者，这与其身份和人生宗旨密切相关。

这样的现象必然有其深层的原因。我们认为，由于章太炎身处当时的时代背景下，就必然有其时代的局限性。同时，由于他早年曾经探究过西学，东渡日本后又对德国古典哲学有所研究。这一学术经历可能影响了他的思维方式，使其尽管用佛学来解读庄子，但还是避免不了对西学的依赖。牟宗三批评章太炎道："章太炎这个国学大师没有用的，他也有一部书讲《齐物论》。他用佛教的唯识宗来讲，那是瞎扯。那是文人的讲法，文人的讲法不可靠的。"①至于为何得出这样的评价，究竟是怎样的文人的讲法，牟宗三并没有展开论证。但通观他的《庄子〈齐物论〉讲演录》，我们却能发现，他对庄子的解读理路和章太炎非常相似，习惯用佛学的概念、比喻等资源来诠释，之后亦有对形而下制度、政治的设计。因此，我们可以这样理解，牟宗三先生也许是不够喜欢章太炎这个人本身而作出的感情化评价。

第四节　章太炎的生死观

生死问题是自人类诞生以来便不得不直面的永恒话题，在中国传统文化中，无论是道家、佛家还是儒家对生死皆有论述，且其观点亦不尽相同。近代以来，在西学东渐的文化背景下，知识分子肩负起了参与救亡图存的历史重任，因而生死问题便成为动荡年代最需直面的问题。在特定的历史情境下，近

① 牟宗三讲演，卢雪昆整理：《庄子〈齐物论〉讲演录》，《鹅湖杂志》2002—2003 年第 319—332 期。

代知识分子除了用一己之学和西方文化、佛学来建构自己的哲学思想体系之外，还需要对生死问题进行合理性诠释和精神超拔，以鼓舞和慰藉那些为革命舍生忘死的英雄们，并培养他们的革命道德。章太炎生死观的出现正是基于这样一种理论背景和时代诉求。章太炎的生死观主要通过以佛教的生死轮回观来诠释庄子的“庄周梦蝶”而得以彰显，他将己意蕴于庄意，巧妙地表达了自己的经世理想与救国情怀。因此，在本节我们将从佛教的生死轮回和庄子的“庄周梦蝶”入手，来充分挖掘在诠释庄子的这一命题时，章太炎较之以往注家所具有的特色。

在《齐物论释》中，章太炎说：“诸有梦者，皆由颠倒习气未尽耳。然寻庄生多说轮回之义，此章本以梦为同喻，非正说梦。”①章太炎将大乘佛教的生死轮回理论应用于对庄周梦蝶这一著名论题的解读当中去。对于此种做法，章太炎曾解释说：“质言轮回，既非恒人所见，转近夸诬，故徒以梦化相拟，未尝质言实尔。”②可见，章太炎认为，庄子之所以用梦来比拟轮回之意，其原因在于他无法感知生死轮回的每一个阶段。同时他还说：“觉梦之喻，亦非谓生梦死觉大觉知大梦者，知生为梦，故不求长生；知生死皆梦，故亦不求寂灭。”③杨立华先生对此评价道：“虽然‘知生死皆梦’较之‘谓生梦死觉’所造深浅不同，但皆错会庄子宗旨，其失一也。”④从此处来看，章太炎更多的是将自己的理解投射在庄子的身上，可谓是“六经注我”的典型代表。关于章太炎对佛教和道家哲学具有相通之处的认可，张灏先生对此有精辟的分析：“个体生命在初生的混沌状态中，总是从自己的起点，走过他由前生行为所决定的生命旅程，到达受难或死亡的终点，只是通过一次又一次阴郁的循环才得到再生。在这方面，生命只是在由生与再生无限往复而构成的永恒流动中的一次挣扎而已。

① 章太炎：《齐物论释定本》，载《章太炎全集》，上海人民出版社 2014 年版，第 138 页。
② 章太炎：《齐物论释定本》，载《章太炎全集》，上海人民出版社 2014 年版，第 138 页。
③ 章太炎：《齐物论释定本》，载《章太炎全集》，上海人民出版社 2014 年版，第 125 页。
④ 杨立华：《物化与所待：〈齐物论〉末章的哲学阐释》，《中国哲学史》2019 年第 1 期。

简言之，在章太炎看来，大乘佛教和道家哲学基本上共同使用了自我与感性世界空寂（人无我，法无我）的相同观念。”①在张灏先生看来，个体生命由生到死，由死到生，是一次次的循环，其实就是轮回的过程。并认为在章太炎的视野中，佛教和道家对于生死的问题有着共同的观念。此论断有一定的合理性。在《齐物论释》中，章太炎对轮回生死进行了界定：“佛法所说轮回，异生唯是分段，生死不自主故。圣者乃有变易，生死得自主故。”②可见，他将轮回生死界定为了分段生死，是区别于菩萨等圣者的变易生死。

一、 生死轮回

在佛教看来，生死轮回是指众生因无明业感而流转于天、人、阿修罗、饿鬼、畜生、地狱等六道迷界中，生了又死、死了又生，如同车轮转动，永无穷尽之意，与“涅槃”相对。生死在唯识宗那里又被分作两类，《成唯识论》卷八云：“生死有二。一、分段生死，谓诸有漏善、不善业，由烦恼障缘助势力，所感三界麤异熟果。身命短长随因缘力，有定齐限，故名分段。二、不思议变易生死。谓诸无漏有分别业，由所知障缘助势力所感殊胜细异熟果，由悲愿力改转身命，无定齐限，故名变易。无漏定愿正所资感，妙用难测，名不思议，或名意成身，随意愿成故。”③可见，凡夫之生死轮回其实就是分段生死，无有穷尽，因业力所感之果报而使其身形寿命受到限制。与凡夫所不同的是，阿罗汉、辟支佛、大力菩萨等不受分段生死之轮回，但有所知障和分别业之因缘，因此于三界获得殊胜之果报身，再来三界修菩萨行，以至成佛果。其所受之身，因悲愿力之故，寿命、肉体皆可自由变化改易，而无一定之限制，这就是变易生死。

那么与生死对应的涅槃是何义呢？涅槃亦称作泥洹，就是指的不生不灭

① 张灏：《危机中的中国知识分子——寻求秩序与意义》，新星出版社 2006 年版，第 146 页。

② 章太炎：《齐物论释定本》，载《章太炎全集》，上海人民出版社 2014 年版，第 138—139 页。

③ （唐）玄奘译，韩廷傑校释：《成唯识论校释》，中华书局 1998 年版，第 559—560 页。

的佛之境界。这样的境界需要断烦恼障和所知障才可显现。《大乘入楞伽经》卷2说:“诸声闻畏生死妄想苦而求涅槃,不知生死涅槃差别之相一切皆是妄分别有,无所有故,妄计未来诸根境灭以为涅槃,不知证自智境界转所依藏识为大涅槃。”①《大乘庄严经论》谓:“生死涅槃无有二,乃至无有少异,何以故?无我平等故。若人善住无我而修善业,则生死便尽而得涅槃。”②可见,在大乘佛典论集中,并不赞成将生死与涅槃分为二种。执着于生死与涅槃为二而厌离生死,趋向涅槃是小乘的做法。对于大乘菩萨来说,涅槃和生死在佛智的层面上看是不一不异的。

基于上述大乘佛教义理,在《齐物论释》中,章太炎不仅用生死轮回观来解读庄子的蝶梦义,而且用生死即涅槃的理论来论证庄子为大乘菩萨一阐提。他认为庄子了断二障,不排斥生死,亦不向往涅槃,并已达到“内存寂照,外利有情”③之境界。因此,庄子就是适应中土众生之根器而应机说法的大乘菩萨一阐提,从而将庄生纳入佛教体系之中。

二、“庄周梦蝶”的历代注解

“庄周梦蝶”出自《庄子·齐物论》:“昔者庄周梦为胡蝶,栩栩然胡蝶也,自喻适志与!不知周也。俄然觉,则蘧蘧然周也。不知周之梦为胡蝶与,胡蝶之梦为周与?周与胡蝶,则必有分矣。此之谓物化。”④千百年来,庄周梦蝶对中国传统文化的影响是非常深远的,以至在文学、艺术、哲学等领域都留下了它的痕迹。同时,它也是一千古谜题,直到现在人们仍然只能从中去体味庄生所表达的那种生死无常之美,却无法对其给予确定的解释。因此,在很多人看来,庄周梦蝶是庄子思想中最唯美和最不具有确定性的命题。

① 《大正新修大藏经》第16卷,第597页上。
② 《大正新修大藏经》第31卷,第599页上。
③ 章太炎:《齐物论释定本》,载《章太炎全集》,上海人民出版社2014年版,第118页。
④ 陈鼓应注译:《庄子今注今译》,中华书局1983年版,第92页。

关于庄周梦蝶，古往今来注家的注解虽各有不同，但大都将其视为了一种物化，抑或是作为对于“吾丧我”的总结。关于“物化”这种非常传统的解释，从郭象一直延续到了当代学者。

郭象云：“今之不知胡蝶，无异于梦之不知周也；而各适一时之志，则无以明胡蝶之不梦为周矣。世有假寐而梦经百年者，则无以明今之百年非假寐之梦者也。”“夫时不暂停，而今不遂存，故昨日之梦，于今化矣。……方为此则不知彼，梦为胡蝶是也。取之与人，则一生之中，今不知后，丽姬是也。而愚者窃窃然自以为知生之可乐、死之可苦，未闻物化之谓也。”①蝶梦之物化的义涵，在郭象这里被视为一种生死的物化，当“各适一时之志”，即没有必要非要区分蝴蝶与庄周之间的关系抑或生与死之间的差异。其原因在于，物化之后，就没有一个确定的价值标准来确定这一切。②

宋人林希逸说：“在庄周则以夜来之为蝴蝶梦也，恐蝴蝶在彼，又以我今者之觉为梦，故曰不知周之梦为蝴蝶与？蝴蝶之梦为周与？这个梦觉须有个分别处，故曰周与蝴蝶必有分矣。……此之谓物化者，言此谓万物变化之理也。”③林希逸对于庄周与蝴蝶的物化关系作了分析，并得出自己的结论，那就是庄周与蝴蝶必有分，或者庄周变为蝴蝶，或者蝴蝶变为庄周。故而，林希逸将此看作一种真实存在的事物，而非仅仅是一则寓言。可以肯定的是，作为以禅解庄的林希逸，其所进行的解读并未脱离佛学的视野，因而，庄周变为蝴蝶或者蝴蝶变为庄周实则是生死轮回之说。可能与此相关，章太炎后来的解读亦借鉴了这一理念。

近年来，有些海外汉学家对于“物化”也进行了自己的解释，最有代表性

---

① （晋）郭象注，（唐）成玄英疏：《庄子注疏》，中华书局 2011 年版，第 61—62 页。

② 成玄英对郭象的解释进行了疏解：“夫新新变化，物物迁流，譬彼穷指，方兹交臂。是以周蝶觉梦，俄顷之间，后不知前，此不知彼。而何为当生虑死，妄起忧悲！故知生死往来，物理之变化也。”[（晋）郭象注，（唐）成玄英疏：《庄子注疏》，中华书局 2011 年版，第 62 页]可见，成玄英是赞同郭象的看法的，并对其进行了进一步论述。

③ （宋）林希逸著，周启成校注：《庄子鬳斋口义校注》，中华书局 1997 年版，第 44—45 页。

的学者莫过于艾文:“(《庄子》中的)梦提供证据证明:物在不断地转化为他物。他(庄子)将这种转化过程比喻为熔化的青铜,它在手艺高明的铁匠师傅手里先变为一种形状,后又变为另一种形状。他对处于持续不断的转化之流的自我的想象力在著名的蝴蝶梦中得到体现。”

艾文先生用西方人所特有的思维方式来看待庄周和蝴蝶之间的物化过程,从而将其视为物质相互转化的无限性,从西方的科学精神和科学态度对其进行了科学的、唯物的解读。

与以上注解相比,比较有新意的是有学者将庄周梦蝶作为“吾丧我”之境界的总结和呼应。如刘武说:“末段,则以自喻梦蝶不知周也结,亦丧我也,以与篇首之‘丧我’相照应。”①

此外,陈鼓应②、郑峰明等学者均认为,庄周梦蝶实为“吾丧我”之互应。如郑峰明将庄周梦蝶定义为:“庄周化蝴蝶,即隐喻人需能破除外在现象之有形藩篱,方能与外物相互会通交感,而入于物我融合之空灵境界,如此,则无拘无束,逍遥自适矣!”“庄子以为与物同化的工夫,首先在忘去‘自我’,消却‘我执’,也即‘丧我’‘忘我’之谓。”③郑开教授认为:“‘庄周梦蝶’的核心在于‘物化’,那么怎么理解‘物化’概念呢?钟泰提示的两点十分重要:第一,他引述了《知北游》‘古之人外化而内不化’与物化者,一不化者也解释《齐物论》的‘物化’,这显示了正确的阐释方向;第二,‘物化’是《齐物论》起首命题‘吾丧我’的转深,也就是说,‘丧我’‘无我’是理解‘物化’概念的重要基础。”④对于郑开教授的观点,干春松教授有着精辟的见解,他认为这样的观点是将“物

① 刘武:《庄子集解内篇补正》,中华书局1987年版,第35页。

② “由‘丧我’而达到忘我、臻于万物一体的境界。与篇末‘物化’一节相对应。”(陈鼓应注译:《庄子今注今译》,中华书局1983年版,第35页)

③ 分见郑峰明:《庄子思想及其艺术精神之研究》,(台北)文史哲出版社1987年版,第69、67页。

④ 郑开:《试论〈庄子〉的“化”》,转引自干春松:《孔子梦周公和庄周梦蝶》,《人民政协报》2017年7月3日。

化”与“吾丧我”相结合，从而体现了对庄子思想的整体把握。[①] 笔者非常认同干教授的观点。郑开教授的确是结合了传统学者的传统“物化”观点，同时又将其与《齐物论》中的“吾丧我”相结合，贯通了《齐物论》的全文主旨，完善了前人各执一隅的不足之处，可谓是一种综合性的理解，值得学界借鉴。可见，以上几位学者的解读都不仅仅立足于传统所谓“物化”的意义上来进行解读的，而是从整个《齐物论》着眼来审视庄周梦蝶的重要性。

除此之外，当今有学者将其看作庄生的寓言或者是美学的意境[②]，或者是认识论意义上的主客二分[③]，或者是精神分析层面的实在之梦境[④]，抑或有人将其与卡夫卡《变形记》中的主人公变甲壳虫进行对比研究[⑤]。总而言之，每个人的视角不同，就往往可能会有不同的理解，这就使得蝶梦在不同的解读中更加缺失了确定性。当我们深入到章太炎的《齐物论释》文本中时，就会发现，章太炎的解读较之以上解读者有着更为深刻和丰富的内涵。

---

① 干春松：《孔子梦周公和庄周梦蝶》，《人民政协报》2017 年 7 月 3 日。

② 李泽厚先生对此表示：“它之所以是审美态度，是因为它的特点在于：强调人们必须截断对现实的自觉意识，‘忘先后之所接’，而后才能与对象合为一体，获得愉快。”“庄子这里强调的是完全泯灭物、我、主、客，从而它已不只是同构问题（在这里主客体相吻合对应），而是‘物化’问题（在这里主客体已不可分）。这种主客同一却只有在上述那种‘纯粹意识’地创造直观中才能显现，它既非心理因果，又非逻辑认识，也非宗教经验，只能属于审美领域。”（李泽厚：《华夏美学》，载《李泽厚十年集 · 美的历程》，安徽文艺出版社 1994 年版，第 286 页）

③ 张恒寿先生曰：“虽然‘周与蝴蝶（在客观上）则必有分矣’，但庄周自己梦为蝴蝶时自以为‘栩栩然蝶也’，不知道自己与蝴蝶的区分，可能蝴蝶也有梦为庄周时而不知自为蝴蝶的情境。这种怀疑，仍在认识论的范围内而不在本体论的范围内。”（胡道静主编：《十家论庄》，上海人民出版社 2008 年版，第 387 页）

④ 如刘文英教授认为，庄子蝴蝶梦寓意丰富。前人解读只在文字训诂和义理分析，我们认为还要重视精神心理分析。其内在意蕴主要包括：主体自我的“物化”体验，自由快乐的“逍遥”心态，消解物我的“齐物”之义。（参见刘文英：《庄子蝴蝶梦的新解读》，《文史哲》2003 年第 5 期）

⑤ 陈鼓应先生说：“卡夫卡的这个寓言，写出了现代人的生活的时间压缩感、空间囚禁感、与外界的隔离感和宗教的罪孽感，描写这些给人们带来的沉重的负担。庄周蝶化的‘变形记’，和现代人的这种感觉恰恰成了鲜明的对照。在庄子那里，如果说人生如梦的话，那么，应该说是一个美梦。”（胡道静主编：《十家论庄》，上海人民出版社 2008 年版，第 346 页）卡夫卡笔下的甲壳虫，在笔者看来，是现代性压迫之下的现代人逐渐枯竭之灵魂的物化，与庄子那种美好的物化形成一种鲜明的对比。

在《齐物论释》中，章太炎用佛学的生死轮回观来解释并论证了庄周梦蝶，进而论述了庄生对于轮回的态度，从而将庄子判摄为佛教的大乘菩萨一阐提。实际上，将轮回应用于对本土文化的解读，章太炎的这种做法是有根可循的。因为中国本土文化当中本来就有轮回的思想资源，诸如《尔雅》释“鬼”字为“归”，称死人为“归人”，即是说人生于鬼神界，死归于鬼神界。又如《左传・庄公八年》记载齐公子彭生被害，化猪报仇的故事。这些都是佛教传入中国以前本土所记载的轮回思想萌芽，虽然较之佛教的轮回思想还不够明确和系统。

在中国佛教的视域中，庄周之梦亦是一场轮回之梦。因而，就有了宋代嘉兴府报恩法常首座于入寂前的清晨，依《渔父词》声律写下的词句：“蝶梦南华方栩栩，斑斑谁跨丰干虎？而今忘却来时路，江山暮，天涯目送鸿飞去。”①此乃佛教高僧以蝶梦来表达人生在生死轮回中如梦如幻的典型之一。在此诗句中，生命如同蝶梦，蝶化人，人化蝶，本无区别，都只是一场梦而已，最终不过曲终人散，飞鸿远去，而进入下一个梦境当中去。对比其他的诠释和理解，我们可以看出，从佛学角度去把握庄生梦蝶似乎要好过于近现代的心理学、精神分析、认识论、美学等立场和方法论所作出的理解。

三、　生死轮回：庄周梦蝶

由前文可知，章太炎首先认定庄子梦蝶正是生死轮回义。他认为庄子借梦来表达轮回之义，庄子和蝴蝶是共同的精神载体在轮回中所现的不同身形。章太炎用《知北游》中的“生也死之徒，死也生之始”等语来证明庄子是了解轮回的，只是未明确说明而已。这在庄学史上是独一无二的看法。

章太炎认为，梦是轮回，而醒来正是觉醒世间幻象。对此，他说：“梦似颠倒，佛于一切颠倒习气皆已断尽，故无有梦。如于觉时心心所法无颠倒转，睡

① （宋）普济著，苏渊雷点校：《五灯会元》（下册），中华书局 1984 年版，第 1216 页。

时亦尔。”①因为颠倒，所以就有了轮回大梦，而佛因为断除了所有的障碍和习气，因而已不再轮回，已经超越了三界。而众生因为“由颠倒习气未尽耳”，即执着世间与自身为实有而生种种障碍习气，故而有轮回之梦。众生因为存在各种无明业障，因而障蔽本有之清净真如，而流转生死无有出期。对于轮回的性质，章太炎认为“轮回生死，亦是俗谛，然是依他起性，而非遍计所执性”②，即轮回生死亦无有自性，只是在世俗的层面上才有一定的意义，当破除了二执和二障之后，轮回在第一义谛的层面上亦是无有自性的，只是随俗说有轮回罢了。

在论证了庄子本身借梦说轮回之后，章太炎进一步分析了庄子对于轮回大梦的看法。他认为庄子的态度是无厌轮回、无欣涅槃的。对此章太炎引《天地》篇曰：“《天地篇》云：‘其与万物接也，至无而供其求，时骋而要其宿，（至无者即二无我所现圆成实性也。供其求者，即示现利生也。时骋者，即不住涅槃也。要其宿者，即不堕生死也。）大小，长短，修远。”③在此，章太炎将佛学的二无我、圆成实性、涅槃、利生等术语用以比附庄子的思想，彰显了在其视野中庄子对于轮回的态度。同时，他又以《天下》篇谈庄子的精神：“上与造物者游，而下与外生死无始终者为友，其于本也，弘大而辟，深闳而肆；其于宗也，可谓稠适而上遂矣。”④可见，章太炎在这里又将庄子的“外生死、无始终”解释为了佛教的不住生死，无有生死。对此，日本学者石井刚认为：

> 究竟庄周是蝴蝶，还是蝴蝶是庄周？这一完全丧失了自我确证依据的两物更化过程在《庄子》文本中叫做“物化”。章太炎认为这不是在讲梦，而是《庄子》文本中展开轮回思想的典型章节之一。《庄子》的轮回思想和佛家有别，后者以轮回为烦恼，因而以摆脱轮回的痛苦进入涅槃的还

① 章太炎：《齐物论释定本》，载《章太炎全集》，上海人民出版社 2014 年版，第 138 页。
② 章太炎：《齐物论释定本》，载《章太炎全集》，上海人民出版社 2014 年版，第 139 页。
③ 章太炎：《齐物论释定本》，载《章太炎全集》，上海人民出版社 2014 年版，第 141—142 页。
④ 章太炎：《齐物论释定本》，载《章太炎全集》，上海人民出版社 2014 年版，第 142 页。

灭之境为其所追求的理想。《庄子》则不把轮回当作痛苦的源泉，而认为这是“遣忧”（排除忧烦）的俗谛，因为庄周根本没有羡慕“寂灭”即涅槃境界。但是，章太炎却认为，庄周原来不是真的认为轮回转生是“遣忧”的契机，他最初的用意只是要让人们知道对所化之物的认识无非是人的法执所致，为了明示物我对待的观念实为虚妄的道理，讲述轮回之旨作为权宜而已。

章太炎的存在论思想描绘的是一种空无的世界。万物在这个空无的世界中茫无目的地流转生灭。①

石井刚对章太炎以佛解蝶梦的理解大体是合理的，因为蝶梦的不确定性，因此才有可解释的空间，章太炎对庄周梦蝶的解释，可以自圆其说，并且比一般化地理解这一命题更具有说服力。我们无法确定谁的解释更接近庄子，但可以确定的是章太炎是有自己的用心和立场的，这就是他的救世情怀。尽管如此，笔者认为石井刚将章太炎的存在论思想看成描绘空无的世界并非妥当。佛教的空无只是缘起性空，并非什么都没有。同时，石井刚还将章太炎对《庄子》轮回思想的阐释同日本的丸山真男对日本历史“古层”的焦虑和悲观之间进行了对比，认为：“《重定本》时期的章太炎面对‘东夏众生’的‘耽乐生趣’，认为这是中国文化心理的缺点，这与丸山真男指出‘古层’使人们永无休止地跟从和肯定‘现在’时的悲观语气和无力感实为同调”②。石井刚从他者的眼光为我们理解章太炎的生死观提供了另一种角度。

既然在章太炎的眼中，庄子是无厌轮回、无欣涅槃的，因此，他将庄子比附为大乘菩萨一阐提，大乘菩萨一阐提因无法度尽众生而使其成佛之路遥遥无期，故而又称之为“大悲阐提”。庄子思想中所体现的种种精神风范正符合这

---

① 石井刚：《“道之生生不息”的两种世界观：章太炎和丸山真男的思想及困境》，《中国哲学史》2010 年第 1 期。

② 石井刚：《齐物的哲学——章太炎与中国现代思想的东亚经验》，华东师范大学出版社 2016 年版，第 36 页。

种大悲阐提的特质。章太炎说：

《起信论》说初发心者，尚云"离于妄见，不住生死"，"摄化众生，不住涅槃"，转至穷尽。《大乘入楞伽经》指目菩萨一阐提云，"诸菩萨以本愿方便，愿一切众生，悉入涅槃。若一众生未涅槃者，我终不入。此亦住一阐提趣，此是无涅槃种性相。""菩萨一阐提，知一切法，本来涅槃，毕竟不入。"此盖庄生所诣之地。①

庄生本不以轮转生死遣忧，但欲人无封执，故语有机权尔。又其特别志愿本在内圣外王，哀生民之无拯，念刑政之苛残，必令世无工宰，见无文野，人各自主之谓王，智无留碍然后圣，自非顺时利见，示现白衣，何能果此愿哉。苟专以灭度众生为念，而忘中涂恫怨之情，何翅河清之难俟，陵谷变迁之不可豫期，虽抱大悲，犹未适于民意。②

在此，章太炎首先对菩萨一阐提作了分析。他认为，菩萨一阐提最大的特性就是"不住生死""不住涅槃"。在他看来，庄生就具有这样的特质，对于轮回和涅槃没有执着和分别，虽然有上与造物主游的精神归宿，但又不忍看百姓的苦痛无人救拔，因而便以"白衣"的身份来世间渡生。其内圣外王体现在了内已无烦恼障和所知障，外以灭度众生为念之上。依章太炎的论证，庄子已经由道入佛，成为佛教体系中依据中土众生之根器来应机说法的大悲菩萨。对此，陈少明先生曾表示："太炎此说，实也系以佛陀之心度庄生之腹，然否不必深究，但颇感人。所以尽管太炎迷于佛，但不是逃于佛，相反，表面上是退，实际姿态是进。他要借佛法入世以至救世。"③陈先生的观点深刻地表达出了章太炎与庄生在承担民族使命中的共鸣感：二者同样生于乱世，同为具有使命感的知识分子，虽然时代不同，但解救众生的心情却是一致的。在此，章太炎对于庄子角色的界定正是自己内心救世愿望的投射。正如陈鼓应先生所言：

---

① 章太炎：《齐物论释定本》，载《章太炎全集》，上海人民出版社 2014 年版，第 140 页。

② 章太炎：《齐物论释定本》，载《章太炎全集》，上海人民出版社 2014 年版，第 141 页。

③ 陈少明：《〈齐物论〉及其影响》，北京大学出版社 2004 年版，第 165 页。

“面对不幸的现实，虽然庄子追求着‘逍遥游’的境界，然而他的逍遥游却是寄沉痛于悠闲的——表面看来是悠闲自适，但内心中却充满着处世的忧患感。《天下篇》说‘天下之治方术者多矣’，说的是当时的知识分子在普遍关心如何拯救乱世的心情中提出了许多不同的方案。《庄子》书上提出的‘内圣外王’，便成为当时知识分子共同的理想和抱负。”①这不仅是庄子那个战乱时代知识分子的理想和抱负，亦是清末民初时期知识分子的理想和抱负。在近代危机面前，康有为以大乘菩萨行愿为己任，将菩萨大慈大悲之愿带到了他的大同理想之中，以期赋予人人平等、幸福之权利。谭嗣同则在佛教“无我”之精神和信念的支撑下，敢于为民族国家献出生命，表现出大无畏的精神风范。

综上所述，我们得知，章太炎通过以生死轮回来解蝶梦而得出了庄子是大乘菩萨一阐提的结论，其所体现的正是唯识宗所说的四种涅槃中的第四种——不住涅槃，即生死即涅槃。章太炎以此来解读庄子之精神，正是要破除众生对生与死的执着和分别。较之传统注家，他既继承了郭象“生死物化”的说法，同时又将其解释得更加透彻。在《齐物论释》中，章太炎用《庄子》的其他篇章来论证“庄周梦蝶”，这正体现了他的般若中道之思路，将真俗结合在一起，从而避免了偏执一边之弊病②。

较之其他解读者对于庄周梦蝶的解读，笔者认为章太炎的解读具有不可替代的价值。其原因在于，首先，他敢于直面这一千古谜题，敢于在当时作出明确的界定和论证，并充分运用佛学这一重要的理论资源从根上去解决问题。在他之后的我国港台新儒家的代表人物徐复观先生对此命题也从佛教的角度进行了论述。在《中国艺术精神》中徐复观说：“庄周梦为胡蝶而自己觉得很快意的关键，实际在‘不知周’一语之上。若庄周梦为胡蝶而仍然知道自己本来是庄周，则必生计较、计议之心，便很难‘自喻适志’。因为‘不知周’，所以

---

① 陈鼓应：《老庄新论》，商务印书馆 2008 年版，第 428 页。

② 康德和庄子毕竟是世间法，因而是随俗说，是俗谛层面之学说；佛教则是出世间层面的学说，为胜义谛、真谛层面的学说。

当下的胡蝶,即是他的一切,别无可资计较计议的前境后境,自亦无所用其计较计议之心,这便会使他'自喻适志与'。这是佛家的真境现前、前后际断的意境。"①徐复观先生能够从佛学的真境境界入手,来分析"庄周梦蝶"其实就是破除了各种执着计较之后的无我之境界。可以说,章太炎和徐复观通过佛学来审视和解读庄子,为近现代庄子的研究打开了新的窗口。

其次,较之其他解读者仅从纯学术角度的理解来看,章太炎的这一解读表达了他与庄子的共同之处,隐含了更多对现实的关注,对民生、对国家的热情和悲悯。可以说,作为一位具有忧国忧民意识的知识分子,章太炎所做的解读和论证不可能只停留在哲学思辨的层面上,更不可能一直都是"高蹈太虚"的,其最终目的还是要回到现实中来,以形而上的论证作为指导来发挥自己经国济世的重要理念。百日维新失败后,身为排满战将的章太炎亲眼目睹了康、梁等人的惨烈结局,经过反思他认为戊戌变法失败的主要原因是革命党人缺乏革命道德,因此,在民族存亡面前,革命道德建设迫在眉睫。可以说,章太炎通过以佛解庄而呈现出来的生死观就是服务于这样一种道德建设的,不仅希望给予其理论的支持,亦赋予其精神的力量,用大乘菩萨一阐提的精神鼓舞革命者要有舍生忘死、舍己救人的道德情怀。

① 徐复观:《中国艺术精神》,载《徐复观文集》,湖北人民出版社2002年版,第83页。

第三章　章太炎《齐物论释》之济世理想

章太炎说："凡古今政俗之消息，社会都野之情状，华梵圣哲之义谛，东西学人之所说，拘者执著而鲜通，短者执中而居间，卒之鲁莽灭裂，而调和之效终未可睹，譬彼侏儒，解逅于两大之间，无术甚矣。余则操齐物以解纷，明天倪以为量，割制大理，莫不孙顺。"①表达了他作《齐物论释》、建构形而上体系的最终目的还是要回到形而下的层面，以发挥他自己经国济世的理想与抱负。因为，再高的哲学建树，再高蹈的形而上学，终究需要回归到现实中来，来面对现实的问题②。汪晖先生说："激进的民族革命者章太炎用'齐物平等'的思想深刻地批判了'十九世纪'的国家主义、种族主义、政党政治、宪政民主和形式平等，他本人也成为这场革命运动内部的'异类'。"③正是从这个意义上来讲，章太炎的《齐物论释》并不仅仅具有哲学思想方面的价值，更为重要的是，已经指向了晚清社会当时所面临的文化冲突、个人独立与自由、道德建设等问

① 章太炎：《菿汉微言》，载《章太炎全集》，上海人民出版社 2015 年版，第 70 页。

② 方东美先生有着非常精辟的见解："庄子哲学上面一个极重要的转折点！这个转折点就是说：一个精神解放的哲学家，同时还要过一种平易近人的生活。就好像一个人坐飞机，飞到再高，还是要回到地面加油；尽管一个哲学家达到一种极高的境界，他也要回到现实世界上面来。"［方东美：《原始儒家道家哲学》，（台北）黎明文化事业公司印行 1983 年版，第 250 页］

③ 汪晖：《短二十世纪：中国革命与政治的逻辑》（自序），牛津大学出版社 2015 年版。

题,值得关注的是,章太炎对于这些问题的理解主要来自其在《齐物论释》中的形而上之思考。

第一节 多元文化观

章太炎的多元文化理念是在对文明野蛮之分加以破除的基础之上提出来的,表达了他对本民族文化的维护和挺立。他说:"近来有一种欧化主义的人,总说中国人比西洋人所差甚远,所以自甘暴弃,说中国必定灭亡,黄种必定剿绝。因为他不晓得中国的长处,见得别无可爱,就把爱国爱种的心,一日衰薄一日。"①可见,章太炎提出这一理念最主要的原因还是现实的逼迫。在当时的历史情境下,西方文化强势入侵,中国人在面对压迫和挑战的同时也被新鲜的事物所迷惑,有人开始批判自己民族的文化,认为还是西方文化优越,文明程度高。喜欢用西方的文化作为一元标准来审视和重构本土的文化。也有人在时代大潮面前依然无法接受新入的外来事物,坚守着自己的文化传统。章太炎在评价这种现象时说:"严复既译名学,道出上海,敷坐讲演,好以《论》《孟》诸书证成其说。沈增植笑之曰:'严复所言,《四书题镜》之流。何意往听者之不知类邪?'严复又译《社会通诠》,虽名通诠,实乃远西一往之论,与此土历史惯习固有隔阂,而多引以裁断事情。是故知别相而不知总相者,沈增植也。知总相而不知别相者,严复也。"②可见,章太炎认为,严复的心态就是认为西学可为中学的标准,在西学的学术视野中来重新建构民族文化,这在章太炎看来是只认总相,而不认别相的结果,即和康有为一样,没有认识到文化是共时性的、多元性的存在,各种文化有其各自的别相,即特色。因此这样的心态是危险的,如果连最为基本的文化认同都丧失了,那么中华民族的处境也就极为危险了。但同时,章太炎也看到了以沈增植为代表的清末民初学人对外

---

① 章太炎:《演讲集》(上),载《章太炎全集》,上海人民出版社 2015 年版,第 8 页。

② 章太炎:《菿汉微言》,载《章太炎全集》,上海人民出版社 2015 年版,第 48 页。

来文化的排斥心态，将其批判为只知别相而不知总相，即文化虽然各有其特色，但也有其共性，并非水火不容。章太炎在《齐物论释》中用名相本空的观点来发挥了他对文化的看法，这也是其济世理想的一个重要环节。具体而言，对于名相的看法来自章太炎用佛学解庄子视野中“指”与“非指”的关系。正如前文所分析的那样，章太炎将“指”看作境，而将“非指”看作“识”，从而将指与非指均看成要遣离的对象。如果说庄子是站在“道”的高度以“非指”来消解“指”的话，那么章太炎则是从佛智的角度来消解“非指”与“指”的。正如他在初本中所说：“万窍怒号，各不相似，喻世界名言各异，乃至家鸡野鹊，各有殊音，自抒其意。天籁喻藏识中种子，晚世或名原型观念，非独笼罩名言，亦是相之本质，故曰吹万不同。使其自己者，谓依止藏识，乃有意根，自执藏识而我之也。自取者，《摄大乘论》无性释曰：‘于一识中，有相有见，二分俱转，相见二分，不即不离。’‘所取分名相，能取分名见。’‘于一识中，一分变异，似所取相，一分变异，似能取见。’是则自心还取自心，非有外界知其尔者。以见量取相时，不执相在根识以外，后以意识分别，乃谓在外，于诸量中见量最胜。见量即不执相在外，故知所感定非外界，即是自心现影。”[①]可见，章太炎将大千世界之名相均看作自心影现，本无实性。名相依然产生于我执和法执。因而，世间的各种矛盾纷争均产生于人心对于名相的分别与执着，但名相本质却是没有自性的。

在此基础上，章太炎表达了他对文化之间关系的看法，这种看法主要集中在他对文明野蛮之区分的破除。文野之见产生于不同的人具有不同的阿赖耶识，因而，不同的人对于同一事物会产生不同的名相，而这种不同的名相又是产生纷争的基础。故而章太炎说：“原夫《齐物》之用，将以内存寂照，外利有情。世情不齐，文野异尚，亦各安其贯利，无所慕往。飨海鸟以大牢，乐斥鴳以钟鼓，适令颠连取毙，斯亦众情之所恒知。然志存兼并者，外辞蚕食之名，而方

① 章太炎：《齐物论释》，载《章太炎全集》，上海人民出版社 2014 年版，第 9—10 页。

寄言高义，若云使彼野人，获与文化，斯则文野不齐之见，为桀跖之嚆矢明矣。若斯论箸之材，投界有北，固将弗受，世无秦政，不能燔灭其书，斯仁者所以潸然流涕也。”①通过前文的论述，我们可以得知，此处的“内存寂照”其实就是破除二执之后的无分别之境界。在此境界的观照下，文野之间从本质上来说是没有差别的，此为“外利有情”。但从现实的层面来看，野蛮民族自有其存在的理由和合理之处，况且文明与野蛮并无一个绝对的衡量标准。对此，章太炎在《复仇是非论》中说：“今之言文明者，非以道义为准，而以虚荣为准，持斯名以挟制人心，然人亦靡然从之者。盖文明即时尚之异名，崇拜文明，即趣时之别语。……诚欲辨别是非者，当取文明野蛮之名词而废绝之。”②可见，章太炎认为，文明和野蛮的区别只是在名之上，去除了名，那么从根本上就没有了文野之辨。这就回到了章太炎在《齐物论释》中“名相本空”的观点了。

章太炎进而揭露了帝国主义倡导文明野蛮之见的真实目的。他说：“世法差违，俗有都野。野者自安其陋，都者得意于娴，两不相伤，乃为平等。小智自私横欲，以己之娴，夺人之陋杀人劫贿，行若封豨，而反崇饰徽音，辞有枝叶。斯所以设尧伐三子之问。下观晚世，如应斯言使夫饕餮得以逞志者，非圣智尚文之辩，孰为之哉！”③由此可见，在章太炎看来，西方国家正是借文野之辩对弱小民族进行侵略的。但可悲的是，许多人都被这样的说辞所迷惑，不了解其中的真实动机，而无政府主义者就是典型。章太炎批判无政府主义者说：“如观近世有言无政府者，自谓至平等也，国邑州闾，泯然无间，贞廉诈佞，一切都捐，而犹横箸文野之见，必令械器日工，餐服愈美，劳形苦身，以就是业，而谓民职宜然，何其妄欤！故应物之论，以齐文野为究极”。④ 可见，在章太炎看来，

① 章太炎：《齐物论释定本》，载《章太炎全集》，上海人民出版社 2014 年版，第 118 页。

② 章太炎：《复仇是非论》，载《章太炎全集》上海人民出版社 2014 年版，第 281 页。

③ 章太炎：《齐物论释定本》，载《章太炎全集》，上海人民出版社 2014 年版，第 76 页。

④ 章太炎：《齐物论释定本》，载《章太炎全集》，上海人民出版社 2014 年版，第 119 页。

那些倡导无政府主义者正是上文所说的那些不明白文明野蛮之真相的俗人，是由于不具备圣智而导致的。

在后来的《论佛法与宗教、哲学以及现实之关系》(1911年)中，章太炎对此进行了进一步的阐释，他说：

> 庄子只一篇话，眼光注射，直看见万世的人情。大抵善恶是非的见，还容易消去。文明野蛮的见，最不容易消去。无论进化论政治家的话，都钻在这个洞窟子里，就是现在一派无政府党，还看得物质文明，是一件重要的事，何况世界许多野心家。所以一般舆论，不论东洋西洋，没有一个不把文明野蛮的见横在心里。学者著书，还要增长这种意见，以至怀着兽心的强国，有意要并吞弱国，不说贪他的土地，利他的物产，反说那国本来野蛮，我今灭了那国，正是使那国的人民获享文明幸福。这正是"尧伐三子"的口柄。不晓得文明野蛮的话，本来从心上的幻想现来。只就事实上看，甚么唤做文明，甚么唤做野蛮，也没有一定的界限。而且彼此所见，还有相反之处。所以庄子又说"没有正处，没有正味，没有正色"。只看人情所安，就是正处、正色。易地而施，却像使海鸟啖大牢，猿猴着礼服，何曾有甚么幸福？所以第一要造成舆论，打破文明野蛮的见，使那些怀挟兽心的人，不能借口，任便说我爱杀人，我最贪利，所以要灭人的国，说出本心，到也罢了。文明野蛮的见解，既先打破，那边怀挟兽心的人，到底不得不把本心说出，自然没有人去从他。这是老庄的第一高见。就使维摩诘生在今日，必定也主张这种议论，发起这种志愿，断不是只说几句慈善事业的话，就以为够用了。①

可见，章太炎以庄子为例证，意在唤醒无政府主义者，以使他们看清西方国家借文明野蛮之名来侵略弱小国家的本质之所在。不仅如此，还要使他们明白，西方国家所谓的"文明"其实隐藏着巨大的危机。在章太炎看

---

① 章太炎：《章太炎演讲集》(上)，载《章太炎全集》，上海人民出版社2015年版，第158—159页。

来，西方国家过度追求物质，虽然使物质文明得到了长足的发展，但却使人“若夫啜菽饮浆以愈饥渴，冬毳夏葛以避寒暑，上茨下藉以庇雪霜，采艾储药以备疫疠，人之借资于外物者，诚不可乏。过此以往，则安必沾沾物质之务哉！人而执鞭为隶，其行至可羞也。含垢不辞，曰惟存身之故。既存身矣，而复以他种福祉之故，执鞭为隶，其猥贱则甚于向之为隶者矣。不执鞭为隶于人，而执鞭为隶于物，以斯求福，其猥贱又甚于向之为隶者矣。”①可见，人为追逐物质文明而不断地物化、奴化，从而使自己逐渐远离了本有之幸福。因此，章太炎认为，单纯从物质发达与否为标准来衡量文明与否是片面的。若无政府主义者不能及时改正自己的学说理念，最终的后果是难以估测的。

可见，通过对西方帝国主义打着文野之幌子侵略中华民族真实动机的揭露，通过对无政府主义者受此文野之见的影响而追随西方文明做法的批判，章太炎的“多元文化”理念得到了彰显。与章太炎同时代的梁启超也有着同样的理念。曾经的梁启超意气风发，倾慕西方文明，随着他对西方文明的逐渐质疑，他开始回过头来反思自己的本土文化，从而放弃了自己曾经的一元进化论，承认文化具有多元性，具有各自的价值和意义，理所应当地受到尊重，赢得平等。章太炎和梁启超等近代学人关于文化多元的理念，实属难能可贵，即使在今天，依然闪耀着理论与现实的光辉。

对于章太炎在《齐物论释》中所体现出的多元文化思想，汪荣祖先生有着最为透彻的理解。② 他说：“章太炎借齐物论，演文化多元之旨，奠定文化多元

---

① 章太炎：《太炎文录初编》，载《章太炎全集》，上海人民出版社 2014 年版，第 481 页。

② 学术界最早提出章太炎有文化多元论思想的学者是汪荣祖先生。1986 年，他撰有《章太炎的文化观》一文，其中写道：“太炎的文化观实基于‘文化多元论’。事实上，他是在强调每一种文化都具有特殊性格，不必也不应与别种文化同化。在文化交流中，各文化既然都有特性，自应站在平等的地位。此在章氏《齐物论释》一书中有充分的说明。”[汪荣祖：《章太炎研究》，（台北）李敖出版社 1991 年版，第 175—181 页]

论的基础。"①同时,陈平原先生也说:"最能体现章太炎具有文化多元论思想的是他作于1910年的《齐物论释》。"②

多元文化,是西方学者首先提出来的议题③,而在中国,章太炎则是这方面最具代表性的学者。通过分析我们可以看出,章太炎并非完全排斥西方文化,只是不赞成全盘西化的提议,不赞成将西方文化作为一种普世的价值来大肆扩张罢了。其原因在于,在他看来,每一种文化都有其生长的环境和土壤,是具有不同特色的,因而就不可能被整齐划一。因而,应当对于各民族的文化持一种包容性的态度,并尊重各民族文化之间的差异性,而非企图用一种文化来取代其他所有的文化。从当时的社会背景来看,章太炎的多元文化观是作为对抗西化以及康有为等人所倡导的一元文化论而提出来的。康有为认为,文化只是一元性的存在,各民族文化之间的差异性只是因为他们所处的阶段不同而已,故而,康有为坚信大同世界能够实现。对此,以汪荣祖的观点来看就是:"长素唯见全球的共同'归宿'而无视各文化的个别'命运',是故浑忘夷夏之界,以中华政教与近代西方文明相比附,例如西方有基督国教,中华须立孔教;西方有议会,中华亦须开议院。甚至认为'道德、礼俗皆须合于科学'。"④由此可见,不仅仅是大同世界的实现,而且包括具体实施细则当中的建议亦以此观念为统帅。而此观点在章太炎的眼中却是有失偏颇的。他在《民报》中就说:"循齐物之眇义,任夔蚿之各适。"⑤提倡要尊重各民族文化各

---

① 汪荣祖:《康章合论》,新星出版社2006年版,第95页。

② 刘梦溪:《中国现代学术经典丛书·章太炎卷·总序》(陈平原著),河北教育出版社1996年版。

③ 意大利哲人维柯(Giambattista Vico)首先揭示,人文世界不可能有颠扑不破的一元真理。18世纪启蒙文化之唯我独尊,未免过于自信。维柯认为:文化是多元的。德国历史哲学家赫德(Johann Gottfried Herder)进而比较各国的民族文化,认为每一社会各有"重心"(centre of gravity),不能以其一之标准,去理解另一。维柯与赫德的论点,不是"文化相对论"(cultural relativism),而是柏林(Isaiah Berlin)所说的"文化多元主义"(cultural pluralism)。三位大师在西方文化中洞见文化之异,提出文化多元论的经典名言。

④ 汪荣祖:《康章思想之异趣》,载《康章合论》,新星出版社2006年版,第57页。

⑤ 章太炎:《太炎文录初编》,载《章太炎全集》,上海人民出版社2014年版,第404页。

自的特色。可见,康、章二人对于文化所持的观念亦出自不同的革命理念和不同的学术素养。但是,正如汪荣祖先生所言:“康、章两人的文化观点虽然不同,但都对近代中国思想的解放,起了摧枯拉朽的作用。他们都精于传统学问,都能从传统中批判传统,无意间助长传统的崩溃。他们不是传统中国的殿军,而是近代中国的先驱。”①以此来看,汪先生是立足于近代历史发展的高度来评价康、章二人在推动中国思想近代化进程方面所起的作用的,立意可谓高远,令人深受启发。

多元文化观的提出,亦是章太炎倡导要重视本民族历史文化的具体表现,此正如汪荣祖先生所言:“多元文化观,使章太炎更加重视历史,将历史与语言和风俗,视为国性的三要素,视为爱国心的泉源,把历史之存亡与国家和文化的存亡,连成一体。旧话说,国可亡,而史不可亡,意谓朝代有兴亡,而史绵延不绝;然太炎心目中之中国,乃是永恒的文化中国,在西方文化冲击之下,欲保持其永恒,必须维系以及认识其特殊的历史,所谓‘不读史书,则无从爱其国家’。”②可见,章太炎对于历史重要性的审视,亦来自其文化多元性的理念,并将对于历史的重视作为抵抗西方文化冲击的方式之一。当然,章太炎令人敬佩之处并不止于此,还在于他时刻都能保持着一种依自不依他的清醒的学术品格。当人们都在追逐西学的时候,他能够发此呼声以免其人陷入险境;当人们都迷失在传统价值之失落感当中时,他能够不随波逐流,依然清醒地看到中国本有学说所蕴蓄的巨大价值,并试图从中寻找出现代性的芽苗。同时,他又能够以宽大的胸怀将西方文化中的精华运用到自己的体系建构当中,而非全盘西化。③ 持同样立场的还有牟宗三先生,他说:“欧洲的文明化,不管是英美,或是德国都有它的好处,对于近代文明都有贡献。你要好好欣赏它,以超

① 汪荣祖:《章太炎散论》,中华书局 2008 年版,第 43 页。

② 汪荣祖:《史学九章》,三联书店 2006 年版,第 136 页。

③ 以上论述参见拙文:《儒学在当代社会的角色定位——以〈眺望人类世纪新纪元〉为文本基础》,《新东方》2008 年第 9 期。

然的地位吸收他们的好处,综合他们的好处。你要以第三者的超然态度,中国人有这个本事。"①从此处来看,尽管牟先生在多处批评章太炎,但其治学的路子和对很多问题的看法都有和章太炎相一致之处,比如,对康德哲学的重视,用佛学来诠释庄子等,此处关于对各种文明的看法,就与章太炎的多元文化理念不谋而合,或许,作为后辈,他受到了章太炎的影响。

综上所述,我们得知,章太炎的多元文化理念有着深刻的理论基础,即《齐物论释》中通过以佛解庄所得的世间名相体性本空的思想。这种思想在佛教那里本是破我法二执之后的无分别之境界,但在章太炎这里则成为论证自己现实理念的理论支持。日本学者石井刚认为,章太炎的"齐物"思想所显示的世界图景,"基本上可认为是建立在共时性基础上的价值多样化的世界观念,也就是一种空间想像"②。可见,在当代学人眼里,章太炎的多元文化理念克服了单线进化理念的弊端,将多种存在看作共时性的存在,不存在优劣之分。更有学者将其与我们当前的中国特色社会主义建设联系起来,分析了章太炎的这一观点对当前的重大启示作用:"中国人在近代屈辱之后自信心稍稍恢复,对文化的看法也渐能以理智替代感情,发现传统不能亦不必全部扬弃,甚至认识到部分传统的价值,以及创造具有中国特色现代文明的可能性。中国式的现代文明,将反映中国的历史经验与民族风格,而不必为别国示范,此正是章炳麟齐物眇义所指引的路向。最近流行的一句口号:'建设有中国特色的社会主义',至少在思想趋向上是与章氏暗合的,……一世纪以来中国一再模仿外国,总感格格不入,现在回头穿自己的鞋,走自己的路,不是一时心血来潮,而是付出了代价与牺牲的后知之明。我们据后世之明益见章氏思想光辉的一面。"③还有学者认为:"假如人人都能体会这种文化相对性的意义,

---

① 牟宗三讲演,卢雪昆整理:《庄子〈齐物论〉讲演录》,《鹅湖杂志》2002—2003 年第 319—332 期。

② ［日］石井刚:《齐物的哲学——章太炎与中国现代思想的东亚经验》,华东师范大学出版社 2016 年版,第 21 页。

③ 汪荣祖:《康章合论》,新星出版社 2006 年版,第 127—128 页。

那末民族的偏见就可大为减少,种族的冲突就可避免,人类和睦相处的机会就会大增”。[①] 因此我们可以说,章太炎的多元文化理念为后世提供了一种处理文化冲突问题的解决之道,也为建设中国特色的社会主义文化,提高文化自信奠定了文化根基。当前我们在西方强势文明的压力下如何能够真正地认同我们自己文化的优越性和独特性而不是一味追随西方的价值观和知识体系,如何能够在经济发展的前提下复兴中华传统文化,如何处理与外来文明之间的矛盾与冲突,这都是十分重要的时代课题。在这样宏大的议题面前,章太炎的多元文化观恰恰可以给予我们珍贵的启示和自信。

第二节 个人之独立与自由

崔大华先生认为:“中国近代思潮另一个重要的内容是呼唤人的觉醒,个性的觉醒。它构成了中国近代社会运动的政治目标——自由、平等、博爱的哲学理论基础。”[②]可见,个人自我价值的觉醒和实现是独立与自由的基础,因而近代以来,知识分子们受到西学的刺激,也关注到个人的价值和觉醒。在当时一部分的有识之士心中,最根本的自由并非西方意义上的自由,而是人内心的自由,是不受到驱迫挂碍的自由。因此,他们并不重视西方自由主义通过法律程序与社会制度对自由的保护。比如梁启超说:“现在自由二字,误解者不知多少。其实人类外界的束缚,他力的压迫,终有方法解除;最怕的是‘心为形役’,自己做自己的奴隶。儒佛都用许多的话来教人,想叫把精神方面的自缚,解放净尽,顶天立地,成一个真正自由的人。”[③]将人的自由建立在精神层面摆脱对外界负累的基础之上。此依然是庄子所说的精神层面的自由。但是也有从西方意义上进行论证的自由观,比如康有为说:“孔子曰‘性相近也’,

① 李亦园:《人类的视野》,上海文艺出版社 1996 年版,第 100 页。
② 崔大华:《庄学研究》,人民出版社 1992 年版,第 548 页。
③ 梁启超:《梁启超全集》,北京出版社 1999 年版,第 4071 页。

夫相近，则平等之谓，故有性无学，人人相等，同是食味、别声、被色，无所谓小人，无所谓大人也”。[①] 进而认为人均为天生，因此人皆独立而平等。可见，康有为是将人的平等自由建立在其自然人性论的基础之上的，认为人与人的人性是相近的，故而是平等的，所以人没有贵贱之分。从此处看，康有为对于人自由平等的论证还是脱离不了传统的藩篱，但其观点却与西方的个人平等主义相近，可谓是近代知识分子用传统思想资源解释西学进而提出现代观点的典型代表。严复通过对《庄子》的解读来阐发自己具有近代西方个人主义色彩的自由思想。比如，他说："庄周吾意即孟子所谓杨朱，其论道终极，皆为我而任物，此在今世政治哲学，谓之个人主义 Individualism。"[②]严复所认为的个人主义即人能将个人价值发挥到极致。

与此同时，章太炎用"人无智愚，尽一曲之用"来表达自己的个人主义观点，而章太炎的这一观点来自《齐物论释》中"不齐而齐"之齐物思想，此"齐物"思想的建构是通过用"破人我法我"来解释"吾丧我"，进而破除对于名相之执着以后所得的，倡导在尊重差异的基础上实现的个人自由。章太炎在给三女儿的信中写道："闻汝近亦知节用，甚好，终须竭力务学，以为后图。汝姐之死，固由穷困，假令稍有学业，则身作教习，夫可自谋生计，何至抑郁而死也！"[③]章太炎鼓励三女儿要认真读书，为今后的生计多积累一些安身立命的本领，不要像她们的大姐一样，人格不独立，没有一技之长，最终抑郁自杀。章太炎将大女儿自杀的原因归结为读书太少，缺少独立意识和谋生能力，没有价值感所致。鼓励三女儿能够吸取长姐的前车之鉴，努力提升自己，依靠自己，自尊自立。可见，在章太炎的眼中，一个人不管是智是愚，是男是女，如果没有将自己的价值充分发挥出来，就是对自己独立自主自由权利的放弃。这种理念是对传统世俗社会中男尊女卑观念的一种颠覆，体现了章太炎作为近代知

---

① 康有为：《康有为全集》（第 1 集），中国人民大学出版社 2007 年版，第 347 页。

② 严复：《严复集》（第 4 册），中华书局 1986 年版，第 1126 页。

③ 张钰翰编著：《章太炎家书》，上海人民出版社 2019 年版，第 119 页。

识分子的开明意识。

章太炎为了论证自己的这一理念，从而对于宋明理学的天理和当时所谓的公理对人自由的戕害进行了批判。于此，他将宋明之天理和当代之公理进行了类比，认为宋明之天理对于人的自由本来就已经禁锢甚深了，而公理较之天理则更甚，对此他说：

> 宋世言天理，其极至于锢情灭性，烝民常业，几一切废弃之。而今言公理者，于男女饮食之事，放任无遮，独此所以为异。若其以世界为本根，以陵藉个人之自主，其束缚人亦与言天理者相若。彼其言曰：不与社会相扶助者，是违公理；隐遁者，是违公理；自裁者，是违公理。其所谓公，非以众所同认为公，而以己之学说所趋为公。然则天理之束缚人，甚于法律；而公理之束缚人，又几甚于天理矣。①

公理之所以甚于天理的原因在于："言天理者，独于臣之事君，子之事父，操之过蹙，父之尽期，率先于子，而出身事君，亦得恣意去留。是故天理缚人，非终身不能解脱。言公理者，以社会常存之力抑制个人，则束缚无时而断……以社会抑制个人，则无所逃于宙合。然则以众暴寡，甚于以强凌弱。而公理之惨刻少恩，尤有过于天理。"②可见，在章太炎看来，天理对人的束缚也局限于君臣父子之间，对于每一个个体来说，一旦这种关系因某种原因而终结，那么天理对个人的束缚也就随之失去了作用，从这个意义上来讲，人并不是永远被束缚的。但是公理就不同了，公理对人的束缚主要来自社会的常存之力，而这种力量是不会轻易终结或消失的。因此，从这个意义来讲，公理对个人独立自主的戕害更甚。

进而他再次界定了自己对于个人自由的看法，即人本自由，本自主，本不应当受到外在的制约，并强调了他所理解的个人自由与西方文化意义上的自由是不同的："近人所谓自由，是在人和人的当中发生的，我不应侵犯人的自

---

① 章太炎：《太炎文录初编》，载《章太炎全集》，上海人民出版社 2014 年版，第 469 页。

② 章太炎：《太炎文录初编》，载《章太炎全集》，上海人民出版社 2014 年版，第 474—475 页。

由，人亦不应侵犯我的自由。《逍遥游》所谓自由，是归根结底到‘无待’两字。他以为人与人之间的自由，不能算数；在饥来想吃，寒来想衣的时候，就不自由了。真自由惟有‘无待’才可以做到。”①从中可见，章太炎所理解的自由，是庄子所认为的无待之自由。这与西方在政治学意义上的自由的确有所不同，其立意和境界已远远高出了西方的自由。牟宗三先生也持有这样的自由观念，他说：“庄子所讲的‘自由’从《逍遥游》的那个‘逍遥’来的，属于超越意义的自由。因为道家所言‘自由’还没有成为一个制度来安排我们的现实生活、politicallife，social life，它是从道的立场讲。从道的立场所要求的逍遥、齐物，这是超越意义的自由，现实上没有的，要通过修道才可以达到。”②可见，牟宗三与章太炎一样，都认为最高的自由是超越的自由，从根本上来说，即是内心无待的自由，哲学层面的自由。可以肯定的是，章太炎建基于齐物哲学基础上的自由观当为近代以来自由观的代表。即使如此，章太炎为了与西方的话语体系相契合，以达到反抗西学的功效，依然从两个方面来进行了论证。

首先，章太炎从人生而自由来论证个人自由的观点，对此他说：“盖人者，委蜕遗形，倏然裸胸而出，要为生气所流，机械所制；非为世界而生，非为社会而生，非为国家而生，非互为他人而生。故人之对于世界、社会、国家，与其对于他人，本无责任。责任者，后起之事。必有所负于彼者，而后有所偿于彼者。若其可以无负，即不必有偿矣。然则人伦相处，以无害为其限界。过此以往，则巨人长德所为，不得责人以必应为此。”③人之所以会有生为社会而生，需为社会奉献自己的原因在于：“以个人离于社会，则非不可独活。皮衣茹草，随在皆足自存，顾人莫肯为耳。夫莫肯为，则资用繁多，不得不与社会相聚。”④可见，章太炎认为人从出生之时起本无社会属性，只是后来因生存的需要而服

---

① 章太炎：《国学概论》，上海古籍出版社1997年版，第34页。

② 牟宗三讲演，卢雪昆整理：《庄子〈齐物论〉讲演录》，《鹅湖杂志》2002—2003年第319—332期。

③ 章太炎：《太炎文录初编》，载《章太炎全集》，上海人民出版社2014年版，第469页。

④ 章太炎：《太炎文录初编》，载《章太炎全集》，上海人民出版社2014年版，第471页。

务于社会。章太炎的这一观点被认为是"中国近代思潮中最彻底的个性自由的观点,是对政治上和思想上乃至一切社会领域内的隶属关系的否定"。① 由于章太炎是着眼于人生而自然作为论证个人自由的逻辑起点的,故而这种理论对于作为类概念的人来说,具有普遍适用性。依此来看,章太炎的这种思维理路确实具有相当的彻底性,并未为人在现实社会中存在的等级性留下任何理论上的地盘。实际上,章太炎的这种思维理路与论证方式尽管有传统文化的影子,但无疑更是受到了西学的影响。

其次,他又从人之内在道德的自律性来论证人本自主、自由,不需要外在的制约。他表示:"人本独生,非为他生。而造物无物,亦不得有其命令者。吾为他人尽力,利泽及彼,而不求圭撮之报酬。此自本吾隐爱之念以成,非有他律为之规定。"②可见,章太炎的个人主义是从人产生的自然性、人隐爱之念的自律性来看待个人自主、自由的。同时,他强调"使万物各从所好",使"人所得自主,非大群所当诃问也"。即一般情况下,大群不得干涉个人的自由自主。这表明只有实现了个人的自尊、独立,脱离小团体的"小群",才能够实现民族国家的"大群"。

论证至此,人们也许会得出这样一个结论:章太炎的个体性思想就是强调个人独立自主,不用服从群体利益层面来讲的,但其实却并非如此。在《明独》一文中,章太炎说:"夫大独必群,不群非独也","大独必群,群必以独成。""小群,大群之贼也;大独,大群之母也。"③对此,有学者也认为:"章太炎的'独'也是在中国传统的知识分子的语境之中寻找在变革时代的新的个体的归宿。'大独',恰恰是另一种意义上的'超人',他身上不仅仅孕育着一种破坏的力量,更重要的是,肩负着某种来自历史的、道德的、群体的责任感。"④可

① 崔大华:《庄学研究》,人民出版社 1992 年版,第 550 页。

② 章太炎:《太炎文录初编》,载《章太炎全集》,上海人民出版社 2014 年版,第 470 页。

③ 章太炎:《訄书》,载《章太炎全集》,上海人民出版社 2014 年版,第 53 页。

④ 张芬:《从〈齐物论释〉到〈故事新编〉——章太炎、鲁迅与先秦诸子思想关系略论》,《河北民族师范学院学报》2017 年第 4 期。

见，所谓的大独，就是人可以独立思考，不随波逐流，敢于为理想而奋斗，但这种精神并非自私自利，而是“大独必群”“群于国”，是在“群”的前提下所具有的“独”。此正如张春香所说：“章太炎的‘大独’人格即是这样的独立人格，它体现在行为中就是‘独行’，但‘独行’并非离群而行，相反，是为群而独行。”①可见，章太炎所说的“独”，并非是常人所理解的自私自利，而是能够协调个人独立人格与群体利益的“大独”，是对两者的有机统一。

斯特劳斯说：“按照西欧的理性主义，许多情况具有二者择一的性质，非此即彼。而日本竟将两者巧妙地协调一处，超越了它们的对立。例如对于自我的把握，不是将其放在与他人的对立之中，而是在相互的有机关系中认识自我。合作与竞争也并非互不相容，只将它们看作整体动态运动的两个侧面。”②通过前文的分析，我们可以感受到章太炎的“独”与“群”之间的关系与斯特劳斯此处所讲的日本文化在自我与他人关系上的处理模式有相契之处，此可能与章太炎曾东渡日本，并深受日本文化影响有关系。章太炎的个人独立自由思想也彰显了他处理自我与他者关系的理路特色。这与胡适将易仆生的 egoism 应用到对个人问题的论证上非常相似。在这方面，胡适认为，遵循个人主义的原则是为了在保全好自己的基础上来更好地服务于社会和国家。他在《不朽》一文中说：“我这个现在的‘小我’，对于那永远不朽的‘大我’的无穷过去，须负重大的责任；对于那永远不朽的‘大我’的无穷未来，也须负重大的责任。我须要时时想着，我应该如何努力利用现在的‘小我’，方才可以不辜负了那‘大我’的无穷过去，方才可以不遗害那‘大我’的无穷未来?”③此处的“小我”就是个人，“大我”就是国家和社会。在强调个人成就的同时，依然是以国家民族利益为前提与指归。黄克武认为，“中国自由主义者所主张的乃

---

① 张春香：《章太炎主体性道德哲学研究》，中国社会科学出版社 2007 年版，第 195 页。

② 转引自［日］名和太郎著，高增杰等译：《经济与文化》，中国经济出版社 1987 年版，第 75 页。

③ 胡适：《不朽》，载《胡适文存》（第 1 集），上海科学技术文献出版社 2015 年版，第 530—531 页。

‘非弥尔主义式’的个人自由,这种自由观念仍是以保障个人尊严、个人权利为基础,但是因为许多个人的理想要在安定、文明与富强的环境中才能实现,因此他们也同时强调群体价值的重要,简单地说就是拒绝个人主义,主张群己之间的平衡。”①可见,章太炎等人的个人独立自由观正体现了中国近代知识分子虽然重视群体,但有“群己权界”的意识,有尊重和保护个人权益的一面。

但与章太炎同一时代的谭嗣同在《仁学》中,发出了“冲决网罗”的呐喊,表达了除朋友这一伦最符合平等自由之外,其他的伦常关系都使个人处于礼教家法的禁锢当中,让人无法自由思考、自由生活的个人主义思想。后来的吴虞,又将这一个人主义发挥到了极致,甚至公开否定父子关系,极端程度超乎寻常。不仅如此,鲁迅也说:“个人一语,入中国未三四年,号称识时之士,多引以为大诟,苟被其谥,与民贼同。意者未遑深知明察,而迷误为害人利己之义也欤?夷考其实,至不然矣。”“既知自我,则顿识个性之价值。”②可见,鲁迅认为,传统礼教将个人主义视作害人利己的思想观念,并没有理解其真正的含义。因此,只有在摆脱传统观念的束缚之下,人才能真正认识自我存在的价值和意义。以上与章太炎同时代的学人对于个人问题的探讨还只是从否定传统礼教对人的约束而言的,只是在天理与人欲的层面上进行探讨的,较之太炎所倡导的与“公理”对应的个人问题,稍显单薄。可见,章太炎和胡适在个人问题的探讨上超越了吴虞、鲁迅等人完全抛弃礼法而追寻完全之自由的观点,突显的是在“小我”与“大我”相冲突的情境与困境下,小我对于大我的归依。故而,这是一种中国传统思想中以个人服从全局的表现③。牟宗三先生对个

① 黄克武:《一个被放弃的选择:梁启超调适思想之研究》,“中研院”近代史研究所1994年版,第187—188页。

② 鲁迅:《文化偏至论》,载《鲁迅全集》(1),人民文学出版社1956年版,第185—186页。

③ 其实在中国传统的文化里,“个人”或“自我”的观念是很重要的,不论是儒家或道家,特别是道家如庄子,或是佛家的禅宗,都重视个人的精神自由。儒家所谓的“内圣外王”,是指个人先做好本身的修养,才有能力处理外在的事务。(参见黄克武:《一个被放弃的选择:梁启超调适思想之研究》,“中研院”近代史研究所1994年版,第25—26页)

人自由的理解是:"我们现在讲'自由',为甚么讲'自由'呢？就是重视个体嘛,因为重视个体,所以重视多元。重视个体性就是重视形形色色的每一个性的差别。"①可以说,牟先生的自由观是建立在尊重个体多元化、差异化的基础之上的,同章太炎建立在齐物哲学基础之上尊重个人差异性存在的观念有相一致之处。

不得不说的是,虽然章太炎等人从传统典籍中寻找现代性理念是当时西学东渐时代潮流下的举动,但是作为一名从小就深受传统文化浸淫的知识分子,他们不可避免地要回到本民族文化的资源当中来。相比于谭嗣同等人以佛学来建构仁学的理路来看,章太炎以佛解庄来建构佛化庄子的理路将此问题讲得更为透彻。其原因在于,庄子本身就是中国本土的自由主义思想与精神的先驱。同时,佛学亦教人破除我执,否定自我五蕴身存在的真实性,从而达到一种忘我而舍生忘死之菩萨精神。因而可以将两者结合在《齐物论释》中,成为章太炎尊重个性自由独立与以群体利益为前提的个人主义思想的理论支持。

通过以上论证,我们可以看出,章太炎在传统诸子学和佛学资源当中找到了个人主义这一现代性观念的理论基础,并给予了相应的论证与探讨。故而,我们不能像多数人所认为的那样,章太炎是一个保守主义者,其原因在于,章太炎在坚守民族文化立场的基础上,以宽大的胸怀来接纳西学,并将其应用到了自己的思想建构当中去。与此相应,方勇先生也认为,章太炎用这种以佛解庄的方式将庄子哲学中的齐物平等与近代的自由平等相联系,不能不说是既对庄子研究的一种新尝试,同时也是以《庄子》为中介,予全新的西方思想以中国化解释的一种新尝试,具有一定的启发意义。②

---

① 牟宗三讲演,卢雪昆整理:《庄子〈齐物论〉讲演录》,《鹅湖杂志》2002—2003 年第 319—332 期。

② 方勇:《庄子学史》(第 3 册),人民出版社 2008 年版,第 417 页。

第三节 革命道德建设

关于道德，章太炎认为："道德者，不必甚深言之，但使确固坚厉，重然诺，轻生死则可矣。"①可见，章太炎并不想给道德下一个过深的定义，在他看来，道德是实践层面的存在，能做到确固坚厉，重信用，轻生死就是道德的。章太炎将这种道德观寄托于革命者身上，认为轻生死是革命者最需要的道德品质。早在 1897 年时，章太炎就提出："人固有一死，死或重或轻，视其所趣。故磨顶放踵以拯生民之陆沈，前者碚，后者继，百挫而无反顾，终以集事，斯其死重于泰山者，日本之议尊攘是也。"②章太炎期待革命者在这种道德理念的引领下，舍生忘死，为民族国家勇往直前。在《齐物论释》中，他对此已经有了深刻的哲学层面的分析，他将庄周梦蝶看成佛教当中的轮回，并认为庄子并不似世俗之人一样以轮回来解除对于生死的恐惧，而是持有不着不取之态度。因为庄子已经破除了物我、物物、名相之间的分别和执着，故而内证圣智，此即破除我法二执之后的境界。当然，在此圣智的观照之下，就没有了生与死之间的分别之心，最终将庄子界定为"大乘菩萨一阐提"。章太炎用大悲阐提之精神来建设新的革命道德精神，在《齐物论释》中，他首先用"人我法空"来解读"吾丧我"，来破除人们对于"我"的执着和对于法的执着，进而用名相本空论证了庄子对于是非名言遣执的合理性，从而从名相上破除了人的执着以及由此所产生的各种是非之见。进而，他还用佛学的无尽缘起理论以及西方自然科学的物质同质说来论证宇宙万有与我为一的观点，最终使得章太炎通过对"庄周梦蝶"的解读将落脚点放在了菩萨一阐提精神上。章太炎这种做法的目的是为了使革命者能够破除对自我的执着，包括对生的执着，进而怀有一种舍生忘死的革命精神。在《齐物论释》中，章太炎说："若其渴望无已，攻取万端，王章

---

① 章太炎：《太炎文录初编》，载《章太炎全集》，上海人民出版社 2014 年版，第 289 页。

② 章太炎：《太炎文录补编》，载《章太炎全集》，上海人民出版社 2017 年版，第 21 页。

禁盗，非不厉，而搴裳赴镬者，甘之若荠，噬膚灭鼻者，就死如饴，是故铤而走险，虽大威在前，犹不时避，又况形身变化，情之所隔，虽复当遭炮烙，其何惮哉！就有少畏，执箸之念转成，盖如鸠食桑葚，非不革饗，然其心亦醉矣。”①可见，在章太炎看来，人们拥有这种铤而走险、甘之若荠精神的深层原因是人没有对己的渴望。所谓的无渴望即行动者已经破除了对于生死的执着，故而心无挂碍，无所畏惧。这正是菩萨一阐提的大无畏之精神。具体到现实而言，章太炎认为革命者应当“确固坚厉、重然诺、轻生死则可矣。虽然，吾闻古之言道德者曰:大德不逾闲，私德出入可也。道德果有大小公私之异乎？于小且私者，苟有所出入矣；于大且公者，而欲其不逾闲，此乃迫于约束非自然为之也。”②“优于私德者亦必优于公德，薄于私德者亦必薄于公德，而无道德者之不能革命，较然明矣。”③“今之革命非为一己而为中国，中国为人人所共有，则战死亦为人人所当有。”④“道德废者，革命不成之原。”⑤从此处看，章太炎尤其重视革命者个人的道德修养，认为这是公德的前提，如果一个人对自己的道德没有约束和修为，那么他如何能为革命而舍生忘死，抛弃自己的利益而成就民族国家的独立和尊严呢？不仅如此，章太炎还认为，私德和公德是相辅相成，不可分割的，注重个人道德提升的人，公德也不会差，不注重个人德行修养的人，公德必然薄弱，甚至可以说，革命者道德的高与低、存与废，直接关系到了革命能否成功这样的重大问题。对此，他对革命者的私德提出了具体的要求，即“知耻”“重厚”“耿介”“必信”。在这里，我们可以看到，章太炎对于革命者私德的要求，包括知耻、重厚、耿介和必信等德目，并不是孤立自存的，个体的德性价值反而要落实于社会才能真正得以彰显与实现。这显示出，他对公私关系上所进行的颇富创见性的思考，对于公德的重视，以及对于近代社会

① 章太炎:《齐物论释定本》，载《章太炎全集》，上海人民出版社 2014 年版，第 139 页。

② 章太炎:《太炎文录初编》，载《章太炎全集》，上海人民出版社 2014 年版，第 285 页。

③ 章太炎:《太炎文录初编》，载《章太炎全集》，上海人民出版社 2014 年版，第 288 页。

④ 章太炎:《太炎文录初编》，载《章太炎全集》，上海人民出版社 2014 年版，第 287 页。

⑤ 章太炎:《太炎文录初编》，载《章太炎全集》，上海人民出版社 2014 年版，第 293 页。

和未来时局的深切关怀与济世情怀。

另外，与章太炎同样提出以大乘菩萨精神来培养革命道德精神的还有圆瑛法师，他指出："我佛菩萨缘境义心，观大地众生之苦，即我之苦，运大慈悲，百般营救，必使离苦得乐，于心始安。"①于此，将菩萨大慈大悲之精神展现出来。同时，法师还认为，应当将菩萨的这种精神运用到革命党人的身上，他说："如我国人民，向受帝制之压迫，军阀之摧残，受种种苦，失一切乐。为军人者，当运大慈悲为人民解除压迫之苦，推翻帝制，打倒军阀，享和平幸福之乐，这是尽军人之天职。"②由此可见，为百姓解除痛苦，使他们过上平和安详的生活，这就是慈悲之精神，就是尽军人之天职。同时，圆瑛法师对于这种豪迈之革命气概形成的基础又进行了论述，他说："诸君在军界中，一定要学佛教'大无我'之精神，学不存身家之'我见'，自然心无挂碍。无挂碍故，无有恐怖；恐怖既无，胆气自壮，可以'建功立业，福国佑民'"，"若能观得身境俱空，则虽大敌当前，自能鼓其锐气，逞其雄威，奋勇争先，不贪生，不怕死，如入无人之境，何难立破劲敌，立奏奇功！"③可见，圆瑛法师认为，这种菩萨精神的培育首先要破除我执，达到我空；其次要破除法执，达到法空，从而才能够"观得身境俱空"。

在《齐物论释》中，章太炎认为："梦觉之喻，亦非谓生梦死觉知大梦者，知生为梦，故不求长生；知生死皆梦，故亦不求寂灭。愚者不悟身为台隶，而顾君牧视之，见有主宰，斯亦固矣。然长梧所论，亦非亲证实相之谈，故必俟大圣于万世，庶知其解。次明虽俟大圣，亦不可定生空意，何以明之？辩者证者无过四句，虽复待之大圣，大圣有自证之功，亦无证他之语。以大圣语亦随俗，不离四句故。"④在此，章太炎强调了菩萨一阐提并非仅靠理论论证就能够成就，而

① 《国民应尽天职》，载黄夏年主编：《圆瑛集》，中国社会科学出版社 1995 年版，第 83 页。
② 《国民应尽天职》，载黄夏年主编：《圆瑛集》，中国社会科学出版社 1995 年版，第 83 页。
③ 圆瑛大师：《圆瑛大师文汇》，华夏出版社 2012 年版，第 201 页。
④ 章太炎：《齐物论释定本》，载《章太炎全集》，上海人民出版社 2014 年版，第 125 页。

是需要实证实修，他后来在给吴承仕的信中说："佛法义解非难，要有亲证。"①强调了实际修证的重要性。修行之所以如此重要，其原因在于："或曰佛法至深，而禅宗不识字者亦能了之，诸子虽难知，未能过于佛法，又安用苦学为！然此非其喻也。佛法之真，不在语言文字，其聚集资粮也，在乎修持，不专在乎学理。"②这也就是说，佛法不同于诸子等其他学说，它是一门需要修行才可了悟的学问，不能靠知识累积获得。但即使有已经修证成功、已经入空的圣人出现于世，其所证得的境界也只有圣人自己清楚，因而这样的境界是难以言传的；圣人所表达出来的教义、方法也只是为了善巧方便，为了随顺众生而立。因此，众生只通过推断难以真正达到圣人的境界，只能略知其意。因而，要达致菩萨的境界，得到菩萨的德行，仅仅依靠理论的教导，其力量还是微不足道的！虽然章太炎明知道会出现这样的结局但还是强调要继续努力，这正是他作为传统知识分子所具有的担当意识之体现，虽然实施困难，但章太炎还是希望革命党人能够依靠听闻此义，来改变自己的德行③。然而，他却忽视了个人根基的差异性，正是因为有了此等差异性，才会有人愿意接受这样的菩萨一阐提精神的熏陶，但亦未必能贯彻始终；亦有人彻底排斥这样的精神，不予接受。故而这样的尝试是失败的，此正如其弟子黄侃所言：

> 后革命党稍涣散，党之要人或他适，《民报》馆事独委诸先生。日本政府受言于清廷，假事封《民报》馆，禁报不得刊鬻。先生与日本政府讼，数月，卒不得胜，遂退居，教授诸游学者以国学。睹国事愈坏，党人无远略，则大愤。思适印度为浮屠，资斧困绝，不能行。寓庐至数月不举火，日以百钱市麦饼以自度，衣被三年不浣。困厄如此，而德操弥厉。其授人以

---

① 章太炎：《书信集》（上），载《章太炎全集》，上海人民出版社 2017 年版，第 413 页。

② 章太炎：《太炎文录补编》（下），载《章太炎全集》，上海人民出版社 2017 年版，第 612 页。

③ "象兄弟与诸位，虽然不曾证到那种境界，也不曾趣入'菩萨一阐提'的地位，但是'闻思所成'，未尝不可领会；'发心立愿'，未尝不可宣言。"［参见章太炎：《章太炎演讲集》（上），载《章太炎全集》，上海人民出版社 2015 年版，第 159 页］

国学也，以谓国不幸衰亡，学术不绝，民犹有所观感，庶几收硕果之效，有复阳之望。故勤勤恳恳，不惮其劳，弟子至数百人。①

可见，当章太炎亲眼目睹了革命党人的道德涣散，革命局势每况愈下的时候，曾经对革命道德建设充满了向往和热情的他，其内心是非常绝望而悲苦的，甚至还产生了出家的念头，并将重心转向了他曾经在东京留学生大会上所提倡的另一个主张："以国粹激励种姓，增进爱国热肠。"在章太炎看来，开办讲习会，为弟子讲授国学，以延续民族之慧命是他的另外一个使命。

同为危机中的知识分子，梁启超与章太炎有着相同的救世情怀，他明确提出了"公德"说，这样的观点也同样是建立在"生死观"基础之上的，张志强先生认为其"需要'舍生忘死'的宗教性的道德情操"②。梁启超说："常情莫不贪生而避死，然生终未闻以贪而能常，死终未闻以避而能免，夫亦尽人而知之矣。明知其不能常，不能免，而犹贪焉避焉者，则人类志力薄弱之表征也，要之于'死后而不死者存'之一义见之未莹也。"③黄克武先生认为，梁启超这样的生死观来源于他对墨子"轻生死"精神的提取，并认为这很可能受到孟子"舍生取义"与日本"武士道"精神的双重影响，更与西方的公民精神有重叠之处。④ 从中我们可以看到，梁启超对于公德的诠释，对于生死的观照，无不受到多重文化资源的影响。其中，既有本土传统思想资源的痕迹，也有着日本和西方思想文化的影子，是近代学人融会贯通各种思想资源为己所用，进而建构起具有时代特色的新型生死观以服务于近代社会当中的典型代表。张志强先生认为，在这样的生死观的支撑下，近代的有识之士便"承担起了双重的任务，它一方面是对'冲决网罗'的现代主体的确立，而另一方面则同时赋予这个新的现代主体以超越自己的道德内涵，成为新秩序的建设者。同时承担起

① 陈平原、杜玲玲编：《追忆章太炎》，三联书店 2009 年版，第 21 页。

② 张志强：《生死·道德·革命——晚清"志士"理想中的个体、社会与道德》，《杭州师范大学学报》（社会科学版）2008 年第 4 期。

③ 梁启超：《梁启超全集》，北京出版社 1999 年版，第 1373 页。

④ 参见黄克武：《近代中国的思潮与人物》，九州出版社 2016 年版，第 182 页。

破坏与建设使命的志士，如何能够将面临生死挑战的自我孤绝性，升华为一种克服生死的独立担荷的大我情操，而又能避免贪生畏死的退缩？又如何能够使大我的宗教性情操在具有了自我的真实动力的同时，不被自我的孤绝性所怀疑和侵蚀呢？"[①]张志强先生此段中的两个"如何"体现出他对志士们当时处境的理解、同情与敬佩。张先生认为，宗教性情操是克服生死的独立担荷的大我情操的根本动力。对此，笔者深感认同。近代中国于内外忧患中风雨飘摇，急需国民有大无畏的精神力量来面对这种困境，进而改变这种困境。身处乱世的有识之士，最需直接面对的就是生与死的问题。赋予人不惧生死，勇往直前的最根本力量就是宗教信仰，它的彼岸轮回之说、破除各种执着之理念均具有化解人们对死亡恐惧的作用。比如谭嗣同在给欧阳中鹄的信里说道："佛说以无畏为主，已成德者名大无畏，教人也名施无畏，而无畏之源出于慈悲，故为度一切众生故，无不活畏，无恶名畏，无死畏，无地狱恶道畏，乃至无大众威德畏，盖仁之至矣。"[②]可见，谭嗣同对生死、恶名、地狱等的无畏，均来自佛所说的大无畏，其根源是慈悲，这是信仰的力量。不仅如此，谭嗣同等戊戌六君子还为这样的生死信念用生命为代价进行了实践。至于其中的缘由，一方面是受时代危机的逼迫，但更深层的因素则是他们"大都几乎一边接受佛教生命观影响下的个体有限性，一边则又纷纷将生命意义落实在对小我的否定之上"。[③] 不过与佛教不同的是："这种否定大都不是以'解脱'为名，而是以'革命'的名义指向大群，成就大我。"[④]可见，近代知识分子虽然接受了佛学的洗礼，但最终的落脚点依然在救世之

① 张志强：《生死·道德·革命——晚清"志士"理想中的个体、社会与道德》，《杭州师范大学学报》(社会科学版)2008年第4期。

② 谭嗣同：《谭嗣同全集》(下册)，中华书局1981年版，第469页。

③ 张志强：《生死·道德·革命——晚清"志士"理想中的个体、社会与道德》，《杭州师范大学学报》(社会科学版)2008年第4期。

④ 张志强：《生死·道德·革命——晚清"志士"理想中的个体、社会与道德》，《杭州师范大学学报》(社会科学版)2008年第4期。

上，这使得他们的学术理念与思想立场，既表现出一定的佛学印迹，也具有显著而深沉的应世指向。

通过前文论述，我们得知，章、梁都能通过破除生死来鼓舞人心，有所不同的是，章太炎落脚于“革命道德建设”，侧重于对革命者道德的提升；而梁启超则提倡“公德”。虽然相比较而言，章太炎更侧重于个人的道德，而梁启超则更侧重于群体的道德，但二者最终却都指向了对于现实社会的改变上，彰显了两人共同的救世情怀。

综上所述，我们可以得出这样的结论：尽管章太炎的革命道德理论在《齐物论释》当中有着严密的逻辑论证，丰富的名相分析，以及深刻的理论体系，但是在社会现实面前却终归没有找到属于自己的位置。可见，菩萨一阐提精神在章太炎这里，确实更多地体现为一种道德理想。是理想自然就有比较容易实现的，也有非常难以实现的；章太炎此处的道德理想就处于难以实现的尴尬境地。菩萨一阐提精神，从根本上来说是需要艰苦的修行才能够逐渐得以实现的，而佛教的修行又讲求的是实证实修，仅靠言语表述则是无法获得这种精神的。所以，其《齐物论释》立意过于高蹈，对于凡夫俗子来说，这样的精神境界是难以企及的。其原因就在于，凡夫因为业力的障碍，往往会做一些利己之事，会偏离道德，能够坚守道德的人毕竟是少数，能够因教导便提升自己道德的人更是少之又少。故而，革命道德建设思想最终将章太炎置于了理想与现实之间的张力当中。当然，除了革命道德建设理想体现了这种张力以外，这样的张力还贯穿了整部著作。这包括章太炎在其中所表现出来的多元文化理念以及倡导尊重个人个性之类的理论，这些理论在现实中都收效甚微。之所以会出现这样的结果，多是因为其理论根基过于超拔，难以与时代相应，因而很难收到立竿见影之效。盖因为此，所以他的这部著作受到了同时代很多学者的批评，而在当代学界又未得到研究者的重视，这让我们感觉到《齐物论释》价值的微眇。但事实上，这部著作还是有很多的理论与价值需要我们来着力发掘的，此正如梁启超先生所说：“炳麟用佛学解老庄，极有理致。所著

《齐物论释》，虽间有牵合处，然确能为研究庄子哲学者开一新国土。”[①]新儒家代表人物方东美先生也说：“《齐物论释》是他所有的著作中比较好的书，其中尤其讲一往平等的这一篇”[②]，“对于庄子《齐物论》的了解，章太炎在《齐物论释》中，由佛学法相宗的观点去阐释，的确很帮我们一个忙。”[③]由此可见，章太炎的这部著作至少在学理上，向人们开启了了解庄子的另一扇窗，通过这扇窗，亦可以使人们了解到以往以佛解庄的传统；同时，亦给予后人对于庄子的理解以新的借鉴与参考。

至于说，其所体现出章太炎那些与当时的社会情状存有很大差距的济世理论，亦不可认为它便毫无价值。从某种意义上说，这些济世理论虽然在当时并没有收到明显的效果（此亦受其时的社会环境与时代特性所局限），但是当我们将其置于今日，就会发现其所具有预见之精准性。章太炎所提倡的多元文化理念，尊重文化个性、尊重不同民族文化发展规律等等理论亦是当今许多学者所感兴趣与所积极探究的话题。

---

① 梁启超：《清代学术概论》，凤凰出版传媒集团、江苏文艺出版社 2007 年版，第 88 页。

② 方东美：《原始儒家道家哲学》，（台北）黎明文化事业公司 1983 年版，第 261 页。

③ 方东美：《原始儒家道家哲学》，（台北）黎明文化事业公司 1983 年版，第 268 页。

第四章　经典诠释视野中的《齐物论释》

按照传统四库分类法的划分方法，经典一般被认为是儒家的经典著作，但在今天看来，所谓的经典实际上已经超越了儒家经典所含摄的范围，它还应当包括整个传统文化中具有非凡影响力，且被不断地注疏与诠释的传世之作。更为重要的是，这样的典籍承载了历史长河当中诸多学者的思想精华，亦承载了整个中华民族的智慧结晶。中国的文化在久远的历史长河中逐渐形成了自己的诠释传统。

关于"诠释"一语，据景海峰先生考证，"诠"就是解释、阐明的意思，而"释"则为语言解释的意思①。诠释就是对经典的理解和解释。

诠释学并非是中国本土文化所固有的，它源自西方对《圣经》的注释，后来逐步发展成为一种把握文本原义的方法，之后历经施赖尔马赫、海德格尔等人的诠释学创建，到伽达默尔的"视阈的融合"表明了西方诠释学的成熟。伽达默尔既继承了施赖尔马赫将诠释行为置于诠释心理基础之上的做法，也继承了海德格尔"前见"的思想，因此，从某种意义上讲，"视阈的融合"是对西方历史上诠释传统和诠释思想的综合和超越。实际上，中国的经典诠释学是在

① 参见景海峰：《中国哲学的现代诠释》，人民出版社 2004 年版，第 8 页。

深受西方诠释学强烈刺激的背景之下，对于自己文化中的诠释传统所作的回顾和分析。在这个意义上，正如景海峰先生所言："中国诠释学、儒家诠释学、佛教诠释学等，决不能和严格意义上的诠释学等量齐观、相提并论。"①景海峰先生的论断是很有道理的。在赵汀阳先生看来，"很多中国传统思想，包括宋明理学缺乏分析和论证。中国思想擅长解说和解释，拙于分析和论证，有些问题就说不清楚，所以不妨取长补短。"②可见，赵汀阳先生看到了中国传统思想在诠释过程中的弊端，认为可以适当借鉴西方的诠释方式来取长补短，以使传统思想得到更明晰地表达和呈现。从景海峰和赵汀阳先生的论述中可知，中国传统思想中并没有严格意义上的诠释学。这概是以西方诠释学为标准来审视中国传统思想所得的结论。尽管如此，在中国文化发展的过程中还是形成了自己的一套诠释传统。比如刘笑敢先生认为"王弼和郭象代表了中国哲学诠释传统的成熟阶段，自此以后，以较完整的经典注释的方式阐发思想家的哲学体系就成了中国哲学发展的主流"。并认为"朱熹、王夫之是这种传统在王弼、郭象之后的两个突出代表"。③ 汤一介先生也认为："如果说汉人注经大体上是'我注六经'，那么王弼、郭象则是'六经注我'了。这应该说是开我国诠释经典前所未有之新风。"④可见，如果追溯这种诠释传统的根源时，我们就要回到王弼和郭象那里去。他们是通过对经典的注释从而建立起哲学思想的先驱人物，这种做法一直影响着中国哲学建构的方式。

由此来看我们可以发现，中国本土文化中虽然没有西方意义上的诠释学，但却是有着自己悠久的解释传统的。正如西方学者所认为的一部西方哲学史就是对柏拉图哲学的注脚一样，中国学术的发展，思想体系的建构，亦离不开对于经典的诠释。传统的经典诠释离不开注疏，注疏的传统是在"我注六经"

---

① 景海峰：《中国哲学的现代诠释》，人民出版社 2004 年版，第 17 页。

② 杨立华等：《如何让哲学说中国话》，《读书》2018 年第 10 期。

③ 刘笑敢：《诠释与定向——中国哲学研究方法之探究》，商务印书馆 2009 年版，第 43 页。

④ 汤一介：《汤一介哲学精华编》，北京联合出版公司 2016 年版，第 18 页。

与“六经注我”相互作用的影响下流传下来的。李泽厚先生认为:“研究哲学史可以有两种角度或方法。一种是历史的,即从历史的角度来研究哲学思想的内容形式、体系结构、来龙去脉……但是,也可以有另外一种哲学的角度和方法,即通过研究哲学史或历史上某些哲学家来表达某种哲学观点。用中国的古话说,前一种是‘我注六经’,后一种是‘六经注我’。”①从现代哲学学科研究方法的角度将历史的、客观的研究归类为“我注六经”,把通过将前人的哲学运用于自己哲学建构的方式归类为“六经注我”,是在现代学科视野下对经典诠释传统的考察。夏晓虹女士认为:“中国古代对经书的解说态度,大抵可分为‘我注六经’与‘六经注我’两类。‘我注六经’是以‘六经’为主体,‘我’的任务只是千方百计准确解释经典的本义,而不允许偏离或附会。致力于训诂字义名物、诠释典章制度的古文经学为此派代表。‘六经注我’则是以‘我’为主体,‘六经’不过是‘我’在阐发自己的思想时作为注脚使用的经典,而不在乎文本的原义何在。讲究微言大义的今文经学为此派代表。”②从学术发展史的角度进行分类,这是一种传统意义上的观点。刘笑敢先生在综观经典诠释学的历史之后,提出了经典诠释过程中的两种定向:即一方面是历史的、文本的取向;另一方面是当下的、现实的取向。每一部诠释作品都是两种定向之间不同比例交互作用的产物。③ 笔者认为刘笑敢先生的两种定向学说较好地概括了整个对中国经典诠释的各种探索形式。

作为一本对《齐物论》进行佛学化诠释的著作,除了要对文本本身做一定的分析论证之外,还要进一步关注章太炎对《齐物论释》进行以佛解庄时所运用的诠释方法。综观文本,我们大致可以归纳出三种方法,它们分别是:格义法、遮诠法与判教。接下来,我们将对章太炎所运用的这三种诠释方法进行详

---

① 李泽厚:《康德哲学与建立主体性论纲》,载李泽厚:《批判哲学的批判——康德述评》,人民出版社 1978 年版,第 422 页。

② 夏晓虹:《古典新义:晚清人对经典的解说——以班昭与〈女戒〉为中心》,《中国学术》2000 年第 2 期。

③ 刘笑敢:《诠释与定向——中国哲学研究方法之探究 · 序言》,商务印书馆 2009 年版。

细的论述和分析，以发掘出其所存在的价值与意义。

第一节　格义法

在《齐物论释》中，格义法是章太炎运用的主要方法，他以传统注疏的形式，用佛学的名相、西方哲学的概念对庄子的概念和命题进行了格义。

关于“格义”，学界已有不少学者关注，如汤用彤先生认为格义“是一种很琐碎的处理，用不同地区的每一个观念或名词作分别的对比或等同”，是“比配观念（或项目）的一种方法或方案，或者是（不同）观念（之间）的对等”。[①]将格义看作用不同的地域性名词、概念做一种对等的比附。葛兆光先生分析了格义产生的缘由，认为：“疑问需要切实的解释，解释则需要有可以理解的话语，可以理解的话语只能出自自身的文化环境，用中国传统的语词来翻译和解说佛教义理，于是就有了所谓的‘格义’。”[②]可见，在葛兆光看来，“格义”产生于文化之间解释和会通的需要，将格义看作沟通佛教和中国本土文化的桥梁。综上所述，学界对于格义的义涵、产生的缘由、所具有的功能等方面已有不少研究。“格义”首先被使用于汉魏时期，是佛图澄的弟子竺法雅创立的。《高僧传》记载：“竺法雅，河间人，凝正有器度，少善外学，长通佛典，衣冠士子，咸附咨禀。时依门徒，并世典有功，未善佛理。雅乃与康法朗等，以经中事数，拟配外书，为生解例，谓之格义。”[③]可见，格义法是魏晋时期的高僧大德为了推广佛教义理而运用中土本有的老庄思想中的相似命题和概念来比附佛教中的名相义理的一种方法。比如，魏初康僧会和陈慧将“安般守意”解释为：“安为清，般为净，守为无，意为名，是清净无为也。”即用中国的道家的“清净

---

① 汤用彤：《理学・佛学・玄学》，北京大学出版社1991年版，第284页。

② 葛兆光：《中国思想史》（第1卷），复旦大学出版社2001年版，第393页。

③ （梁）释慧皎撰，汤用彤校注：《高僧传》，中华书局1992年版，第152页。

无为”来阐释“安般守意”①。又如，《阴持入经注》卷下也用“无为”阐释“泥曰”（涅槃的古译），这些都是格义最初被使用的例子。

然而，格义一直流传到东晋的道安，都只是讲说者应机施设、不成规则的。到了和道安同学于佛图澄门下的河间竺法雅那里，才把“格义”看作一种方法。关于格义的方法，吕澄先生认为：“这一派专在文字上着眼，目的在于贯通文义，作为研究佛学的初步还是有必要的。但是，发展下去就不免流于章句是务了。”②正如吕澄所分析得一样，这样的方法在历史上并未持续太久。至于其中的原因，道安等人则认为：“然凡谕之者，考文以征其理者，昏其趣者也；察句以验其义者，迷其旨者也。何则？考文则异同每为辞，寻句则触类每为旨。为辞则丧其卒成之致，为旨则忽其始拟之义矣。”这就是说，由于文句经常不同，执着于文句就会造成迷乱，因此，研究佛学必须放到文句的旨趣上来。“若率初以要其终，或忘文以全其质者，则大智玄通，居可知也。”③可见，格义过于死板，只追求词义上的相应，就很容易使义理受到曲解。因而，在道安之后的许多僧人便开始侧重于义理的符应而非纯词义的相似，故而产生了六家七宗。格义的方法虽然有较多的弊端，但是正如葛兆光先生所言：“每一次异质文化的交流都要经过这种比附的阶段，魏晋人以玄学解佛教叫‘格义’，那时西来的佛教就像后来的西学，尽管经过了中亚人的转译和绍介，也还是得经过‘格义’。”④尽管“格义”有着容易导致义理被曲解的缺陷，但是这种方法在文化交流当中所做的贡献却是不容被抹杀和忽视的。近代以来，知识分子也用本土文化，包括中国化的佛学概念来诠释西方概念，如梁启超说：“按佛说有所谓‘真如’。真如者即康德之所谓真我，有自由性者也。有所谓

---

① 《佛说大安般守意经》卷上，载《大正新修大藏经》第 15 卷，第 164 页上。

② 吕澄：《中国佛学源流略讲》，中华书局 1979 年版，第 45 页。

③ 道安：《道行经序》，载《出三藏记集》（第 7 卷），中华书局 1995 年版，第 263 页。

④ 葛兆光：《中国思想史》（第 2 卷），复旦大学出版社 2009 年版，第 515 页。

‘无明’者，即康德所谓现象之我，为不可避之理所束缚，无自由性者也。”[①]这种将已经中国化与本土化的佛学之“真如”来比附、解释西方的康德之“真我”的做法在刘笑敢先生看来还属于“传统格义”或“顺向格义”，是与用西方的概念比附解释本土概念的“反向格义”相对的诠释方法。[②] 相对于格义在历史上所起的作用而言，近代以来的格义并没有发挥出其应有的价值，这是因为“一方面，近代西方文化中的很多内容在中国传统文化中并没有对应成分，因此只能造新词来翻译新说，如‘天演’、‘天择’、‘民主’、‘人权’、‘哲学’、‘自然’等等。另一方面，近代西方的很多学术名词都是先由日本学者用汉字翻译出来，然后传到中国。”[③]尽管如此，有些知识分子依然将格义作为重要的诠释方法应用在其哲学体系的建构中，对此，侯外庐先生说：“清末的这种‘格义’，已不限于佛典，举凡欧洲的哲学和科学，都与中国的经书子书引为连类，相互对诂，如像康有为、梁启超、谭嗣同以及严几道等，均喜用此法，故一时至有‘梁热力’‘谭以太’的诨语。由此可知，‘格义’在清末，已经形成了学术论著的一种非常摩登的作风与气派。章氏在这种风气影响之下，遂亦用‘格义’方法以表现哲学思想。”[④]可见，章太炎使用“格义”除了有其深厚的传统文化基础以外，亦与时代背景有关。正如侯外庐先生所说：“理解‘格义’，是理解章氏哲学思想的前提”[⑤]，可见作为诠释方法，格义在章太炎哲学建构中所具有的重要地位和价值。

在《齐物论释》中，章太炎用佛学的名相和义理来解读庄子的核心命题。如他以“人我法空”解读“吾丧我”，以“名相本空”解读“指与非指”，以“无尽缘起”解释“万物与我为一”，以“生死轮回”解读“庄周梦蝶”。

---

① 梁启超：《梁启超全集》，北京出版社 1999 年版，第 1061 页。

② 刘笑敢：《诠释与定向——中国哲学研究方法之探究》，商务印书馆 2009 年版，第 100 页。

③ 刘笑敢：《诠释与定向——中国哲学研究方法之探究》，商务印书馆 2009 年版，第 100 页。

④ 侯外庐：《近代启蒙思想史》，长春出版社 2016 年版，第 206 页。

⑤ 侯外庐：《近代启蒙思想史》，长春出版社 2016 年版，第 206 页。

当然,章太炎对于“格义法”的运用并不仅仅只是体现在这几个方面,在他对其他概念的解释中,亦体现出了对这种方法的应用。

章太炎对格义法的运用需从两个方面来分析。首先,他运用佛学的资源,尤其是唯识宗的资源来格义本土概念,比如他说:“《庚桑楚篇》云:‘知者,接也;知者,谟也。’彼接亦谓触受,并即近人所谓感觉;彼谟从规摹义,即是想;(想谓取像)。彼谟从谋虑义,即是思。《墨经》说接为亲,是即现量,说谟为说,是即比量。”①可见,他将庄子对“知”的解释比附为佛教的“触受”和“想”,将墨子对“接”的解释比附为“现量”和“比量”,表现出典型的格义做法。不仅如此,他还将“天籁”比附为“藏识”,将“使其自己”比附为“意根执藏识为我”,将“物”比附为“相分”,“物物者”比附为“见分”,将“成心”比附为“种子”,“大知闲闲”为“藏识同时兼知”,“小知间间”为“五识不能相代”,“其寐也魂交”为“梦中独头意识”等等,以唯识名相格义庄子的概念和命题。

其次,他亦用西方哲学的概念格义“庄子”和唯识名相。最为典型的是用康德的“原型观念”格义“藏识”,他说:“天籁中吹万者,喻藏识,万喻藏识中一切种子,晚世或名原型观念。”②并进一步论述了七种原型观念,他们分别是:“世识、处识、数识,皆见《摄大乘论》。世谓现在、过去、未来。处谓点线面体中边方位;相谓色声香味触。数谓一二三等。作用谓有为。因果谓彼由于此,由此有彼。其空间识即是处识,而所感觉之真空,乃属相识。”③这七种原型观念,在章太炎看来为藏识中最基本的种子,其原因在于:“一切情想思慧,腾掉无方,而绳纆所限,不可窜轶,平议百家,莫不持此。所以者何?诸有知见,若浅若深,悉依此种子而现世识、处识、相识、数识、作用识、因果识,乃至我识,此七事者,情想之虎落,智术之垣苑。”④即人对世间各种事物的所思所想,皆依

① 章太炎:《齐物论释定本》,载《章太炎全集》,上海人民出版社 2014 年版,第 80 页。
② 章太炎:《齐物论释定本》,载《章太炎全集》,上海人民出版社 2014 年版,第 78 页。
③ 章太炎:《齐物论释定本》,载《章太炎全集》,上海人民出版社 2014 年版,第 87 页。
④ 章太炎:《齐物论释定本》,载《章太炎全集》,上海人民出版社 2014 年版,第 127 页。

这些原型观念的作用才得以显现，此处即为章太炎以西学概念格义佛学的典型。章太炎之所以不满足于仅用佛学格义本土概念，可从杨立华先生的这段论述中得到答案，他说："太炎先生用《齐物论释》建立了一个完整的哲学体系，他选择的概念系统是唯识学的。值得注意的是，他对现代西方哲学概念（比如'实体'）是相当熟悉的。当然，章太炎是看到了这些翻译概念的问题。我并不认为这些概念没有问题，但它们已经构成了我们的语言处境。"①通过此段论述我们可以得知，身处近代背景下的章太炎固然以中学为基，进而构建了具有自己思想特色的哲学体系，但是他无法不受其时西学东渐思想潮流的影响，并试图以西学思想资源来补充和完善自己的哲学体系，尽管在今天看来，当时学人对西方哲学概念的翻译还存在一定问题。但是，章太炎在拥有深刻本土文化自信的同时，没有放弃对于西学的借鉴与吸收。这体现了他虽然具有一定文化保守主义的立场，但是他能够正视本土文化之不足，并坚持以西学来补充中学之不足。这种以西学完善中学之努力，在充分彰显了近代知识分子所具有的历史担当意识的同时，也深刻反映了他们十分重视人类文明发展的先进成果，以强大民族文化的真切渴望。

对于章太炎的前一种格义方式，有学者认为是一种"反格义"。② 但是笔者并不认同这一观点。原因在于，反格义只是在西学与中学交流的过程中，学者们以西学的理念和范畴来格本土文化之义的做法。很少有人能够将以佛解庄视为一种反格义。因而，在笔者看来，有学者将章太炎的格义法看作反格义只是在与汉魏时期的格义相比较而得出来的结论，但该结论的问题在于他忽视了这样一个事实：佛教到了章太炎那里毕竟早已完成了中国化的进程，并内化为中国传统文化的一部分。所以，以佛学格义庄学只是传统视域内的格义，

---

① 杨立华等：《如何让哲学说中国话》，《读书》2018 年第 10 期。

② 如我国台湾地区学者黄文树认为："其《齐物论释》一书，乃以佛教唯识解释老庄，融会佛老二氏之说，有反格义之意。"（黄文树：《宋恕对佛教的汲取与应用》，载学愚主编：《汉传佛教文化研究》，宗教文化出版社 2017 年版，第 206 页）

而非是异质文化之间的格义。从此意义上讲,章太炎对于庄子佛学化的解读所运用的主要还是格义的方法。侯外庐先生说:"正因为章氏用了'格义'方法,故其所表现的哲学思想,遂赋有一种浓厚的佛经气氛;其哲学著作的难读,当亦为未能被人们普遍注意的原因之一。并且,长史的'格义',亦实寓有提倡佛教哲学的用意。"①可见,从第一种格义来看,章太炎的方法还是没有脱离佛教格义法的藩篱。然而,从后一种以西学概念格义佛学名相的方式来看,我们不可否认,章太炎也在一定程度上开启了反向格义的先河。

章太炎之所以要用这样的方法,概与其对于文化具有可沟通性的认知有关②。与历史上的格义不同的是,以往格义大多以庄解佛,而章太炎则是以佛解庄,这种参照系的颠倒,正是章太炎学术个性之所在;同时,以往以佛解庄者虽亦有用格义方法者,但大都是"以空解庄",魏晋时期的支遁就是代表。而到了章太炎这里,他所运用的主要理论资源却是唯识宗的名相,这与其所处时代唯识宗的兴盛有着一定的关系;如杨文会亦有用唯识名相来格义庄子概念的做法③。但章太炎比杨文会更进一步的是,他还用华严宗的理论和西方哲学的概念来格义庄子,而他的这一方式也成为近代以来以西学格义中学的代表。

尽管如此,笔者依然发现,相较于以往高僧的格义,章太炎的以佛学格义庄学,以西学来格义传统文化的做法还是存在一些缺陷和问题的。因为,格义是在对不同文化都有相当程度的了解之后才可完成的。但是,以章太炎为代表的清末民初知识分子在格义时却是在并不完全理解西学的情况下进行的。这种缺陷就使得他们的格义呈现出一种强行比附的趋向,因而也就彰显出了

---

① 侯外庐:《近代启蒙思想史》,长春出版社 2016 年版,第 207 页。

② 正如我们在前文所分析的那样,章太炎认为文化具有多元属性,不同民族的文化具有不同的特征和存在的合理性,故而不可以以一个民族的文化标准来约束和要求所有的民族文化。因为差异性的存在,才有互补的可能,因文化总相的存在,故有会通的可能性。

③ 参见季羡林主编:《杨仁山居士文集》,载《中国近现代佛学大师著述系列》,黄山书社 2006 年版,第 249 页。

其格义的局限性。

第二节　遮诠法

关于“遮诠”，姚卫群先生有着很精准的定义：“‘遮’即否定，‘诠’即说明。以此方法来展示或认识事物”，①遮诠的具体思路是“对于事物的本来面目或最高实在不能采用正面表述的方式来展示，而是应采用不断否定各种有关名相概念实在性的方式来显明，即要在否定中体悟事物的真理。这种思维方法在佛教中使用较多。”②可见，所谓遮诠，即是通过否定的表述来说明事物属性的方法。与其相对的表诠，则是以肯定的表述来说明事物属性的方法。对于二者的具体区别，《宗镜录》卷三十四有定义：“遮，谓遣其所非；表，谓显其所是。又遮者拣却诸余；表者直示当体。如诸经所说真如妙性，每云不生不灭，不垢不净，无因无果，无相无为，非凡非圣，非性非相等，皆是遮诠；遣非荡迹，绝想祛情，若云知见觉照，灵鉴光明，朗朗昭昭，堂堂寂寂等，皆是表诠。”③对此，禅宗亦举例说：“如说盐云不淡是遮，云碱是表。说水云不干是遮，云湿是表。诸教每云绝百非者，皆是遮词。直显一真，方为表语。”④一般而言，虽然此法被普遍运用于各宗派的思想解释当中⑤，但在般若中观派的运用却是最为突出的。

---

① 姚卫群：《佛教中重要的思维方法——“遮诠法”》，《光明日报》2014 年 7 月 14 日。

② 姚卫群：《佛教中重要的思维方法——“遮诠法”》，《光明日报》2014 年 7 月 14 日。

③ 《大正新修大藏经》卷 48，第 616 页中。

④ 《大正新修大藏经》卷 48，第 406 页中。

⑤ 唐朝宗密说：“遮诠表诠异者，遮谓遣其所非。表谓显其所是。又遮者拣却诸余。表者直示当体。如诸经所说真妙理性。每云不生不灭，不垢不净，无因无果，无相无为。非凡非圣，非性非相等。皆是遮诠。若云知见觉照，灵鉴光明，朗朗昭昭，惺惺寂寂等，皆是表诠。”［参见（唐）宗密撰，邱高兴校释：《禅源诸诠集都序》，中州古籍出版社 2008 年版，第 112—113 页］宗密将遮诠与表诠相比而释，凸显了遮诠之遣离的特色。可见，遮诠法的根本目的还是在于通过对名言的遣除从而使得人们超越对名相的执着，从而体认第一义谛。

在《齐物论释》中，除了处处可见章太炎用否定性话语来表达己意以外①，他还运用了般若中观的遮诠方式来对《庄子》进行诠释。

首先，章太炎以语言与实在的多样性否认主观与客观的统一性，否认语言对实在的描述作用，并用此来论证能诠和所诠之间的不一致性，从而否定名言的实在性。本文选其对于究竟名的遮遣为例进行分析。章太炎说："问曰：云何能诠所诠，互不相称？答曰：当以三事明之，一者本名，二者引申名，三者究竟名。"②他认为名相中的究竟名无法找到与之相应的实在，他说："道本是路，今究竟名中道字于所诠中遍一切地，云何可说为道？大极本是大栋，栋有中义，今究竟名中大极字，于所诠中非支党器，无内无外，云何可说为大极？实在、实际者，本以据方分故言在，有边界故言际，今究竟名中实在实际字，于所诠中不住不箸，无有处所封畛，云何可说为实在实际？"③不仅如此，章太炎对于本体无有相对应的究竟名亦有论证："本体者，本以有形质故言体，今究竟名中本体字，于所诠中非有质碍，不可搏掔？云何可说为本体？……唯是为表，以此知能诠之究竟名，与所诠之究竟义，不能相称，用此三端，证其不类。"④可见，章太炎认为所诠与能诠不能够一致，尤其是在表述本体之时，名言更是捉襟见肘。不仅究竟名如此，他还论证了引申名和本名无有对应实在的情况。这明显表现出章太炎对于龙树菩萨这一遮诠方式的应用。

同时，龙树菩萨的归谬法亦被章太炎所使用。在龙树那里，归谬法表现为

---

① 如他说："由胜义谛，故非有色，于中无有诸色法故；由世俗谛，故非无色，于中说有诸色法故。"（章太炎：《齐物论释定本》，载《章太炎全集》，上海人民出版社 2014 年版，第 75 页）又如："体非形器，故自在而无对，理绝名言，故平等而咸适"等等否定性判断，均表现出章太炎所用佛教之遮诠法的特点。（参见章太炎：《齐物论释》，载《章太炎全集》，上海人民出版社 2014 年版，第 3 页）

② 章太炎：《齐物论释定本》，载《章太炎全集》，上海人民出版社 2014 年版，第 101 页。除此之外，本名被章太炎界定为"如水说为水，火说为火，寻其立名，本无所依。"（章太炎：《齐物论释定本》，载《章太炎全集》，上海人民出版社 2014 年版，第 101 页）

③ 章太炎：《齐物论释定本》，载《章太炎全集》，上海人民出版社 2014 年版，第 103 页。

④ 章太炎：《齐物论释定本》，载《章太炎全集》，上海人民出版社 2014 年版，第 103 页。

两类，一为无限追溯的错误；二为循环论证的谬误。章太炎在对于名相本空的论证中主要运用的是归谬法。他主要是从三个方面来论证名言的虚妄性。一谓说其义解。二谓责其因缘。三谓寻其实质。在第一个层面的论证过程中，章太炎如是说："诸说义界，似尽边际，然皆以义解义，以字解字，展转推求，其义其字，惟是更互相训。如说一字，若求义界，当云二之半也，或云半之倍也，逮至说二字时，又当云一之倍。说半字时，又当云一分为二。二与半必待一而后解，与不解同。若初说一字义界时，问者责言何者为二？何者为半？又当举一之倍以明二。举一分为二以明半，斯非更互相训邪。"①可见，在章太炎看来，所谓的义界，其实就是在不断追溯中发现还是以字解字，以义解义那样的互相解释，互相界定，由此下去，始终没有一个最终的界定者，都在名相的范围内打转。由此可知，章太炎在这里是用归谬法中的循环论证来进行分析的。

对于责其因缘，章太炎意在向人表达"责因不可得"的目的。无有第一因，这里用的是归谬法中的无限追溯的谬误。他说："然责因实不可得，如有人言身中细胞皆动，问细胞何故动？即云万物皆动，细胞是万物中一分，故细胞动。问万物何故皆动？即云皆含动力故动。问动力何故动？即云动力自然动。自尔语尽，无可复诘。且本所以问细胞何故动者，岂欲知其自然动邪？今追寻至竟，以自然动为究极，是则动之依据，还即在动，非有因也。"②在这里，章太炎将因缘推至最终，发现其所谓的第一因竟然是谬误，不存在合理性。这正是他用归谬法来论证无因可求的表现。可贵的是，通过这种方法的运用，章太炎亦能够发现西方经验主义所运用的"归纳法"缺陷之所在："今世或以经验成论理学，及问所经验者，此有故彼有，此然故彼然，复依何义？则亦唯言自尔。或云验已往皆然，然于然也。反之即恶乎不然，不然于不然。"③可见，他认为，经验方法的缺陷与此相同，都经不住最后的推敲和考验。

---

① 章太炎：《齐物论释定本》，载《章太炎全集》，上海人民出版社2014年版，第95页。
② 章太炎：《齐物论释定本》，载《章太炎全集》，上海人民出版社2014年版，第95页。
③ 章太炎：《齐物论释定本》，载《章太炎全集》，上海人民出版社2014年版，第96页。

对于第三个层面:寻其实质。章太炎则如是说:“诸寻实质,若立四大种子,阿耨、钵罗摩怒、电子、原子是也。此有二说,一据有方分,言分析无尽,非种非缘故。一家复说为万方分,佛法假立四大种子,即是坚湿煖轻,由此假立造色种子。然离五识所感以外,而求坚湿煖轻之相,依何成立?”①此处,章太炎还是用了归谬法的追溯无限谬误来论证没有所谓的实质。其原因在于,推究到最后,所谓的四大种子离开五识所感便不可成立,从而彻底消解了其实质存在的可能性。

章太炎所有这些方法的应用,无非是想证明名相本质的虚妄性,而在遣离了名相之后,人才能真正地证入实相,了知万法本性为空,从而远离对于世间万有的执着。

通过前文关于名相本空的论述,我们得知,般若中观对于名相并非是绝对的排斥,而是在世俗谛的意义上,运用逻辑的方法对概念的实体性进行否定,从而烘托出超越名相之上的最高实在。相比较而言,章太炎对于此方法的运用并非是般若学方法的全部,而只是选择了其中的一部分进行应用。相比以往以佛解庄者单纯的格义方式,章太炎这种方式的穿插更为其《齐物论释》增添了几分理性色彩。由于遮诠法带有逻辑特色,故而对这种方法的应用就凸显了章太炎对于西方学术的挑战。因此,这是对中国传统文化轻逻辑重直观思维方式的一种突破②,更加彰显其论证的现代性特色。除了章太炎,那个时代用此方法的学者还有熊十力。熊十力在建立《新唯识论》体系的过程中,亦使用了遮诠法,并对此方法非常赞赏。他说:

> 我们应知,玄学上的修辞,其资于遮诠之方式者,实属至要。因为一切学问所研穷的理,可略说为二:一曰,至一的理。二曰,分殊的理。……

---

① 章太炎:《齐物论释定本》,载《章太炎全集》,上海人民出版社2014年版,第96页。

② 冯友兰认为:“讲形上学要从正的方法开始,终止于负的方法”;他后来在《中国哲学史新编》中所说的遮诠,也就是间接的,通过说明事物不是什么而使事物自身面目显露出来。他认为禅宗和道家都擅用这种方法,而西方哲学一贯侧重正的方法,缺少负的方法,他由此就特别强调负的方法,认为这是中西哲学可以互通对话,中国哲学可以补西学之不足的关键。(参见冯友兰:《中国哲学史新编》,人民出版社2009年版)

这至一的理，是遍为万有的实体，而不属于部分的，是无形相、无方所而肇始万有的。无形相、无方所。好似是无所有的，然而肇始万有，却又是无所不有的，其妙如此。这理，至玄、至微，故名言困于表示。因为一切名言的缘起，是吾人在实际生活方面，要应用一一的实物。因此，对于一切物，不能不有名言，以资诠召。此名言所由兴。我们试检查文字的本义，都是表示实物的。虽云文字孳乳日多，渐渐的抽象化，但总是表示意中一种境相，还是有封畛的东西，离不了粗暴的色采。我们用表物的名言来表超物的理，这是多么困难的事。你想把这理当做一件物事来看，想径直的表示他是什么，那就真成戏论了。所以，玄学上的修辞，最好用遮诠的方式①

可见，在熊十力看来，本体性的存在是无法用正面的描述得以显现的，而只有以遮诠法使得诸法得以遣破，而显露真实之体。但是，熊十力超越章太炎的一点是，他将遮诠和表诠结合于“譬喻”②说：“在孔子之《周易》中便不同于占卜之象，固已改为譬喻矣。譬喻，根本不同于占卜之象者，凡哲学界伟大著作，发表其广大深远的义蕴，遇难以直达之义，往往借譬喻以达意。譬喻，固必与意中所欲说明之义有少分相似（少分，犹俗说些微，即只有很少的一点儿相似也）。凡用语言文字等工具以表达理道，有时遇到困难，则取譬喻以便达其难达之旨趣，此乃常有之事。”③可见，熊十力认为不是所有的场合都适合用遮诠法，遇到需要直接表达自己观点但难以直接表达的时候就需要用皆具表诠和遮诠作用的“譬喻”法。

由此可见，作为同时代的著名学者，章太炎和熊十力同为精通佛学者，同为为传统文化伸张正义者，故而使用了同样的方式，同样表现了西学东渐的学术特色。

---

①　熊十力：《熊十力全集》（第 3 卷），湖北教育出版社 2001 年版，第 77—78 页。

②　就是“出语或行文遇到难以达出的道理，往往用譬喻以助说明”［熊十力：《熊十力全集》（第 7 卷），湖北教育出版社 2001 年版，第 492 页］。

③　熊十力：《熊十力全集》（第 7 卷），湖北教育出版社 2001 年版，第 494 页。

第三节　判　教

判教本是佛教内部为了解决因世尊说法时间、地点不同而令经文在理解的过程中产生歧义而进行的分类剖析，是对传入中国的佛典和佛学理论进行判断、分析和解释的方法。在佛教的历史上，不同的宗派有不同的判教标准与判教方法。尽管各派的判教不同，但目的都是总持佛法，将佛教义理按照一定的标准来划分阶段和派别，使其义理互不障碍。① 可见，判教是一种解决人对于经文理解纷争的手段和方法。

印度佛教之时已有判教活动，如《楞伽经》的顿渐二判，《华严经》的三照，《涅槃经》的五味，《解深密经》的三时，《法华经》的三车，都是判教活动。② 但是，印度的判教一般都是以后面所得之义理来统摄或批判前面的义理，以达到统摄佛法的目的。与其不同的是，中国佛教内部进行的判教活动则是从大处着手，即佛经皆为佛所说，不离佛大慈大悲救度众生的宗旨和立场。在此基础之上，各经典之间从本质上来讲就存有很深的联系，因而便有融通的必要性。由此可见，中国高僧所进行的判教意在使人在理解经典的过程中，能够放弃一己之偏见，站在佛陀慈悲施舍种种方便法门的立场之上来看待各经典之间的差异。崔大华先生认为："判教理论试图通过在佛学中注入历史观念的因素，从而实现对分歧繁杂的佛教经典、理论和境界有一个完整的、具有历史感的宏观整体认识，是在中国文化环境中生长出来的一种理论创造力。"③可见，判教理论的产生在解决佛教各种理论之间的矛盾和差异，从而使其成为一个整体方面，具有重要的功用。

---

① 由于人有无明业障，故而会在读经的过程中被自己的一己之见左右，从而产生是己非他的纷争。进而会产生不同派别对于其他教派的排斥和不理解，故而，判教在解决这一问题上有着不可替代的功用，让人能够明白，不管是什么教派，总归是释迦牟尼佛所说之法。

② 霍韬晦：《现代佛学》，中国社会科学出版社 2003 年版，第 72 页。

③ 崔大华：《庄学研究》，人民出版社 1992 年版，第 524 页。

当然,判教活动并非只是局限在佛教内部。吴根友先生认为:“狭义的‘判教’活动,是指中土佛教理论中一种依于自己对佛教教义的理解、对佛教教义次第展开的内在逻辑进行理论分析的宗教教义的学术活动。广义的‘判教’活动,则是指学术研究过程中某些学者或思想家从自己推崇的一种理论出发判别其他理论成就高低的学术活动。”①可见,广义的判教是不同文化和思想碰撞交融的一种必不可少的方式,因此历来被学者们所广泛应用。在中国的历史上,一直都不乏以判教方法进行思想文化会通的情况。在中国儒、释、道三家的会通过程中,亦出现了三教之间的判教活动。如前文所论及的释德清、杨文会居士等人就有判教思想。释德清将判教的方法应用在了三教中,他说:“孔子,人乘之圣也,故奉天以治人;老子,天乘之圣也,故清净无欲,离人而入天;声闻、缘觉,超天人之圣也,故高超三界、远越四生、弃人天而不入;菩萨,超二乘之圣也,出人天而入人天,故往来三界、救度四生、出真而入俗;佛则超圣凡之圣也,故能圣能凡,在天而天,在人而人,乃至异类分形,无往而不入,且夫能圣能凡者,岂圣凡所能哉?”②可见,释德清将孔子判为“人乘”,将老庄判为“天乘”,阶位比佛菩萨要低,可以说是成为佛菩萨之前的阶段。他的这种判教方式是站在佛教的立场上的。杨文会则直接将老庄判摄为“大乘菩萨”③,是一种教外的判教方法,意在要融通三教之间的差异性。太虚大师称赞孔子:“是可知孔子精神之寄托,殆超乎常人人生宇宙之上也,质言之,即不以现世为限。”④可见,太虚大师认为儒学中其实隐含着出世间法,从这个意义上来说,孔子亦是佛教体系中的圣者,此为儒佛会通中使用判教的典型之一。现代新儒家代表人物牟宗三先生亦有这样的尝试,他在《圆善论》中认为“凡圣人之所说为教,一般言之,凡能启发人之理性,使人运用其理性从事于

---

① 吴根友:《判教与比较——关于“比较哲学与比较文化研究”》,《哲学动态》2011 年第 5 期。

② (明)憨山:《憨山老人梦游集》(下册),北京图书馆出版社 2005 年版,第 334 页。

③ 参见季羡林主编:《杨仁山居士文集》,载《中国近现代佛学大师著述系列》,黄山书社 2006 年版,第 298 页。

④ 释太虚:《太虚大师全书》(第 41 册),太虚大师丛书出版委员会 1955 年版,第 62 页。

道德的实践，或解脱的实践，或纯净化或圣洁化其生命之实践，以达至最高的理想之境者为教”。[①] 牟先生还说：“这样的可说为教者，有各种不同的途径，因此，有各种不同的教，在西方有耶教，在东方有儒释道三教，每一教是一系统。就佛教而言，那样的教，虽都是佛所说，然有各种说法，每一说法亦是一系统。然则于这些说法中，哪一种说法是最圆满的说法而可称为圆教呢？因此，这便有需于判教。”[②]可见，牟宗三认为儒、释、道均可作为判教，判教的概念并非独属佛教，将“判教”的概念应用在了除佛教之外的其他学说当中去。唐君毅先生在其大著《中国文化之精神价值》中亦涉及判教。马一浮亦提出了“文化判教说”的议题。可见，判教这种方法在中国思想史上是被广为应用的，是融通文化的必要方式。但这种融通肯定有一个根本的归置，即不同学者所持有的立场不同，因而有不同的判教标准。无论如何，正如霍韬晦先生所说：“判教是一种总持的智慧。所以判教之智慧，尤为必要。今日世界四分五裂，人心浮嚣，究其原委亦是知识世界分裂的结果。西方文化原是一重智而向多方活动之文化，故其所成立之知识世界，亦是一分途独立、各自发展的世界。”[③]即，在当今世界的多元文化格局之下，用判教的方式来解决文化之间的冲突是非常必要的。

综上所述，我们可以得出这样一个结论，即，判教方法同格义方法一样，本为出自佛教的方法，却被用在了更为广阔的空间中，对于各种文化之间的交流会通起到了极为重要的作用。

判教方法在《齐物论释》中的体现主要集中在章太炎将庄子判为菩萨一阐提上。与以往以佛解庄者不同的是，章太炎并未像释德清、陆西星、林希逸等人对庄子的判摄未超出三界那样，而是直接认定庄生就是菩萨一阐提。他说：“《起信论》所谓‘离于妄见，不住生死’；‘摄化众生，不住涅槃’。《大乘入楞伽经》谓此为：‘菩萨一阐提，云知一切法，本来涅槃，毕竟不入，非舍善根。’

① 牟宗三：《圆善论》，（台北）学生书局 1985 年版，第 267 页。

② 牟宗三：《圆善论》，（台北）学生书局 1985 年版，第 269 页。

③ 霍韬晦：《现代佛学》，中国社会科学出版社 2003 年版，第 416 页。

此盖庄生所指之地。”①章太炎之所以将庄子判为大乘菩萨一阐提，原因在于在他看来，庄子“不怖畏生死，随顺法性，亦不为生作增上缘也。是岂以轮转遗忧邪！原夫大乘高致，唯在断除尔馀，译言断所知障，此既断已，何有生灭与非生灭之殊。”②可见，庄子和大乘菩萨一样，由于断除了所知障，没有了生灭的分别心，因此都不欣涅槃，不厌轮回，具有以百姓心为心的勇猛无畏、救度众生之精神。此处的庄子就是菩萨的果位和境界。

其实，从佛教义理和庄子的本意看来，这二者之间有着根本的不同。佛教的菩萨一阐提是超越世俗层面的，其眼中的世俗世界和众生都是如梦幻泡影的。但尽管如此，大乘菩萨仍然能够解救众生生苦，亦拔除死苦。但是，庄子的境界并未达到那个程度。因为他所谓的天地万物一体的境界也只是一时的、暂时的境界，这个境界并非是恒常不变的。在这种短暂的境界之后，他依然要回到现实来面对人间世对人的戕害，从而产生对于百姓苦难的怜悯，进而立言立说，以唤醒众人在精神层面对于是非苦难的消解。同时，庄子对于世间众人的看法是建立在实有的基础之上的，而非如大乘菩萨一阐提那样观世间众生如幻。因此，我们说，庄子的境界远远没有达到菩萨一阐提的程度。故而释德清等人从佛教“以何身得度者，即现何身而为说法”之处来判摄庄子为天乘，是为适应中土之根机而实现融通佛庄的解释。较之释德清，章太炎从佛教的菩萨之境界对庄子境界进行解读，从更深的层面会通了庄佛。同时，通过将庄子判摄为“菩萨一阐提”，表现了章太炎将道家判入佛教体系中，从而实现庄佛地位同一的理论目的。章太炎作为《齐物论》的一个文本解读者，我们无权来判定他的理解是对是错，故而不作是非层面上的判断，只能做价值层面上的判断。但不能否认的是，章太炎亦是站在佛教的立场来对于庄子学说做出判摄。章太炎的这种判教方法一直延续到他晚年所作的《菿汉微言》中：“文、

① 章太炎：《齐物论释定本》，载《章太炎全集》，上海人民出版社 2014 年版，第 140 页。

② 章太炎：《齐物论释定本》，载《章太炎全集》，上海人民出版社 2014 年版，第 140—141 页。

孔、老、庄,是为域中四圣,冥会华梵,皆大乘菩萨也。"①此时的章太炎将文、孔、老都升至与庄子一样的地位,判为会通华梵的大乘菩萨。这体现了章太炎晚年思想的转变,此在后文有详细论证,此不赘言。

毋庸置疑,如果说释德清、杨文会等人的判教意在将庄子纳入佛教的体系中,从而丰富其内涵,使更多的中土人士能够接受佛学,从而起到宣传佛教的目的的话,那么,章太炎的判教则并非出于护教的目的。他的立意在于社会文化,他说:"庄生本不以轮转生死遣忧,但欲人无封执,故语有机权尔。又其特别志愿本在内圣外王,哀生民之无拯,念刑政之苛残,必令世无工宰,见无文野,人各自主之谓王,智无留礙然后圣,自非顺时利见,示现白衣,何能果此愿哉。苟专以灭度众生为念,而忘中途恫怨之情,何翅河清之难俟,陵谷变迁之不可豫期,虽抱大悲,犹未适于民意。夫齐物者以百姓心为心,故究极在此,而乐行在彼。"②由此可见,章太炎将庄子判为菩萨一阐提,纳入佛教的系统中,是想借庄子的内圣外王之愿来表达自己的济世情怀,破除世人对文明与野蛮的分别心,倡导文化的多元性而非一元性,从而挽救民族危亡和生民之艰。

如果说,章太炎使用格义法意在对于庄佛两者之间名相概念的比附层面达到融通效果的话,那么,对于判教方法的使用则是从境界的层面融通了二者,因此在以格义为基础的同时,也就超越了格义。

总之,由于章太炎的《齐物论释》并未脱离传统的注疏方式,因此,我们可以遵循经典解释学的立场来对其进行考察,并且发现《齐物论释》亦是"我注六经"与"六经注我"相结合的产物。③ 我们知道,早年的章太炎是以注疏、考据而称名于世的,他从中积累了深厚的小学功底。但甲午战争后,章太炎又开

---

① 章太炎:《菿汉微言》,载《章太炎全集》,上海人民出版社 2015 年版,第 37 页。

② 章太炎:《齐物论释定本》,载《章太炎全集》,上海人民出版社 2014 年版,第 141 页。

③ 从基本形式上来看,章太炎亦未脱离传统的注疏方式,《齐物论释》的诠释便是建立在对于庄子的注疏、训诂之上,并以此来建构自己哲学体系,但是,这种方式并未突显其诠释方法的特色。

始将其注意力集中到了如何建构自己的思想体系上，故而转向从义理的角度来对传统诸子学进行重新诠释的路向上。由于任何智慧的生成都是建立在对实践经验与知识积累的基础之上的，而“我注六经”正是积累知识最为重要的途径。从这一点来看，如果章太炎没有曾经的“我注六经”经验之积累，就无法对诸子有着更加深刻的理解，从而无法产生真正属于自己的见解。因此，在此基础上，章太炎才有了通过对于庄子的诠释间接发挥出自己的思想，由此而写出《齐物论释》这样一部“六经注我”的重要义理之作。可以说章太炎还是以“我注六经”的注疏形式表达了“六经注我”的哲学理念。在他使用的格义法中，他用佛教的概念来比附、解释庄子的概念，从而达到了对于庄佛义理在概念上的会通；而在遮诠法中，由概念上升到了判断层面，并以否定判断为基础来凸显出庄子的第一义。进而，在判教中，章太炎又从推论的层面推断出了庄生是佛教的菩萨一阐提，从而在更高的层面实现了佛庄之间的会通，并将自己的经世用心蕴涵在这样的诠释著作中。由此看来，他已经将义理的诠释（“六经注我”）与注疏的形式（“我注六经”）较为合理、圆融地结合在了一起。

刘笑敢先生认为：“一个人的思想称得上哲学体系需要具备哪些条件呢，似乎不能少于下列五个条件。一是他的思想必须以讨论哲学问题为主，这一点应该是不言而喻的。二是有丰富的多侧面的思想内容。思想单一，只讲一个问题当然称不上体系。三是多侧面的思想之间有内在的统一性、连贯性，虽可能有内在矛盾和紧张，但必须大体圆通，不能支离破碎。四是这些不同的思想侧面之间有一种理论结构上的关系，或曰逻辑上的相互关系。最后，这些讨论应该是有相当的独特性、创造性的，完全综合别人已有的思想就很难称作思想体系，至少不能成为新的思想体系。”①以此为参照，我们再来审视《齐物论释》并可以断定它是一部讨论哲学问题的著作。章太炎通过各种诠释方法，将佛学之高蹈赋予到了他对庄子哲学的建构当中去，从而形成了自己的“齐

① 刘笑敢：《诠释与定向——中国哲学研究方法之探究》，商务印书馆 2009 年版，第 41 页。

物哲学”。这样的哲学其实已经内含了他对于宇宙人生的全新理解，前文所述的其对物我、生死、名相等命题的解读都表现了这一点。其次，其内在逻辑是贯通的，这几个命题之间是层层推进的关系，到了庄周梦蝶那里，便已经含摄了前面的论证。可以说，庄周梦蝶正是前面几个命题推论所得的最终归宿，此既是人生的归宿，亦是宇宙万有之归宿。不过，章太炎的内心并不满足于只停留在对于形而上层面的探索。形而上学只是他经国济世思想之理论、思辨上的支持罢了，他的最终目的还是要回到现实中去，为救国救民提出自己的解决之道。所以，在《齐物论释》的后半部分，章太炎集中表达了自己的多元文化等济世理念。他所运用的中观理路，将真俗二谛运用无碍，从而使得形而上与形而下得到了较好的结合。最后，通过论述我们得知，章太炎的以佛解庄是超越了以往以佛解庄者的，其原因在于，他不仅运用了唯识思想，而且还运用西学概念来对庄子的概念进行了反向格义。不仅如此，在诠释的过程中，章太炎还大胆地使用佛学的逻辑理论（比如，将般若中观的归谬法运用自如等等），对其后的熊十力亦产生了一定的影响①。不过，最为重要的是，他的诠释方式彰显了现代性，体现了时代的特色，为后来的学者们提供了一定程度上的参照与参考，这是其诠释方法的独特性之所在。

综上所述，我们可以对章太炎以诠释建立哲学体系的运思理路进行梳理与总结：他的《齐物论释》首先是部哲学著作，当中所探讨的几个问题、几个侧面是比较丰富的，他不仅从真的方面进行了形而上的建构，亦从俗的方面展开了自己的表达，将真与俗较为完美地结合了起来，可称得上圆通。当然，在俗的范围内的各种理念是由真的部分所引申出来的，而真的部分内部各命题之间的关系亦是符合层层推进的逻辑条理的。同时，其诠释《齐物论》的方法亦是新颖的，具有创造性的，他通过佛学名相、西学概念来格义庄子概念，从而使其更加明晰化、深刻化，这是章太炎诠释方法在学术史上的贡献；他又将佛学

---

① 参见熊十力：《心书·船山学自记》，载《熊十力全集》（第1卷），湖北教育出版社2001年版，第6页。

思想中的菩萨道精神运用于解释庄子的精神世界当中去，是寄己意于庄意，或者可以说以庄子之内圣外王为载体，抒发了自己的经国济世的理想。同时，他还将佛学内部所使用的判教方法应用于论证庄佛之间的统一性和融合性当中去，使得两种话语系统的学术思想在其佛学视野中得以融合。可以说，这些方法的使用，使得他所建立的哲学体系体现了形而上与形而下的统一。刘笑敢先生认为："牟宗三是中国哲学诠释传统在现代中国的突出代表，是以经典诠释为主要形式表达、建立哲学体系的第一人。"①但是，通过对于《齐物论释》的探究，我们完全可以说，章太炎早已经运用此方法来建构自己的哲学体系了。

由此推理，我们可知，章太炎的《齐物论释》是通过诠释传统而建构起自己独创性思想体系的成功代表。由于中国经典诠释学，亦脱离不了诠释学的基本精神："视域融合"②，即解释者与文本之间的融合所产生的理解，具有一

---

① 刘笑敢：《诠释与定向——中国哲学研究方法之探究》，商务印书馆 2009 年版，第 45 页。

② 伽达默尔认为："只要我们不断地检验我们的所有前见，那么，现在视域就是在不断形成的过程中被把握的。这种检验的一个重要部分就是与过去的接触，以及对我们由之而来的那种传统的理解。所以，如果没有过去，现在视域就根本不能形成。正如没有一种我们误认为有的历史视域一样，也根本没有一种自为的现在视域。理解其实总是这样一些被误认为独自存在的视域的融合过程。我们首先是从远古的时代和它对自身及其起源的素朴态度中认识到这种融合的力量的。在传统的支配下，这样一种融合过程是经常出现的，因为旧的东西和新的东西在这里总是不断地结合成某种更富有生气的有效的东西，而一般来说这两者彼此之间无需有明确的突出关系。与历史意识一起进行的每一种与流传物的接触，本身都经验着本文与现在之间的紧张关系。诠释学的任务就在于不以一种朴素的同化去掩盖这种紧张关系，而是有意识地去暴露这种紧张关系。正是由于这种理由，诠释学的活动就是筹划一种不同于现在视域的历史视域。历史意识是意识到它自己的他在性，并因此把传统的视域与自己的视域区别开来。但另一方面，正如我们试图表明的，历史意识本身只是类似于某种对某个持续发生作用的传统进行叠加的过程，因此它把彼此相区别的东西同时又结合起来，以便在它如此取得的历史视域的统一体中与自己本身再度相统一。"（［德］汉斯-格奥尔格・加达默尔：《真理与方法》（上卷），上海译文出版社 1999 年版，第 393—394 页）由此可见，视域的融合在伽达默尔的理论中主要彰显为一种在诠释活动中的历史性局限和主体性的局限，从而使得作为历史性的主体面对文本这样的客体时间所产生的理解的融合。这样的思想在中国的诠释传统中亦有体现，比如，老庄的经典之作在魏晋时期，被处于当时历史时期的士人解读为玄学本体论，这就是魏晋士人在历史性的局限中所进行的具有主体性色彩的解读，实际上亦是视域的融合，即老庄的视域与魏晋解读者视域之间的融合。

定的合理性。因此,《齐物论释》作为一部诠释性的著作,我们在对其进行评价的时候,只需在价值层面,而无需从是非对错层面对其进行研判。

行文至此,我们可以得出这样一个结论:章太炎大致是顺应庄子的基本思想以及历代注解家的注解来进行诠释的,但是他又通过佛学和西学的诠释资源,使得我们对《庄子》有了更为深刻的理解。更重要的是,在此基础上,他又提出了具有现代性的现实理念,这较之于历代注家的注解是一种超越。① 可以说,章太炎的《齐物论释》是一部极富价值的诠释之作②。

---

① 章太炎不同于郭象对于庄子的逆向解释,刘笑敢的看法是:"郭象《庄子注》否定庄子原文的基本概念和思想方向,创造了新的哲学体系,是'表现性定向'的外化,可称之为'逆向诠释'和'逆向创构'的代表",原因在于:"郭象挪用《齐物论》中大小为一的观点来扭转、抹杀《逍遥游》中的大小之辩,将庄子之超越的逍遥扭转为'足性'的逍遥。"(刘笑敢:《诠释与定向·序言》,商务印书馆 2009 年版)郭象尽管通过解释庄子而实现了自己的理念建构,但却离庄子越来越远,并将其拉入到儒家的范围,为其做了依据;而章太炎却不存在这样的问题。

② 陈少明说:"对作品更好的解释,不是对问题更好的讨论。前者是学术史的,后者的价值则表现在思想史或哲学史上。"由此看来,章太炎属于后者,为更有价值的解释。(参见陈少明:《〈齐物论〉及其影响》,北京大学出版社 2004 年版,第 215 页)

第五章　哲学思想与济世理想之间的张力

——对《齐物论释》价值的评判

在历史的长河中，章太炎之《齐物论释》对于中国文化而言，只不过是沧海一粟，而身处风云变幻、革命四起的晚清民国时代的人们，又将目光更多地聚焦到了革命洪流当中，而较少关注到那些书斋里的文字。因而，章太炎的《齐物论释》在一定程度上也受到了冷落。

客观来说，在章太炎的《齐物论释》中一直存在着哲学思想与济世理想之间的张力。这种张力，就连章太炎自己也意识到了，这主要体现在他后来回归儒家思想的转向上。不仅如此，这种张力，章门弟子也感受到了，所以有了周作人等人对其师最得意之作的不解和冷落；这种张力，更是被同时代以及现当代的一些学者所深刻、直接地揭示，并予以批判。但是，也有部分学者在不解与批判的同时，能够予其以同情性的理解，从而更能够从客观的角度予其以理性中肯的评价。在笔者看来，虽然《齐物论释》中的确存在着一些张力和不足，但是，它确实是有着自己独特、精彩且有意义的理论价值的。若将其放在章太炎的思想体系中去看，《齐物论释》占据着重要的地位，是章太炎一生学术思想理念"真俗"之际的交点之作。不仅如此，若从思想史的角度而言，《齐物论释》亦是一部非常有思想特色的论著，它是应世佛学的代表之作，更是庄学史上的精彩之作,无论是在当时还是现在,皆如此。

第一节 《齐物论释》在章太炎思想体系中的地位

笔者认为,章太炎在晚年将思想转向儒家,是他自己意识到了这部“转俗成真”的得意之作内部存在着不可避免的张力,从而使其在应对现实时有种无力感。章太炎将自己一生的学术历程总结为:“自揣平生学术,始则转俗成真,终乃回真向俗。”①可以说,章太炎由“转俗成真”而成《齐物论释》,又从“回真向俗”转向儒家,是其济世理想的调整性转折。这反而成就了《齐物论释》成为这两个阶段的交点之作,成为其一生学术思想转折的交点之作,是其一生学术理念和观点“形而上的浓缩”之作。从这一点来说,《齐物论释》在章太炎的思想体系中占据着极为重要的地位。在这里,需要特别指出的是,“转俗成真”与“回真向俗”之间内在的连结便是法相唯识宗。对此,麻天祥先生认为:“章氏的法相唯识学,是他的学术‘转俗成真’和‘回真向俗’两个方面的产物。前者以求是为目的,大胆而又认真地对中国传统哲学进行了系统的、有价值的反思,并和西方哲学比较研究,以获取认识世界的普遍真理,有纯哲学的性质。‘追寻原始,惟一真心’,就是对其‘求是’而得真的注脚。后者以‘致用’为内趋力,表现了‘求是’和‘致用’的趋合心理。”“正是这种趋合心理作用的结果,所以它不可能不带有应务的色彩。故我们说后者是成真以致用的应用哲学。”②可见,转俗成真,是章太炎利用唯识理论建构自己哲学体系的阶段,是形而上学层面,是“求真”的过程。“回真向俗”是他将自己已经建构的形而上学的哲学体系用于世俗层面,以期解决世俗间的各种问题,是形而下的层面,亦是“致用”的层面。在此阶段,对世间问题的解决较之形而下层面的

① 章太炎:《菿汉微言》,载《章太炎全集》,上海人民出版社 2015 年版,第 70—71 页。

② 麻天祥:《20 世纪中国佛学问题》,武汉大学出版社 2007 年版,第 138 页。

具体实践而言有了哲学高度的指导,有着更为正确的方向。前文论述《齐物论释》的成书原因和背景时对于“转俗成真”的历程已有较为详细的说明,因此,在此节中“回真向俗”才是重点的考察对象,并在此基础上探讨了《齐物论释》成为两个阶段之交点的原因之所在。

关于对“转俗成真”的分析,当先从对“俗”与“真”的分析开始。唐文权、罗福惠在《章太炎思想研究》一书中认为,章太炎所说的真、俗有两层意思:“一为‘致用’,也即思想学术研究的对象或目的,二为‘求是’,也即思想学术研究的方法。”[①]然而,在笔者看来,此种划分稍显笼统。固然,“俗”从一般意义上讲是指世间的事物;但纵观章太炎一生的学术历程,早年和晚年的“俗”却有着不同的所指与内容。而“真”则是一致的义涵,即一种哲学的思考。由此看来,此处的“俗”当指章太炎早年所致力的训诂、考据和各种政治、文化、种族等经国济世的学说。以他的话来说就是:“谨守朴学”,“寻求政术,历览前史”[②]。与此同时,这一时期的章太炎对待孔子是持批判态度的,在《訄书》中,他明确表示,孔子存在于中国,是中国的祸患,认为孔子最多也是“古之良史”,赋予其史学家的地位。干春松先生认为这种说法:“从一定程度开启了近代批评孔子的潮流”[③]。但是经过三年之狱,使得章太炎于上海西牢内潜心佛学,阅读了大量法相唯识宗的经典。与此同时,革命进程曲折坎坷,中华民族苦难日重,这些都促使他开始酝酿建构新的哲学体系,以试图来挽救世道人心和民族国家的日益沉沦。正是在这样的背景下,他写出了《文始》《齐物论释》《国故论衡》等成熟的哲学论著,建构了自己独特的哲学体系。姚奠中先生将此过程进行了详细的论述:

> 武昌起义爆发前,章太炎仍在讲学。据刘文典回忆,武昌起义消息传来时,章太炎正为众学子讲授《庄子》——“拿佛学印证《庄子》”。这一

① 唐文权、罗福惠:《章太炎思想研究》,华中师范大学出版社1986年版,第278页。

② 章太炎:《菿汉微言》,载《章太炎全集》,上海人民出版社2015年版,第69页。

③ 干春松:《章太炎与〈訄书〉》,《光明日报》2006年7月18日。

> 时期，是章太炎学术活动的一个高峰期，将古今中西学术融会贯通，深入研究思考，创获极多。当年九月出版的日文杂志《日本及日本人》载有《访章太炎》一文，记章太炎当时潜心学术情况：斗室之中，到处是书，章太炎蓬头乱发，同时思考着几个学术领域的重要问题，畅谈经学、史学的源流发展，佛家学说与西方哲学的比较等等。①

可见，在民族危难时刻，章太炎潜心学术，并非是要钻故纸堆，而是想将其以前的各种学术理念和学术方法以及当时所接触的各种学术资源做一个形而上的浓缩，使其有一个形而上的依靠，这就是"真"的层面的《齐物论释》。

"回真向俗"里的"真"依然指的是章太炎以佛教与诸子融通所建构的哲学体系；而这里的"俗"则指的是章太炎重回儒家，并通过以庄证孔、以佛解儒的方式来解决现实问题的做法。如果说"转俗成真"是章太炎在残酷的现实面前所做的重新反思而成的哲学体系的话，那么回真向俗则是他在通过哲学的思考之后又重新回归现实，在形而上的指导和支持下重新挑战现实各种问题所做的努力和尝试。

这一时期，章太炎明确表示："学术无大小，所贵在成条贯制割。大理不过二途：一曰求是，再曰致用。下諭动物、植物，上至求证真如，皆求是耳。人心好真，制器在理，此则求是致用更互相为矣。"②可见，章太炎此时认为在应世面前，所有的学问都无高低贵贱之分，只要有利于解决世间各种问题的，我们都可以利用它。在此，哲学在章太炎的学术体系中走下神坛，与其他的世间学问一般，共同作用于救国救民之中，但有所不同的是，它依然起到从形而上学层面指导现实的作用。

这一阶段的章太炎看先前治学者，认为他们常常不免于"专志精微，反致陆沉，穷研训诂，遂成无用"，而他对于自己在这一阶段的评价是："余虽无腆，

---

① 姚奠中、董国炎：《章太炎学术年谱》，山西出版传媒集团、三晋出版社 2014 年版，第 178 页。

② 章太炎：《菿汉微言》，载《章太炎全集》，上海人民出版社 2015 年版，第 43 页。

固足以雪斯耻！”①可见，此时的章太炎对于以往两类学者都有所批评，无论是专志精微的学者还是只是沉迷训诂的学者，在他的眼里都有其片面性。

不仅如此，章太炎思想结构亦发生了改变。具体而言，以往以佛学为主导，批判儒家的思维结构最终变成了佛教地位的下降，儒家地位的上升，以及庄子地位不变的结构。他说：“癸甲之际，启于龙泉，始玩易象，重籀《论语》。明作《易》之忧患，在于生生。……故唯文王之知忧患，唯孔子为知文王。《论语》所说，理关盛衰，赵普称半部治天下，非尽唐大无验之谈。”“我从前倾倒佛法，鄙视孔子、老、庄，后来觉得这个见解错误，佛、孔、老、庄所讲，虽都是心，但孔子、老、庄所讲的，究竟不如佛的不切人事。孔子、老、庄自己比较，也有这种情形，老庄虽高妙，究竟不如孔子的有法度可寻，有一定的做法。”②这时的他，反思了庄佛的不切人事，肯定了孔子儒家的实际功用。同样地，牟宗三先生也认为，在应对世间事务方面，老庄的确不如孔子儒家，但其在理论方面却比儒家高蹈，他说：“整个社会、现实世界就是尘垢，你在尘垢之内怎么能随便游呢？你游到这里，就与那里不通了嘛。你能游乎尘垢之外才能无往而不通。这是道家的基本精神。道家只会说这个道理，把这个道理讲得很好。谁能做到呢？老庄并不做到呀，只有孔夫子，圣人才可以做到。孔子在圣人的地位，他不是哲学家，所以，他讲道理不行。老庄是哲学家，只会讲，他们并没有做到啦。”③牟先生用简洁直白的话语讲出了中国传统文化中的两条主干学派的根本性区别。儒道两家各有所长，各有所短，不分高低，只是在当时的时代背景之下，儒家切尽人事的实践精神更被需要。1922 年，章太炎在上海演讲国学时强调：

---

①　章太炎：《菿汉微言》，载《章太炎全集》，上海人民出版社 2015 年版，第 71 页。

②　章太炎：《论新文化与旧文化》，载汤志钧编：《章太炎年谱长编》（下册），中华书局 1979 年版，第 618 页。

③　牟宗三讲演，卢雪昆整理：《庄子〈齐物论〉讲演录》，《鹅湖杂志》2002—2003 年第 319—332 期。

> 至于直接研究佛法，容易流入猖狂。古来专讲佛而不讲儒学的，多不足取，如王维降安禄山，张商英和蔡京辈往来，都是可耻的。因为研究佛法底居士，只有五戒，在印度社会情形简单，或可维持，中国社会情形复杂，便不能维持了。历来研究儒家兼讲佛法的，如李习之、赵大州口不讳佛，言行都有可观。可见研究佛法，非有儒学为之助不可。①

章太炎在此更进一步反思了偏重佛教，轻视儒学的弊端。作为中国社会根深蒂固的思想学说，儒学经过长时间的潜移默化，早已在国人的内心深处生根发芽。与之不同的是，佛教虽然经历了中国化进程，但从根本上说毕竟是域外传入中国的思想学说，它有自己生发和成长的土壤与环境，所以需要与儒学结合，以适应中国的社会情状。这是章太炎根据中国社会复杂的现状，论证了将佛法与儒学相结合的重要性。在具体层面，章太炎在《菿汉微言》中有用较大篇幅通过佛学来解读《周易》的做法。比如他说："乾知大始，坤作成物。乾即阿赖邪，先有生相，即起能见，能见而境界妄见矣，故曰大始。坤即末那，执此生为实，执此境界为实，皆顺乾也，故曰成物。阿赖邪识有了别，无作用，故曰知。末那恒审思量，思即是行，故曰作。"②此处，章太炎用唯识解《周易》，用第八识解读乾，用第七识解读坤，认为由于第八识是主宰，第七识执着第八识而恒审思量，因此受制于第八识，故而，坤顺于乾，以乾为主。不仅如此，1935 年，章太炎在《与唐大圆论佛学及其他》一文中将孟子的"万物皆备于我"解读为"乃不要天而执我，似数论师。惟孔子言毋意、毋固、毋我，方是佛法。谓意是意根，必是恒审思量，固是执着，我是人我法我"。将孔子的"逝者如斯夫"解读为"此即阿赖耶识之恒转如瀑流，但仅言其相而不说要断除，斯亦儒家不言之隐"。③ 可见，章太炎用佛教唯识理论来诠释儒家思想，可以将

---

① 章太炎:《演讲集》(上)，载《章太炎全集》，上海人民出版社 2015 年版，第 350—351 页。
② 章太炎:《菿汉微言》，载《章太炎全集》，上海人民出版社 2015 年版，第 17—18 页。
③ 章太炎:《太炎文录补编》(下)，载《章太炎全集》，上海人民出版社 2017 年版，第 898 页。

其看作之前以佛解庄方法的延续，亦是对儒家思想价值与现实作用重视的具体表现。但正如我们之前所论证过的那样，儒家在近代以来遭受到了前所未有的冲击，其与制度的结合已成为过去，其几千年的独尊地位也已丧失。儒学无力回应各种危机，因此，此时的章太炎并不是要简单地回到那个自身难保的儒家，而是用齐物哲学作为指导和纲领，用融通的方法将孔、老、庄、佛相融合，取长补短，将其各自的优势发挥到最大化。他说："今之所患，在人格堕落，心术苟媮，直授大乘所说，多在禅、智二门。虽云广集万善，然其语殊简也。孔、老、庄生，应世之言颇广。然平淡者难以激发，高远者仍须以佛法疏证。恐今时未足应机，故今先举阳明以为权说。下者本与万善不达，而激发稍易；上者能进其说，乃入华梵圣道之门。"①可见，章太炎认为学问没有深浅内外邪正之分，只是随机应用而已，各有各的长处。他认为王学此时极为重要，是因为在章太炎看来，当时的大变局下，士气消沉，如果仅仅像以前那样用佛家来鼓舞士气，作用是不够的，王学从某种程度上讲是儒佛的结合体，更切合实际。可见，提倡王学，也只是章太炎的权宜之计，他多次以佛解阳明之学，认为"主宰者即流行，流行者即主宰"中的流行"即恒转如瀑流"，"主宰即人我、法我"；"阳明所谓良知者，以为知是知非也，此乃即自证分"②。可见，章太炎这种返之六经的做法并非是简单的作为，而是在《齐物论释》的哲学体系中对本土学术进行的重新阐释和反思，此正所谓，"经'回真向俗'之变，章太炎按照'齐物'之理重新分疏和阐释了儒家思想传统，他紧紧把握住儒学不离'世用'的宗旨，撇开历来汉学与宋学、心学与理学之分野，重新划分了宋以降理学的思想流派，又以造就人才、化成风俗的实效为主要标准，对各派的思想价值重新给予审视和评价，堪称一部独具特色的'中国理学史'"。③

---

① 章太炎：《书信集》（上），载《章太炎全集》，上海人民出版社 2017 年版，第 410 页。

② 章太炎：《书信集》（上），载《章太炎全集》，上海人民出版社 2017 年版，第 408 页。

③ 江湄：《超越"虚无"：辛亥士风与章太炎儒学观念的转变》，《开放时代》2017 年第 4 期。

对于这一转折的原因，谢樱宁有着十分透彻的分析："章太炎进一步正视地探讨儒家的哲学，却在第二次牢狱生活之后。比起第一回的清狱，这回袁禁对太炎心理上的刺激迥然不同。……以'知人论世'自负的章太炎，处此情境，便会很容易联想到文王囚于羑里，孔子围于陈蔡的窘迫与愤懑。……这种个人际遇的变故，推动着太炎的思想作一决定性的转折。在先前唯识论的基础上，会通起儒家的'内圣'之道。"①可见，儒家地位在章太炎思想体系当中的上升，主要是根源于他个人的经历及内心状况的改变。如果说第一次牢狱之灾让章太炎从狂热的西学崇拜当中清醒的话，那么这次灾难则使章太炎与儒家的圣人及其思想产生了共鸣，这不能不说是他回归儒家的一个契机。当然，这只是直接原因，其根本原因还在于章太炎认为儒学更能为当时的各种现实问题提出解决之道，这正说明他对于儒学实用性的认可。

伴随章太炎对于儒学实用性的赞赏以及儒学地位在其心目当中的上升，曾经被他尊崇的佛法此刻地位下降。关于其中的原因，郭应传的解释非常精到："对佛学态度的改变，除了对佛法应世功能的深刻反思，对唯识学理论的不甚满意，以及浓厚的本土文化情结等因素之外，佛学时常被浮华不实之徒所标榜和利用，也引起章氏极大的反感。"②郭应传从四个角度对佛学地位的下降进行了分析，但笔者认为，最为根本的原因是佛学尽管内含一定的入世性，但缺乏更加严密的应世系统，缺乏较强的可操作性，其入世大都集中于救度众生和行善积德之上。晚年的章太炎仍然确信佛学"高远"，但"末足应机势"："峠若直授佛法，末足救弊，盖亦得于经历迈验甚多，所谓卫生之谷麦，非攻疢之药石也。"③可见，在章太炎看来，佛学"末足救弊"，力量不足。若从当时的大环境来看，笔者非常认同葛兆光先生的看法："随着时代的变迁，当年对佛

① 谢樱宁:《章太炎年谱摭遗》，中国社会科学出版社 1987 年版，第 199 页。

② 郭应传:《章太炎佛学思想研究》，安徽人民出版社 2006 年版，第 206 页。

③ 章太炎:《章炳麟论学集》，北京师范大学出版社 1982 年版，第 377 页。

教颇有好感的那些文化人就渐渐地疏远了这个近邻，借用过拐杖的人也渐渐对拐杖生出了一丝鄙夷，仿佛看明白外语的人天然地瞧不上靠翻译书看西学的人，他们渐渐地忘记早些时候的中国人是如何理解西方文化的。”①章太炎其实就是那个借拐棍的人。与当时的其他学者应用佛学有所不同的是，他用佛学来理解庄子，来建构佛庄会通的哲学著作，以应对西学的挑战，尽管其中亦有一些以佛学格义西学的例子，但从整体上来看并非以了解西学为目的，而是将西学同样作为了解庄子，建构形而上学的思想资源之一，佛学对于他而言，亦只是一种手段而已。关于更为深层的原因，陈少明先生认为这是因为章太炎“借助佛教在观念上破‘我执’、‘法执’，以培养勇敢无畏的革命热情是其宣扬佛学的初衷，但通过排遣名相来破执的后果，是现实已被否定、理想则无着落。如果不能忘怀匡时济世的理想，又不能接受西式的价值观，就只能回归儒学”。② 陈先生的理解有一定道理，庄佛的思维方式和理论方法就是以“破”为主，是一种负的方法，是“遮诠”的方法，以此建构的哲学体系难免脱离不了“破”的痕迹，而“立”却有限，这就有可能导致指导现实的无力感和虚无感。也许这也是宋明理学家“出入佛老，返之六经”以及熊十力等人由佛返儒的原因之所在。龙泉之厄结束后，面对当时形势的逼迫，章太炎或许认为佛学这个拐棍较之本土的文化，还是有些脱离现实，因而转向了更加贴近实际的儒学，但庄子学说在其思想结构中还是保持着原有的地位。庄子地位的这种稳定性是有原因可寻的，章太炎自己说：“文、孔、老、庄，是为域中四圣，冥会华梵，皆大乘菩萨也。文王、老、孔，其言隐约，略见端绪，而不究竟，可以意得，不可质言。至若庄生，则曲明性相之故，驰骋空有之域，委悉详尽，无隐乎而。”③可见，在章太炎看来，除了佛学不太切合人事外，中国本土的文、孔、老相比于庄子也是有差距的，其言说过于隐约且不究竟。因此后期他以庄证孔，但所用

① 葛兆光：《中国思想史》（第2卷），复旦大学出版社2004年版，第529页。

② 陈少明：《〈齐物论〉及其影响》，北京大学出版社2004年版，第156页。

③ 章太炎：《菿汉微言》，载《章太炎全集》，上海人民出版社2015年版，第37页。

庄子学说亦是经过佛学解读后的庄学，是经过《齐物论释》重构之后的庄学①。他说：

> 仲尼以一贯为道为学，贯之者何？只忠恕耳。诸言絜矩之道，言推己及人者，于恕则已尽矣。人食五谷，麋鹿食薦，即且甘带，鸱鸦嗜鼠，所好未必同也。虽同在人伦，所好高下，亦有种种殊异。徒知絜矩，谓以人之所好与之，不知适以所恶与之，是非至忠，焉能使人人得职邪？尽忠恕者，是唯庄生能之，所云齐物即忠恕两举者也。②

此处的"齐物"已非庄子原来意义上的"齐物"，而是经过佛学诠释之后的，破除执着之后的齐物。在这种佛学化的庄子"齐物"哲学的视野中，孔子的"忠恕"是不究竟的，侧重的是"以人之所好与之"，而"不知适以所恶与之"，在章太炎看来，这不是真正的忠。因为从宇宙万有的角度来看，麋鹿喜欢的食物并不是鸱鸦所喜欢的，从人伦的角度来说，每个人喜欢的东西也不相同，自己喜欢的东西就不加辩证地认为别人也喜欢，从而进行推扩，这是难以实现的，且有负面的作用。因此，章太炎认为庄子才可以真正地尽忠恕之道。原因在于，庄子在"齐物"的高度进行的"忠恕两举"，即在破除人法二执、排遣名相、破除生死之后的"不齐而齐"的"齐物"。在"齐物"的前提下，章太炎通过以庄证孔的方式来表达了自己的忠恕之道，即："举一隅以三隅反，此之谓恕。""忠者，周至之谓，检验观察必微以密，观其殊相，以得环中，斯为忠矣。"③可见，尊重宇宙万物的差异，在实行忠道时能够考虑到对方的好恶，做到周全细致，而不是强行推扩，实现忠恕并行才是真正的忠恕之道。

总而言之，章太炎思想的两次转折在陈少明先生那里就是"儒—佛—儒"

---

① 李智福对这一问题有专门的论述，详见李智福：《齐物与忠恕：章太炎"以庄证孔"思想发微》，《齐鲁学刊》2019 年第 1 期。

② 章太炎：《菿汉微言》，载《章太炎全集》，上海人民出版社 2015 年版，第 31 页。

③ 章太炎：《菿汉微言》，载《章太炎全集》，上海人民出版社 2015 年版，第 31 页。

的过程[①]。笔者认为,在一定程度上而言可以作这样的理解,但儒与佛仅仅是参与建构思想体系的主力而已,除此之外,还有其他的文化元素参与其中,比如《庄子》内外篇,西方哲学,印度哲学,等等。

回真向俗之后,章太炎的思想趋向何方?对此,张志强先生认为,"《齐物论释》完成之后的学术思想趋向,应该说是对'齐物'哲学的原理加以多方面运用的结果",同时认为,"《菿汉微言》即是围绕'齐物'哲学原理在多方面深入运用而得诸多创获的结集"[②]。可见,回真向俗之后,章太炎是在其所建构的齐物哲学的引领下,将对世间问题的哲学思考用于具体的学说与实践中去,以期为抵抗西学侵略,拯救民族危亡做出贡献。而《菿汉微言》就是这一过程中他思考的结晶。此部著作是章太炎在被袁世凯监禁时所作,主要通过对探望他的弟子吴承仕就先秦诸子、宋明理学、文字音韵、佛学等方面进行答疑解难而形成的见解,同时将章太炎对时政的抨击也深藏其中。[③] 章念驰先生将《菿汉微言》称作"师徒威武不能屈的结晶"。[④] 姚奠中先生认为,《菿汉微言》"宜以哲学称之,已将佛学、先秦诸子、宋明理学及清代儒学相融,多综合比较之论,且与西方哲学比较融通(特别是康德哲学)"。[⑤] 因此,在《菿汉微言》阶段,章太炎运用已经建构的齐物哲学会通了庄佛儒等,因为在章太炎看来,文孔老庄均为中土的大乘菩萨,因此他们的思想有可会通的可能性。

尽管章太炎在真的方面的探索还有《国故论衡》下卷、《文始》等著作,但

① 陈少明:《〈齐物论〉及其影响》,北京大学出版社 2004 年版,第 156 页。

② 张志强:《"操齐物以解纷,明天倪以为量"——论章太炎"齐物"哲学的形成及其意趣》,《中国哲学史》2012 年第 3 期。

③ 吴承仕的弟子吴鸿迈先生对此过程有详细的描述:"章先生在囹圄生活中,弟子吴承仕经常给他送饭食去,老师也经常给弟子讲授解答一些学术上的疑难问题,学生每次接受老师的口授后,回家必仔细整理一番,等洪宪帝垮台了,章太炎先生出狱了,一卷精炼卓绝的《菿汉微言》紧跟问世了。"(吴鸿迈:《章太炎吴检斋师生二三事》,载《吴承仕同志诞辰百周年纪念文集》,北京师范大学出版社 1984 年版,第 144 页)

④ 章念驰:《我的祖父章太炎》,上海人民出版社 2011 年版,第 224 页。

⑤ 姚奠中、董国炎:《章太炎学术年谱》,山西出版传媒集团、三晋出版社 2014 年版,第 250 页。

之所以将《齐物论释》作为交点，是因为《国故论衡》中对于诸子学说作形而上的建构只是《齐物论释》之前的一种尝试，尚缺乏系统性和严密性。① 因此，可以说《齐物论释》代表了章太炎哲学思辨的最高点。除此之外，“如果说《齐物论释》的完成，一方面意味着章太炎对‘真’的追求达到了其最高理解，而另一方面正是这种关于‘真’的最高理解自身所包含的题中应有之义，要求它必须容纳自身的对立面即俗，需要为‘俗’提供一个与‘真’等量齐观的位置，而这才是真正意义上的‘真’。这表明，《齐物论释》是‘转俗成真’的制高点，同时也是‘回真向俗’的原理起点。”②张志强先生的这段话说明了《齐物论释》在“真”与“俗”之间的纽带作用，之所以“真”中容纳着俗，此为“既拥抱此世，又能物我双遣”。③ 在笔者看来，这是因为《齐物论释》将般若中观思想的“真俗二谛”圆融的思路贯穿全文。故而，不仅为章太炎以往的个体性、文化、道德等思想理念从哲学高度做了总结，亦将其深刻化；而且，也为其晚年的经世致用提供了哲学依据和理论方法的支持与指导④。除了这个层面上的原因之外，笔者还认为，《齐物论释》将章太炎早期和晚期的两种治学方法集中体现在了其中。正如诠释方法中所涉及的那样，章太炎在这部著作中并未完全舍弃曾经的训诂方法，而是以其为形式来阐发义理，而非偏向纯义理或纯训诂。从这个层面来说，《齐物论释》亦体现了他思想方法转向的一面。因此，亦可判断章太炎并非是以往所论之古文学家，可以说他以古文学家的治学方式来

① 比如涉及的诸子学说较繁杂，故而不如《齐物论释》集中在庄子更加有力和严密。而且，还缺乏系统性，不如《齐物论释》不仅有丰富的格义法，亦有一定的逻辑推断。

② 张志强：《“操齐物以解纷，明天倪以为量”——论章太炎“齐物”哲学的形成及其意趣》，《中国哲学史》2012 年第 3 期。

③ 王汎森：《章太炎的思想——兼论其对儒学传统的冲击》，上海人民出版社 2012 年版，第 12 页。

④ 姜义华先生亦有相似的看法，认为《齐物论释》“追求的目标，更是一个完整的社会哲学体系。宇宙论、本体论的讨论，知识论、认识论的讨论，目光都紧盯着社会生活实际。齐物哲学正是对于‘人与人相食’之世的哲学抗争。书中很大一部分篇幅，具体说明齐物哲学如何应用于社会实践，处理各类社会实际问题”。（姜义华：《章太炎评传》，百花洲文艺出版社 1985 年版，第 504 页）

进行义理的建构和思想的融通。除此之外，由于庄子学说在章太炎学术真俗阶段处于同样的地位，并未发生变化，因而，章太炎还通过“以佛解庄”达到了对庄子更加深刻的理解。只有有了更加深刻、更加贴切的理解，章太炎才能够在后来的以庄证孔中游刃有余，这既是在保障思想深度前提下的所作所为，亦是方法运用之后的熟练再试。贺麟评价说：“至转俗成真，回真向俗，俨然柏拉图‘洞喻’中所描述的哲学家胸襟。足见章氏实达到相当圆融超迈的境界。”①在笔者看来，“转俗成真”“回真向俗”所体现的，正是《齐物论释》在章太炎思想体系中的地位，即既是其早年思想理念形而上的浓缩，又是其晚年社会思想形而上的指导。从某种意义上讲，《齐物论释》在章太炎思想体系中占据着“交点”的重要地位。

第二节　他者眼中的《齐物论释》

如前所说，《齐物论释》因存在着哲学思想与济世理想之间的张力而无法实际作用于现实，因此，这部著作长期得不到大多数学者们的认可。尽管如此，还是有一部分学者比较认同《齐物论释》在学理和思想层面的价值。当然，不管是反对还是赞赏，《齐物论释》在客观上确实影响了一些学者的治学方式，梁启超和熊十力就是典型的例子。本节意在梳理与章太炎同时代学者以及当代学者对于《齐物论释》的看法，进而从中挖掘此部著作的价值之所在，同时还要分析学者们对其加以褒贬行为背后的真实原因之所在。

一、　章门弟子眼中的《齐物论释》

众所周知，章太炎门下弟子众多，且不乏才华横溢者。在今天，最被学界关注的不外乎鲁迅、黄侃、钱玄同、周作人、朱希祖等人。学界一般认为，章太

① 贺麟：《当代中国哲学》（第3编），胜利出版公司1945年版，第7页。

炎的弟子形成了中国近代史上的重要学派,可见其影响力之大;而形成这一现象的原因则可从朱希祖 1937 年 1 月 14 日写在日记中的一段话中得以说明:"余杭章太炎先生又以文字、历史为国性所托,自亡命日本时已陶铸弟子,民国既建,各大学国文、历史教授大都为章门弟子,迄今不下七八传,而亦弥布全域,大学、中学靡不有其踪迹。"①由此可见章太炎学术传承的广度和宽度。

章太炎最为得意的弟子,不外乎他所说的"四王":"季刚尝节《老子》语'天大,地大,道亦大',丐余作书,是其所自命也,宜为天王。汝为东王。吴承仕为北王。钱玄同为翼王。余问:钱何以独为翼王? 先生笑曰:以其尝造反耳。"②当然,虽然章太炎与弟子们的关系非常融洽,但当关涉学术研究方面的时候,"无论是从文学、小学、经学等学术研究的各个领域,还是从政治与文化思想来看,章门弟子都没有完全墨守成规,而是独立思考,敢于突破师说的樊篱,从而形成了传承与创新相结合的师生关系"③。事实的确如此。对于《齐物论释》这本著作,章太炎自己是非常看重的,曾多次写信给弟子交代相关事宜,比较有代表性的就是在写给龚宝铨的信中说:"《齐物论释》《文始》想肆闲存者尚多,请先寄二三十册为要。"④在给许寿裳的信中说:"《齐物论释》已刻好,明日需印。足下所书封面,望速交来为盼。"⑤希望弟子能帮他做好《齐物论释》的发行、宣传工作。同时在给吴承仕的信中说:"《齐物论释》第五章尚有未尽义,昨者读《法苑·义林章》,乃悟《人间世》篇'耳目内通,虚室生白'之说,即内典所谓三轮清净神变教诫世人。但以禅那三昧视之,虽因果相依,究与教诫卫君何与耶? 思得此义,甚自快也。足下可携《齐物论释》改定本

① 朱希祖:《朱希祖日记》(中册),中华书局 2012 年版,第 738 页。

② 汪东:《寄庵谈荟》,载庄华峰编纂:《吴承仕研究资料集》,黄山书社 1990 年版,第 294 页。

③ 卢毅:《章太炎和他的弟子们》,《近代历史与文物》2007 年第 2 期。

④ 章太炎:《书信集》(下),载《章太炎全集》,上海人民出版社 2017 年版,第 750 页。

⑤ 章太炎:《书信集》(下),载《章太炎全集》,上海人民出版社 2017 年版,第 778 页。

来，当为补入。杨仁山曾注内篇，未审其曾悟此否？”[①]与吴承仕沟通修改补充《齐物论释》的事宜。从这些通信中，我们可以感知章太炎自己对《齐物论释》在当时影响力的期待和可以得到弟子们对这部著作重视或继承的期待。但是现实情况是，在章太炎的弟子中，有部分人对《齐物论释》持肯定评价，有部分人表达了不解和反对。这就构成了《齐物论释》在其弟子中传承的复杂性。之所以会如此，这自然既与其弟子们的学术个性之差异有关，亦与《齐物论释》本身所具有的理论缺陷以及现实功用不足有关，更与章太炎的宽容心胸有关。

作为章太炎极为重视的弟子黄侃，受其师影响也“颇好大乘，而性少绳检，故尤乐道庄周”。[②] 在此前提下，他对老师章太炎的这部著作能够理解其精髓，体悟其中的价值。黄侃的学生、章太炎的再传弟子林尹说“《齐物论释》，尤能使名相双遣，净染都忘，得大道之真谛，发千古之蕴秘”。[③] 可见，林尹能够准确把握到《齐物论释》的深刻内涵和重要价值之所在，并从形而上学的角度来看待这部著作的价值。

章太炎的高足庞俊先生也说：“《齐物论释》一篇，以佛解庄，名理渊渊，高蹈太虚，足为两千年来儒墨九流，解其封执。”[④]庞俊认为，《齐物论释》因有破解文化学说之间纷争的功能，因此是有价值的。

章太炎的弟子刘文典却不满其现实直接功用的缺失。他说：“我天天到他那里去请教，听他讲些作经学、小学的方法，他又讲《说文》、《庄子》给我听，我那时候年纪太轻，他讲《说文》，我还能懂一点，他讲《庄子》，我就不大懂。再加上佛学，那就更莫明其妙了。记得有一天下午，章先生正在拿佛学印证《庄子》，忽然听见巷子里卖号外，有一位同学买来一看，正是武昌起义的消

① 章太炎：《书信集》（上），载《章太炎全集》，上海人民出版社 2017 年版，第 400 页。

② 章太炎：《太炎文录补编》（上），载《章太炎全集》，上海人民出版社 2017 年版，第 363 页。

③ 林尹：《章炳麟之生平及其学术文章》，载《国学略说》，上海文艺出版社 2001 年版，第 233 页。

④ 庞俊：《章先生学术述略》，载《制言》1936 年第 25 期。

息,大家喜欢得直跳起来。从那天起,先生学生天天聚会,但是不再谈《说文》、《庄子》,只谈怎样革命了。"[①]可见,在刘文典看来,《齐物论释》的出现是不合时宜的,其原因在于佛学与庄学都艰涩难懂,过于高蹈。虽说章太炎在其中渗透了济世理念,但这些理念都无法直接作用于现实社会。但在学术层面,他对于《齐物论释》又有着不同的评价,他认为章太炎"虽是喜欢讲佛学,但决不迷信佛教,可以说是吸取了佛学里唯物的内核,吐弃了唯心的外壳。例如他作的讲《庄子》的《齐物论释》,是用佛教的法相宗思想来解释《庄子》,而法相宗是佛教最科学、最合逻辑的一派"。[②] 可见,刘文典对这部著作从社会功用和学术价值层面分开评论,较为客观。

周作人回忆章太炎给他们讲学时说:"《说文解字》讲完以后,似乎还讲过《庄子》,不过这不大记得了。大概我只听讲《说文》,以后就没有去吧。这《庄子》的讲义,后来有一部分整理成书,便是《齐物论释》,乃是运用他广博的佛学知识来加以说明的,属于佛教的圆通部门;虽然是很可佩服,不过对于个人没有多少兴趣,所以对于没有听这《庄子》讲义并不觉得有什么懊悔。倒还是这中国文学的知识,给予我不少的益处,是我所十分感谢的。"[③]可见,周作人对于其师的《齐物论释》持有反面意见,他从客观上承认其师作《齐物论释》是令人敬佩的,但并未如刘文典那样,客观地分析原因所在,揭示缺陷所在,而只是从情感上的不感兴趣立论。尽管如此,周作人在潜移默化中受到了其师《齐物论释》中齐物思想的影响,这尤其体现在他的文艺思想中,比如他说:"主张自己的判断的权利而不承认他人中的自我,为一切不宽容的原因,文学家过于尊信自己的流别,以为是唯一的'道',至于蔑视别派为异端,虽然也无

① 刘文典:《回忆章太炎先生》,载陈平原、杜玲玲编:《追忆章太炎》,三联书店 2009 年版,第 51 页。

② 刘文典:《回忆章太炎先生》,载陈平原、杜玲玲编:《追忆章太炎》,三联书店 2009 年版,第 53 页。

③ 周作人:《民报社听讲》,载陈平原、杜玲玲编:《追忆章太炎》,三联书店 2009 年版,第 209 页。

足怪,然而与文艺的本性实在很相违背了。”[①]不仅如此,他还在《文艺的统一》中说:“以上所说的话都很确当,足以表明文艺上的统一的不应有与不可能,但是世间有一派评论家,凭了社会或人类之名,建立社会文学的正宗,无形中厉行一种统一。”[②]可见,周作人和章太炎一样,认为世间万物没有一个绝对的标准,所以不能强行统一,而是要尊重每一个事物是其所是,以“不齐而齐”的心态,破除内心的分别执着来看待世间万事万物。周作人明显将这样的思想理念应用在了他的文艺思想当中。

鲁迅对于《齐物论释》的观点与看法,也是我们必须要加以重点关注的问题。虽然章太炎与鲁迅之间的师生关系被学界关注良久,但对后者与其师的学术传承却鲜见探讨。关于原因,章念驰先生认为,可能是因为两位同是文化巨匠,都是近代中国知识分子的代表,他们在学术上均造诣深厚,思想体系均异常庞杂,想把握二人的思想与学术是件困难的事,何况作比较研究,更是难上加难[③]。但可以肯定的是,鲁迅对章太炎是持崇敬之心的,他曾多次说道:“太炎先生对于弟子,向来也绝无傲态,和蔼若朋友然。”[④]许广平说:“鲁迅先生对于章先生是很尊崇的,每逢提起,总严肃地称他‘太炎先生’。当章先生反对袁世凯称帝的野心时,曾经被逮绝食,大家没法子敢去相劝,还是推先生亲自到监狱婉转陈词才进食的。”[⑤]岛田虔次也说:“在鲁迅的一生中,能使他对其怀有深深的敬意和爱情的‘师’是极少的,而太炎就是这极少的‘师’中的一人,恐怕除了藤野严丸郎先生外,太炎是唯一的一位了。”[⑥]可见,在个人层面鲁迅对于章太炎的高尚人品和学术造诣是非常敬佩的。但涉及一些具体的

---

① 周作人:《自己的园地》,人民文学出版社 2020 年版,第 11 页。

② 周作人:《自己的园地》,人民文学出版社 2020 年版,第 26 页。

③ 章念驰:《我的祖父章太炎》,上海人民出版社 2011 年版,第 135 页。

④ 鲁迅:《致曹聚仁》,载《鲁迅全集》(第 12 卷),人民文学出版社 2005 年版,第 405 页。

⑤ 许广平:《民元前的鲁迅先生》,载王冶秋:《民元前的鲁迅先生》,光华书店 1947 年版,第 132 页。

⑥ [日]岛田虔次:《章太炎的事业及其与鲁迅的关系》,载章念驰编:《章太炎生平与思想研究文选》,浙江人民出版社 1986 年版,第 193 页。

学术理念的时候，鲁迅同章太炎的其他弟子一样，也是有着自己独立的观点与想法的，并非全盘接受。比如，鲁迅给曹聚仁的信中说："太炎先生曾教我小学，后来因为我主张白话，不敢再去见他了……"①即便如此，但可以肯定的是，鲁迅或多或少是受到了章太炎思想的影响的，比如，郭沫若先生就说："太炎先生早年的革命精神和治学态度，无疑是给了鲁迅先生以深厚的影响。"②比如，鲁迅欣赏章太炎对旧道德的批判精神，对其师的革命道德建设给予肯定，并在其影响下发出了"铁屋的呐喊"之改变国民性的倡议。关于庄子思想方面，鲁迅也深受章太炎的影响，并在此基础上撰写了多篇相关文章。1915 年，章太炎被袁世凯囚禁，鲁迅探望其师，其师赠予一幅字给他，内容是："变化齐一，不主故常；在谷满谷，在阬满阬；涂郤守神，以物为量。"此为庄子《天运》中的内容。从中可见，师徒二人在庄子学说上是有传承的。正因如此，《齐物论释》正式出版后，鲁迅迅速买了一部。之后，章太炎的女婿龚宝铨又赠与其新刻本的《齐物论释》，鲁迅随即将其记录在 1915 年 6 月 17 日的日记中："下午许季市来，并持来章师书一幅，自所写与；又《齐物论释》一册，是新刻本，龚未生赠也。"③可见，对于《齐物论释》，鲁迅是非常重视的，并多少影响了他后来对庄子研究的方法。比如章太炎之孙章念驰先生就认为，鲁迅受章太炎的影响不仅仅是魏晋玄学方面，还有《说文》学、庄子和佛学。④ 章太炎对庄学和佛学的重视的确一度影响了鲁迅⑤，鲁迅也曾翻阅佛经，非常用功。1914 年，鲁迅购买了《选佛谱》《释迦如来应化事迹》《法句经》《三教平心论》《维摩诘所说经注》《华严经合论》等佛典，以作深入研读之用。但当他对佛学有了比较

---

① 鲁迅：《致曹聚仁》，载《鲁迅全集》（第 12 卷），人民文学出版社 2005 年版，第 405 页。

② 郭沫若：《鲁迅与王国维》，《文艺复兴》1946 年第 3 期。

③ 鲁迅：《乙卯日记（1915）》，载《鲁迅全集》（第 15 卷），人民文学出版社 2005 年版，第 175 页。

④ 章念驰：《我的祖父章太炎》，上海人民出版社 2011 年版，第 284 页。

⑤ 比如鲁迅之友许寿裳说："鲁迅读佛经，当然是受章先生的影响。"（许寿裳：《亡友鲁迅印象记》，载《挚友的怀念——许寿裳忆鲁迅》，河北教育出版社 2001 年版，第 27 页）

深入的了解之后，他在和许寿裳讨论时认为佛教和孔教一样，都已经死亡，永远不会复活了，即“只当作人类思想发展的史料看，藉以研究其人生观罢了”。① 其弟子徐梵澄回忆说：“先生在日本留学时，已研究佛学，揣想其佛学造诣，我至今仍不敢望尘。但先生能入乎佛学，亦能出乎佛学。记得和我讲起几个禅宗的故事，当时只觉得有趣罢了。我至今未曾听过一次参禅。后来看些语录之类，于身心了不相干。但在先生似乎不然。是得力于那一长时期看佛经和抄古碑的修养呢，抑或是得力于道家的修养——因为先生也深通老、庄——胸襟达到了一极大的沉静境界，仿佛是无边的空虚寂寞，几乎要与人间绝缘。”②从徐梵澄的论述中可见，受章太炎的影响，鲁迅将庄子和佛学思想结合起来，从而内化为自己精神中不可或缺的部分。但是，与章太炎的“应用”心态不同的是，鲁迅并非将庄佛作为一种为己所用的思想资源，而是将其作为从容抵抗恶劣现实境遇的强大精神养料。

除此之外，对章太炎《齐物论释》继承最为彻底和全面的弟子当属谬篆，他著有《齐物论释注》，但一直以来鲜被学界关注，故对其的研究成果极少。近年来，姚彬彬先生将其作为研究对象，推出了系列成果，为推动章门弟子对《齐物论释》继承和研究贡献了力量。另有孟琢先生将谬篆的《齐物论释注》作为其《齐物论释疏证》中的重要参考材料，为我们了解和研究它提供了丰富的理论资源③。

综上所述，章太炎虽然弟子众多，但真正能够关注《齐物论释》或受其影响者却并不多，此正如贺麟先生所说：“章太炎氏为一代国学大师，门弟子遍天下，然而他的哲学思想，却没有一个传人，也很少有人注意到。”④对于其弟

---

① 许寿裳：《亡友鲁迅印象记》，载《挚友的怀念——许寿裳忆鲁迅》，河北教育出版社 2001 年版，第 26 页。

② 徐梵澄：《星花旧影——对鲁迅先生的一些回忆》，载《徐梵澄文集》（第 4 卷），上海三联书店、华东师范大学出版社 2006 年版，第 387 页。

③ 孟琢：《齐物论释疏证》，上海人民出版社 2019 年版。

④ 贺麟：《当代中国哲学》（第 3 编），胜利出版公司 1945 年版，第 5 页。

子各自的学术走向，王锐先生有全面的论述：“曾经与章太炎论学频繁、交往甚密的钱玄同，后来走向了激烈的反传统主义，虽然晚年一度重新肯定中国传统的价值，但也只是在日记与私人书信中有所表达，并未形成较广的影响。黄侃与章太炎在价值观层面十分相近，但用力之处却在于文学与小学。周氏兄弟思想颇为复杂，一度也走向批判传统之路……朱希祖虽然主要以史学为业，并且民族主义情绪也十分强烈，但是其用力之处却在史实考订，并且相较于章太炎对于西学有较为系统的反思……而民初与章太炎往来密切，后来也被视为章门高足的吴承仕，1930年代以后成为马克思主义者，虽然对马克思主义中国化贡献极大，并且讨论古代礼制极有见地，但其学术路径较之章太炎却属另辟蹊径。”①此段虽然以章太炎弟子对历史民族观念的继承为参照，分析了其弟子的学术走向，但也适用于章门弟子对其师哲学观和《齐物论释》是否继承及其各自的学术选择上。之所以有各种各样的学术选择，如前所论，因章太炎的弟子与其师一样，多个性鲜明，学术理念也各有不同，因此对其师学术思想体系的兴趣点也有所不同，有倾心训诂者，有倾心其哲学思想者，有倾心其政治思想者，因此，出现这一情况也是可以理解的。但这只是外部的原因，究其内因，还是因为《齐物论释》本身理论的艰涩性和与现实的疏离性使其得不到应有的重视。

二、同时代学者眼中的《齐物论释》

胡适在其《中国哲学史大纲》导言中说：“到章太炎方才于校勘训诂的诸子学外，别出一种有条理系统的诸子学。太炎的《原道》、《原名》、《明见》、《原墨》、《订孔》、《原法》、《齐物论释》都属于贯通的一类。《原名》、《明见》、《齐物论释》三篇，更为空前的著作。今细看这三篇，所以能如此精到，正因太炎精于佛学，先有佛家的因明学、心理学、纯粹哲学，作为比较印证的材料，故

① 王锐：《历史叙事与政治文化认同——章太炎的“历史民族”论再检视》，《人文杂志》2020年第5期。

能融会贯通，于墨翟、庄周、惠施、荀卿的学说里面寻出一个条理系统。”①在胡适看来，章太炎精通佛教、西学以及本土学说，在掌握如此丰富的思想资源的前提之下，其对于不同文化之间的融会贯通是可靠的，且具有宏观视野。可见，胡适对章太炎在这部著作中所表现出的治学视野和治学方法表达了钦佩和赞赏之情，这是胡适眼中《齐物论释》最能体现价值的地方。

梁启超说：“章太炎的《齐物论释》，是他生平极用心的著作，专引佛家法相宗学说比附庄旨，可谓石破天惊。至于是否即《庄子》原意，只好凭各人领会罢。”②在梁启超眼中，《齐物论释》的价值突出地体现在以佛解庄的方法之上，但他对于这种做法能否符合庄意却持怀疑态度，对于此举能否尽得庄学之旨亦颇为担忧。但在笔者看来，这并不影响《齐物论释》的价值。因为，它本身就是一部诠释之作，故而从解释学的立场来看，此作是否完全符合庄意并不是重点。值得一提的是，章太炎以佛解庄之方式亦影响了梁启超。梁启超于1920年撰《老孔墨以后学派概观》一文的第二节，将章太炎的这种解庄方式运用在了自己对于庄子的理解上。在对《知北游》中“物物者与物无际，而物有际者，所谓物际者也，不际之际际之不际者也。”的解读上，梁启超非常赞赏章太炎的解读方法，他说：“此数语非以佛教唯识宗之教理不能说明之。《摄大乘论・无性》释云：‘于一识中，有相有见二分俱转，相见二分，不即不离，所取分名相，能取分名见。于一识中，一分变异似所取相，一分变异似能取相。’章炳麟引以解本书云：‘物即相分，物物者谓形成此相分者，即是见分，相见二分不即不离。是名物物者与物无际，而彼相分自现方圆边角，是名物有际，见分上之相分，本无方隅，而现有方隅，是名不际之际，即此相分方隅之界如是实无，是名际之不际。’（《齐物论释》释七）章氏此释，深契庄旨。”③认为章太炎的佛学化解读非常契合庄子本意。梁启超认为，《齐物论》所论，“颇似佛教之

① 胡适：《中国哲学史大纲・导言》，上海古籍出版社1997年版，第21页。

② 梁启超：《梁启超全集》，北京出版社1999年版，第4547页。

③ 梁启超：《梁启超全集》，北京出版社1999年版，第3313页。

法相宗，检阅名相以颇名相也。”①将佛教唯识理论用来解读庄子的齐物思想，认为齐物本质上就是通过对名相的分析论证来破除对名相的执着。比如，梁启超说：“南郭子綦所谓‘吾丧我’即丧其幻我，即前篇所谓‘无己’，幻我可丧则必有真我明矣。”②对“吾丧我”这一命题通过唯识宗的理论来进行解读，即丧我其实是破除了对幻我的执着，即破除我相。丧我之后具有本体意义的真我得以显现。不仅如此，梁启超还运用佛学格义康德，认为“佛有所谓‘真如’，真如者即康德所谓真我，有自由性者也；有所谓‘无明’，无明者即康德所谓现象之我，为不可避之理所束缚，无自由性者也。”③用佛教的“真如”与“无明”来格义康德的“真我”与“现象之我”，这是梁启超对章太炎格义方法的继承和运用。综上所述，我们可见，章太炎的《齐物论释》无论是从理论层面还是方法层面都对梁启超的庄子学产生了深刻的影响。但是，梁启超的以佛解庄在思想史上并没有章太炎著名，盖是因为他在以佛解庄的过程中篇幅有限，使得其解读不够深入，而章太炎《齐物论释》无论从篇幅上还是理论深度、广度上都胜于梁启超，因而随着时间的推移越来越得到后来者的关注。

熊十力曾批评章太炎：“余杭章氏，小学要自成家，于经、于史，博览诚然。若乃义理，或哲学思想，彼则假大乘，以通诸子，而于佛氏，又实未洞其底蕴，可谓两失，虽然，聪明博闻哉其人也，大雅君子哉其人也。”④不仅如此，熊十力还说章太炎“于《成唯识论》之根抵与条贯，全不通晓，只摭拾若干妙语而玩味之。”⑤可见，熊十力对章太炎的人格魅力和学术水平还是非常赞赏的，只是在涉及他以佛教通诸子时，熊十力才持否定态度。因为在熊十力看来，章太炎对于佛学尤其是唯识论并没有真正理解其深意，只是一知半解而已。在这样的

---

① 梁启超：《梁启超全集》，北京出版社 1999 年版，第 3310 页。

② 梁启超：《梁启超全集》，北京出版社 1999 年版，第 3310 页。

③ 梁启超：《梁启超全集》，北京出版社 1999 年版，第 1061 页。

④ 熊十力：《十力语要》，载《熊十力全集》（第 4 卷），湖北教育出版社 2001 年版，第 248 页。

⑤ 熊十力：《体用论》，载《熊十力全集》（第 7 卷），湖北教育出版社 2001 年版，第 70 页。

前提下，所谓的以佛通诸子必然是“两失”。不过，若探究其背后的深层原因，笔者认为大概与二人对佛学尤其是唯识宗的理解存在差异有关。比如熊十力说：“章氏根本谬误在此，殆无望其能悟，但后生不可为其所惑耳。赖耶恒转如暴流，只是习气流转，以此拟之吾儒所谓流行，其过不止认贼作子，其罪实当堕入泥犂。儒者所谓流行，是生生不息真机，若视此为赖耶染法，而为应断且可断者，则堕断见与空见。……非别有物为之主宰也。此乃廓然无执，而后识主宰，云何以彼之所谓执而拟此之所谓主宰耶？即主宰即流行，即流行即主宰。”①可见，熊十力对章太炎的不满主要集中在他认为章太炎佛学的不够纯正上，但这也只是熊十力的一家之见。因为通过对《齐物论释》的分析，我们能够发现，章太炎基本上是尊崇正统唯识学的路数的，只是在对待庵摩罗识的看法上偏向于唯识古学而已。相反的是，熊十力的唯识理论是颠覆了正统的唯识学说的，是在儒家的立场上为建立自己的新唯识论而产生的熊十力意义上的唯识论。此处的批判也是他站在儒家生生不息的立场上来看待章太炎对唯识学的理解的。故而，熊十力的这种评价还有待分析与商榷。但值得一提的是，熊十力尽管后来不太认同章太炎，但早期还是深受章太炎的影响的。尤其是在他深入研究佛法方面，深受章太炎的启发。他曾经说过：“近读余杭章先生《建立宗教论》，闻三性三无性义，益进讨竺坟，始知船山甚浅。”②从中可见熊十力对章太炎的钦佩和认同。后来熊十力转为批判，与他入支那内学院进修，自认佛学基础较为深厚有关。熊十力对于章太炎的批判还因为，他对于《齐物论释》“涉猎法相唯识，以缘饰蒙庄，终于两失”③之方法的不认可，故而大胆地创构了自己所理解的《新唯识论》，并将儒家易学融入其中，实现了儒佛会通。由此可见，尽管熊十力批判章太炎，但不可否认的是，从客观的角度

---

① 熊十力：《十力语要》，载《熊十力全集》（第4卷），湖北教育出版社2001年版，第90页。

② 熊十力：《心书·船山学自记》，载《熊十力全集》（第1卷），湖北教育出版社2001年版，第6页。

③ 熊十力：《唯识学概论》，载《熊十力全集》（第1卷），湖北教育出版社2001年版，第49页。

来看,他不仅因受章太炎的启发而入佛理之门,更在某种程度上吸取了章太炎建构体系的方式。比如,麻天祥先生就认为:“20 世纪初,研究法相唯识的人虽然不在少数,对佛教专作哲学研究的人在学者居士中也占有相当的比例,但以法相唯识的思想资料自成完备的理论体系者,仅章太炎及其后的熊十力而已。”①

郎擎霄作为章太炎同时代的治庄者,其《庄子学案》对后世也有较大的影响。但作为一名用西方学术方法来治庄者,他对《齐物论释》有着自己的看法:

> 章氏精训诂及佛乘,并运用唯识以释《庄子》,故所言多独到之处,洵可谓不落恒蹊者也。②

> 务使庄子哲学成为唯识化,此则太炎之所以为释《齐物论》也已!太炎之学,主观色彩颇浓厚,故其以唯识比附庄旨,亦难免有牵合处。③

郎擎霄认可了章太炎写《齐物论释》的价值所在,那就是以唯识解《庄子》不落俗套,别开生面,同时在庄佛之间有着清醒的边界意识,避免使庄子学说唯识化,有其独特之处。但也批判章太炎在此过程中,有太多的主观性,使得此部著作有牵合处。笔者认为,郎擎霄的判断是正确的、客观的,章太炎著《齐物论释》本来就是“我注六经”与“六经注我”的结合体,其根本目的并非给庄子学说以确切的界定,而是有自己的济世用心。

由此可见,与章太炎同时代的学者们都有着自己的学术兴趣或者现实关切的兴奋点。如果《齐物论释》的某一方面应合了他们的这种心理状态,他们就会从这一方面进行价值的挖掘。从这一点来说,同时代学者对于《齐物论释》的评价都不全面。《齐物论释》尽管在当时的社会现实中并未产生多少影响,但却对一些学者的治学方式产生了一定程度上的影响。

---

① 麻天祥:《20 世纪中国佛学问题》,武汉大学出版社 2007 年版,第 121 页。

② 朗擎霄:《庄子学案》,商务印书馆 1934 年版,第 364 页。

③ 朗擎霄:《庄子学案》,商务印书馆 1934 年版,第 367 页。

三、 现当代学者眼中的《齐物论释》

牟宗三先生在演讲《庄子》时说："章太炎这个国学大师没有用的，他也有一部书讲《齐物论》。他用佛教的唯识宗来讲，那是瞎扯。那是文人的讲法，文人的讲法不可靠的。"①通过前文的论述我们能够认知到，牟宗三先生的学术理念和建构哲学体系的方法与章太炎非常接近，但他对《齐物论释》的评价却不高，可能与他不认同章太炎用唯识宗来解庄有关。但笔者认为，这只是他个人的观点，其中的缘由还需要我们今后深入研究才能作出准确的判断。

侯外庐先生说章太炎是："运用古今中外的学术，糅和而成一家言的哲学体系"，"对于极大极微的宇宙、人生、社会问题，表现出自我横冲的独行孤见"，成为"近世"中国"第一个博学深思的人"，成为中国思想史上具有极为鲜明的"人格性的创造"的寥寥可数的几位巨匠之一。② 侯外庐先生是从《齐物论释》所体现出的哲学性以及涵盖其中的宇宙人生等问题与现实社会问题来进行评判的，从《齐物论释》所实现的"形而上与形而下"的统一中看到了其所特有的价值。形而上就是哲学宇宙观、人生观等，形而下则是由形而上衍申下来的关乎社会、现实等实际问题的种种思考。侯外庐先生的评价是较为中肯的。对《齐物论释》同样持肯定态度的还有方勇先生，他的评价是："章炳麟在佛学和庄子学方面均有很深的造诣，他所著的《齐物论释》即是一部以佛理解释庄子齐物思想的名著，从中可以看到作者借以阐发出了近代的自由、平等思想，不能不说是对庄子研究的一种较好的尝试。"③章太炎之孙章念驰先生对祖父的这一著作如此评价："《齐物论释》就是太炎精心思考，根据时代需求而撰写的一部巨著。"④将此部著作与时代需求结合起来评价之。

---

① 牟宗三讲演，卢雪昆整理：《庄子〈齐物论〉讲演录》，《鹅湖杂志》2002—2003 年第 319—332 期。

② 侯外庐：《近代中国思想学说史》（下册），生活书店 1947 年版，第 861、865 页。

③ 方勇：《庄子学史》（第 3 册），人民出版社 2008 年版，第 391 页。

④ 章念驰：《我的祖父章太炎》，上海人民出版社 2011 年版，第 91 页。

姜义华先生在其著作《章太炎思想研究》一书当中谈到章太炎的《齐物论释》与佛学思想时说道："章太炎所谈的佛学，其实只是他自己的思想，他无非从佛学汗牛充栋的经论中借用了若干现成的思想资料与语言罢了。"①还认为："他受庄子影响很深，但是，他笔下的庄子思想，其实，常常是他自己夫子自道。""章太炎解释《齐物论》，其实就是要借助庄子哲学的旧躯壳，纳入康德'批判哲学'与华严、法相哲学的新内容，以说明他自己对于哲学中诸多重大问题的看法。"②姜义华先生对于《齐物论释》的评价是从章太炎通过对《庄子》文本的佛学诠释来建构自己具有强烈济世情怀的哲学思想的角度进行的。

陈平原先生认为："民国初年，北大教授为何极力向学生推荐《国故论衡》，而不是太炎先生同样精深的其他著述——比如'可谓一字千金矣'的《文始》和《齐物论释》？道理很简单，就因为前者更能完整体现太炎先生的学术风貌，也更适合于刚入门的大学生阅读。"③陈先生从与《国故论衡》文本比较的角度来对《齐物论释》作出了侧面的评价，这种评价在笔者看来，就是《齐物论释》相对《国故论衡》来讲较为艰涩难懂，且限于哲学的论证，因此较有局限性。

陈少明先生认为："清季章太炎的《齐物论释》，是《庄子》思想基调在近世最强的回音。章氏治子承自乾嘉，也超越乾嘉。虽然以佛释庄不是由太炎首先发明，但他在佛学中独挑唯识为方法论工具，则反映出其以辨名析理的方式暗中回应西方哲学的苦心孤诣。重要的问题不是章氏是否确解庄周原意，而是他进行这种解读的背景、立场、方法及结果。而最耐人寻味者，则莫过于为何这部作者自诩为'一字千金'的著作，在现代思想学术史上影响并不深

---

① 姜义华：《章太炎思想研究》，上海人民出版社 1985 年版，第 322 页。

② 姜义华：《章太炎思想研究》，上海人民出版社 1985 年版，第 324 页。

③ 陈平原：《〈国故论衡〉导读》，载章太炎撰，陈平原导读：《国故论衡》，上海古籍出版社 2011 年版，第 6 页。

刻。”[①]陈先生从思想史的意义上肯定了《齐物论释》的独特个性，也肯定其中所蕴含的现实关怀，同时也提出此部著作后续的影响力还是匮乏的。

王玉华先生认为：“《齐物论释》一书，也可谓是系统地反映章太炎关于进行中国社会文化秩序重建学说的一篇最重要文献。”[②]同时他还认为：“章太炎这一进行重构中国社会文化秩序学说的内在理路，不仅更加深刻地揭示了文化的内在本质，而且，其思想也更加富于理性的穿透力，更加富于现代的精神。它也彰显了章太炎从其‘民族思想’到‘历史观’所持守的‘多元主义’与‘历史主义’（‘历史相对主义’）的思想意旨一气纵贯而下的前后连续性，及其独特运思理路的内在融通性。”[③]可见王玉华先生是从文化秩序的角度来审视《齐物论释》的价值的。

王汎森先生在其《章太炎思想》一书中曾谈道：“《齐物论释》将其独特的平等思想发挥得很全尽，也最能代表章氏溶会佛庄的成果，若无佛学的洗礼，他不能斥破名相之拘绊。但若无庄子《齐物论》，则章氏永远只能以虚无终其生，而不能对现实世界作进一步之肯定。”[④]王汎森对《齐物论释》中以佛解庄的方法也持有肯定的态度，他认为，如果章太炎仅仅停留于佛学，那么他会陷入一种“虚无主义”的境况之中，会疏离现实，正是因为他通过佛学的破执之优势，结合庄子《齐物论》对现实世界的观照，从而发挥出其独具特色的、不同于以往任何学人的平等思想。笔者认为，这是对章太炎《齐物论释》最有深度的评价。但是通过前文的分析，笔者对这一评价也持存疑的态度。我们知道，庄子思想本身就有对于名相的遣离，而非后来通过章太炎的以佛解庄才得以

---

① 陈少明：《〈齐物论〉及其影响》，北京大学出版社 2004 年版，引言。

② 王玉华：《多元视野与传统的合理化——章太炎思想的阐释》，上海人民出版社 2008 年版，第 182 页。

③ 王玉华：《多元视野与传统的合理化——章太炎思想的阐释》，上海人民出版社 2008 年版，第 204 页。

④ 王汎森：《章太炎的思想——兼论其对儒学传统的冲击》，上海人民出版社 2012 年版，第 160 页。

斥破。不仅如此,若无庄子的《齐物论》,章太炎永远只能以虚无终其生的说法也有失偏颇。纵观章太炎学佛之后的人生历程,并无表现出任何的消极,而是以一己之力在为民族抗争。而所谓的虚无主义的罪证:“五无论”,在我们看来,不如说是一种清醒,是众人都在为物质文明而不顾一切之时,章太炎以冷静的洞察力洞察的结果。正因为此,所以他的一生都是积极向上、努力抗争的一生。

德国学者谢林德先生认为:“章炳麟《齐物论释》以唯识学名相解释庄子的思想。但他理解唯识学又大略基于一些德国唯心主义,特别是康德和叔本华。《齐物论释》的目的不一,政治思想方面可略为三:一,保护中国文化的一致性,反对西式统治制度。二,主张无政府主义,同时反对巴黎无政府主义的现代思想和他们对现代技术的热情。三,拒绝任何政治理论,中西古今无论。为实现此目的《齐物论释》有‘以名遣名’的理论。此理论以词语解释为基础。当时重要的政治概念,例如‘文明’或‘平等’等,都无确定的意义,只有相当的价值。在当时政治理论的争论中章炳麟否定一切已有政治概念的固定地位。”①谢林德作为西方学者,自有其一定的立场,对《齐物论释》的评价也多从政治思想方面进行。分析了此部著作的政治目的和用心。作为一个旁观者,他所做的评价是外围的,还有待商榷处。固然,章太炎在治学过程中确实受到了西学的影响,但是在晚清民国时期西学对于中国知识分子的影响是否真的如谢林德所说的那种程度恐怕还要打个问号。在章太炎所处的时代,整体上来看,国人对于西学的了解与掌握程度也是比较粗浅与表面化的。但是,谢林德确实看到了处于中西文化交汇历史时期的章太炎身上所体现出的既要固守传统文化,又要应对西学东渐的鲜明立场与复杂特点,从而将对《齐物论释》的研究置于了丰富而宏阔的时代背景中去考察,这一点无疑是非常可取的。

---

① [德]谢林德:《中国晚清、民国初期哲学与政治思想接受唯识学的基础与动机——以谭嗣同和章炳麟为主》,《时代人物》2013年第2期。

与此相应的是，美国学者慕唯仁先生在评价章太炎学术思想时，同样也是立足于宏大的时代背景之上加以考量的。对此，他说："章太炎之思想学术也是在社会政治发生重大变革动荡之时产生，一方面《齐物论释》是所谓'集大成者'，另一方面，也是沿革了'不出三代'，在他对《齐物论》的解读中，他指向了这样一个世界——在那里，特殊性从概念暴力那里解放了出来，并且重新书写了普遍性和特殊性的概念。"①慕唯仁对于《齐物论释》的评价颇高，这里的"集大成者"笔者认为有两个层面：其一，是指在整个中国思想学术的历史长河中，作为国学大师的章太炎是对中国思想文化的总结者，《齐物论释》亦是对于历史上以佛解庄方法的集大成者；其二，是指在章太炎一生的思想学术中，《齐物论释》占据了"承上启下"的重要地位，它不仅是对章太炎以往学术思想的形而上浓缩，也是对其晚年思想的形而上层面的指引，是章太炎思想经历"转俗成真"到"回真向俗"的交点之作。从这个意义上来说，慕唯仁先生的判断是站在宏观立场上的客观评价。

日本学者石井刚先生对《齐物论释》有自己的研究，他虽然承认了章太炎思想的独特性，但并没有将其视为一种现代性的思想，反而认为其思想的独特性正表现在对积极价值建构的否定上。故而，他说："即使有人要把章太炎思想说成现代思想，充其量它也只能是一种'否定的现代性'。这是在否定了任何积极的价值建构之上建立的独特思想，正因为如此，他才遇到了《庄子》，建构了'齐物'思想体系。"②石井刚的这种评价固然看到了章太炎思想的独特性与《庄子》思想之间有着内在的关联，但是却忽视了章太炎著《齐物论释》的现实用意与济世情怀。换句话说，章太炎著《齐物论释》，"否定"并不是目的，更多地是作为一种思维方式与手段，来积极回应与建构适应于当时中国的现

---

① ［美］慕维仁：《章太炎与联亚主义的再思考：作为方法的印度》，《杭州师范大学学报》（社会科学版）2018 年第 5 期。

② ［日］石井刚：《齐物的哲学——章太炎与中国现代思想的东亚经验》，华东师范大学出版社 2016 年版，第 47 页。

实理念,并借此来鼓舞革命党人的斗争精神,进而为当时的中国找寻可能的出路。

总体来说,当代学者可能是与章太炎所处之时代保持有一定距离的缘故,故而大都能够较为客观地看待其所蕴含的价值,但他们也会受到自己所处时代或地域的影响,难免会打上时代和地域性的烙印。

总之,无论是与章太炎同时代的学者还是当代的学者对于《齐物论释》都存在着一定程度的争议,但是,他们对于《齐物论释》价值的挖掘还都只限于局部。不过,通过综合以上学者的研究成果,我们就基本上能够对于《齐物论释》之价值有一个较为全面的了解与把握。

第三节 《齐物论释》价值之评判

通过前文论述,我们大致了解了学界对《齐物论释》的基本判定和态度。本节就从本书的立场来客观地评判《齐物论释》之价值所在,以期引起学界的关注。《齐物论释》作为一部以佛解庄之作,若要从思想史的层面来考察其价值,就不能脱离应世佛学和庄学史的大背景。从前者来看,能够体现出《齐物论释》在佛学方面所做出的贡献;从后者而言,凸显的则是其在庄学史上的地位和价值之所在。但从学术研究的客观性来说,我们不能一味地只肯定其积极的价值,而不用公正的眼光审视其所存在的缺陷。可以说,对《齐物论释》理论缺陷的揭示,亦是非常必要的。

一、 晚清应世佛学之代表

梁启超在《清代学术概论》中提到:"晚清思想家有一伏流,曰佛学。"①"晚清所谓新学家者,殆无一不与佛学有关系。"②赵朴初先生亦总结说:"在

① 梁启超:《清代学术概论》,凤凰出版传媒集团、江苏文艺出版社 2007 年版,第 91 页。
② 梁启超:《清代学术概论》,凤凰出版传媒集团、江苏文艺出版社 2007 年版,第 92 页。

晚清时期,中国知识界研究佛学成为一时普遍的风气。一些民主思想启蒙运动者,如谭嗣同、康有为、梁启超、章太炎等学术名流,都采取了佛教中一部分教理来做他们的思想武器。佛教的慈悲、平等、无常、无我的思想,在当时的知识界中起了启发和鼓舞的作用。"[①]可见,晚清民初,佛教在知识分子中得以兴起,但主要作为应世佛学而存在的。因此,可以说,应世佛学在本书中主要是指晚清时期由于社会的动荡和裂变,康、梁、章、谭等人为挽救民族危亡而运用于现实之中的佛学思想。在晚清佛学复兴运动中,它只是其中的一支走向。而另一支走向则侧重于学术研究和义理探讨的教内佛学复兴,其代表人物主要包括杨文会、欧阳竟无、吕澂等人,但不能因此便认为他们没有关注现实的用心。[②] 而应世佛学虽然偶尔会有一些学理上的探究[③],但从根本上而言则是以应用于世间为导向的。与教内佛学复兴运动相比较,应世佛学在晚清呈现出了波澜壮阔的一面,其代表人物因受佛学洗礼之后的所作所为,均令后人赞叹不已。因而可以说,应世佛学在某种程度上推动了历史进程的发展。

当然,晚清应世佛学的出现,主要原因除了民族、国家所面临的危机之外,还因为当时的知识分子看到了西方国家和日本因为对宗教的重视而走上强盛之路,从而认为宗教可以作为凝聚人心,和谐社会的强大力量,故而倡导用宗教来救国救心。如宋恕即认为:"政修基于博爱,博爱基于感佛,今我国残忍成习,非先振慈悲之教,则修政无期。"[④]可见,相信佛学能够救世是应世佛学者们的共同信念,而这种信念则具体表现在以下几个方面。

首先,深信佛教所具有的慈悲精神能够激发人们面对挑战时的慈悲救世之勇气。应世佛学的倡导者都将"无我""无畏""救世""救心""舍头目脑髓

---

① 赵朴初:《佛教常识答问》,中国佛教协会出版1983年版,第106页。

② 比如杨文会就有对于挽救国家民族方式的思考:"近来国家之祸,实由全国人民太不明宗教之理之故所至致,非宗教之理大明,必不足以图治也。"(季羡林主编:《杨仁山居士文集》,载《中国近现代佛学大师著述系列》,黄山书社2005年版,第343页)

③ 比如章太炎对于《大乘起信论》的考察和研究就是例子。

④ 宋恕著,胡珠生编:《宋恕集》(上册),中华书局1993年版,第589页。

而不顾”的佛教精神作为激励自己和他人慈悲救世的精神支柱。康梁章等人都十分推崇大乘菩萨“地狱不空,誓不成佛”的精神。对此,梁启超在《论佛教与群治之关系》一文中认为:“舍己救人之大业,惟佛教足以当之矣。”①谭嗣同则认为,既然革命便要有“身为不死之物”的信念。

其次,深信通过佛教与本土文化的会通可以建构起与西学相抗衡的形而上之体系。应世佛学的代表人物大都为积贫积弱的近代中国提供了全方位的思想学说,在现实的层面涉及政治、文化、立法等方面,而在思想的层面则远溯孔孟老庄,通过“六经注我”的方式建构起了自己的思想体系。比如,谭嗣同的仁学,以“仁”为“以太”,并说“以太”是唯识相分,从而将佛学应用于儒学之中作为抵抗西学的理论武器。谭嗣同等人之所以这样做的原因在于:佛教有一套形而上的系统,其中探讨了宇宙万物之生成过程,以及宇宙万物的真相之所在。比如,佛教的“阿赖耶识缘起”说、禅宗的“本心”说等都体现了这一特质,这些都可以与西学相对抗。值得一提的是,通过佛学来对传统思想资源进行改造,可以看出应世佛学的代表人物与正宗的佛教徒之不同。其原因在于,应世佛学者们将佛教看作一种应用的工具,而非单纯宗教信仰层面上的学说来尊崇。同时,他们亦与逃佛者有所不同,他们将佛教看作可以入世解决社会问题的学说,而非停留在小乘佛教断离现实的层面上。

再次,深信佛教可以作为论证平等、自由之最好的理论武器。谭嗣同以佛教为基础而生发出来的平等观侧重于人与人之间的平等,是以“无人相”“无我相”之破除我执之后的境界为前提。在此前提之上,他又猛烈地批判了三纲五常对人平等性的破坏,认为人伦之中最为平等的一伦就是朋友。而梁启超则认为佛教立教的目的“则在使人人皆与佛平等而已”,而专制政体“以我服从于他”,立宪政体“以我服从于我”,②从而将佛教的平等观应用到了政治层面,并由此而表达了自己对于清政府对汉人不平等待遇的不满。康有为更

① 梁启超:《论佛教与群治之关系》,载《梁启超全集》,北京出版社 1999 年版,第 907 页。

② 梁启超:《论佛教与群治之关系》,《梁启超全集》,北京出版社 1999 年版,第 909 页。

是以此建构起了大同的理想社会模式,以实现众生之间的平等,从而解救众生因不平等而产生的各种痛苦。

总而言之,此正如张志强先生所言:“近代佛学是在对传统佛学的改造中确立自身的。这种改造来自两方面的机缘,一是时代对应用佛学的需要,需要建立新佛教来满足‘群治’和‘革命之道德’的需求;二是明清以来思想史主题的演进及其内部无法弥缝的矛盾,催迫着产生一个既能够顺应明清思想史主题的要求,又能在承接这一主题的同时深化这一主题的新思想,以此来解决明清思想史所面临的挑战,即:如何在现实性的基础上重建道德的客观性和超越性;如何在面对现实的此在世界之膨胀对历史性的、经验性的、社会性的知识学的需求时,重建一种面对人心之感情的、创造的、超越之需求的义理学、一种新的性命之学。”①可见,时代危机的逼迫和革命道德建设的需要催促着一种给人以强大精神力量、可作为安身立命基础的义理之学的建立。在笔者看来,这样的义理之学和性命之学其实就是近代以来知识分子所建构的形而上学。张志强先生从思想史的传承性和近代特殊社会历史的现实性出发,对近代以来知识分子们建构应世佛学作出了合理的诠释。

当然,之所以将《齐物论释》视为晚清应世佛学的代表,其原因在于它典型地体现了应世佛学的各种信念,并从形而上的高度浓缩了这些信念。

首先,《齐物论释》中所体现的菩萨一阐提精神,正是当时应世佛学学者最为关注的问题之一,只不过他们并没有给予其以哲学层面的论证。但是,在章太炎这里,革命道德理想的建设就有了更为坚实的理论根基。换言之,章太炎通过以佛解庄的形式,将庄子纳入大乘菩萨体系当中,并作出哲学上的论证。正如姚奠中先生所言:“章太炎是在完成《訄书》重订本之后才致力于研究佛学,但并非用佛家思想支撑整个世界观,而只是利用佛家学说来建构道德改造理论,倡导峻洁坦荡、勇猛精进、普度众生的理想言行。研究佛学,无损于

① 张志强:《从“理学别派”到士人佛学——由明清思想史的主题演进试论近代唯识学的思想特质》,《哲学研究》2007 年第 9 期。

他研究中国民族和文化时，用唯物主义倾向的眼光审视某些问题。”①姚奠中先生的论述非常典型地揭示出章太炎涉猎佛学，研究佛学的真正目的之所在，就是要救世，要建构道德理论，鼓舞革命党人。因而，从这一点上来说，《齐物论释》充分彰显了晚清应世佛学学者所坚信的佛学可以救世的精神。

其次，《齐物论释》通过以佛解庄的方式挺立起了本土诸子学说，以抗击外来文化的挑战，这是一种新的尝试。如前文所述，尽管梁启超在其影响之下也有类似的举动，但都不如章太炎那么系统与深刻。可以说，梁启超的以佛解庄只是从较为粗浅的层面来进行的，而章太炎则从更加纯正、严密的学术理路进行了解读，体现了他的学术水平和风采。

再次，《齐物论释》对于平等、自由的揭示是非常深刻的。相比其他学者从社会政治的角度来论证平等与自由，章太炎在《齐物论释》中对于平等和自由的诠释则有了形而上学的基础。章太炎从心识的层次来破除人对世间万物的执着和分别，从而在更深的精神层面实现了“不齐而齐”的齐物平等思想，建构起了与其他学者从单一的、齐一的角度来看待平等有别的、尊重事物之个性的平等，这不能不说是一种创见。正可谓“章太炎的‘不齐而齐’的平等实质上是对‘差异’的彻底维护。章太炎的毕竟平等观，是在维护‘差异’绝对性的前提下实现的‘差异’间的平等，是差异者彼此都在‘是其所是’的意义上实现的平等”。② 可见，尊重差异，维护差异才是章太炎“平等”观的前提和基础，这区别于西方政治哲学所讲的平等思想，非常独特。

除此之外，《齐物论释》在对于西学的援引上亦集中体现了清末民初学者的治学特色。如以西学格义佛学的方法亦是当时大多数人所经常使用的方式，孙宝瑄说：“观《华严》。其《世界品》中所云世界种，盖聚多世界而名之。

① 姚奠中、董国炎：《章太炎学术年谱》，山西出版传媒集团、三晋出版社 2014 年版，第 232 页。

② 张志强：《“操齐物以解纷，明天倪以为量”——论章太炎“齐物”哲学的形成及其意趣》，《中国哲学史》2012 年第 3 期。

又云：或作江河形，或作回转形，或作旋流形，或作轮辋形，或作坛墠形，或作胎藏形，或作云形，或作种种珠网形，如是等语，盖与西人天文家言，所谓星团、星气、螺旋白云、天河诸星状之说暗合，奇哉！"[①]除此之外，梁启超以佛学来格义康德。[②] 有所不同的是，在《齐物论释》中，章太炎将西学作为与佛学相沟通的桥梁，这不仅体现了西学东渐的时代特色，亦明显亮出了自己对于西学的立场与态度，那就是西学在《齐物论释》中仅仅是一种工具，是为适应时代潮流而设的，并非占据主导地位。

不仅如此，晚清应世佛学中对于真俗的融通，倡导佛学不离世法的精神在《齐物论释》中亦得到了很好的贯彻。在《齐物论释》当中，章太炎将般若中观的真俗二谛思路贯穿始终，并成为他建构齐物哲学的主线。

由此可见，《齐物论释》这一部代表晚清应世佛学之力作，从形而上学的高度集中体现了其应世佛学的基本特色。不仅如此，李向平先生也认为："章的过人之处是，不但对康、谭的佛教思想进行理性批判，而且其理性上的自觉也大大高于梁启超。所以，运用佛教思想来构筑近代中国哲学体系以及价值信仰体系的使命，由谭发轫，经梁承继，而最终由章来完成。"[③]从这一点上说来，章太炎的《齐物论释》不仅是对他之前康、梁、谭等人思想的延续，更是一种极大的超越。

二、　庄学史上新风采

《庄子》在学术史上一直是不断被诠释的经典，在不同的历史时期有着不同的解释。

魏晋南北朝时期的庄学主要是通过对《庄子》的儒学化、玄学化的诠释而

---

① 孙宝瑄：《忘山庐日记》（上），上海古籍出版社 1983 年版，第 182 页。

② 如梁启超认为康德的真我就是佛教所说的真如，而康德所说的现象之我，就是佛教所说的无明。（参见梁启超：《梁启超全集》，北京出版社 1999 年版，第 1061 页）

③ 李向平：《救世与救心——中国近代佛教复兴思潮研究》，上海人民出版社 1993 年版，第 103 页。

建构起来的，魏晋玄学就是这一过程当中的产物。魏晋玄学可分为两个阶段，其一是以阮籍、嵇康等人为代表的士人清谈阶段；其二是郭象通过注释将《庄子》儒学化的阶段。同时，东晋时期以庄子格义佛教的做法，又使得庄子带有了佛教的色彩。

隋唐时期重注疏，但此时的注疏不仅是对魏晋以来治《庄》成果的总结，亦是在继承前人的基础之上弥补其不足。比如成玄英的《庄子注疏》正是在继承郭象注的基础上而引入了佛学的义理和方法来进行注释的。

而在宋朝，由于理学的兴盛，许多人都热衷于用理学来解读《庄子》。这其中亦有以禅解庄者，如王安石不仅作《华严解》，精通《楞严经》，而且还将佛禅的思想吸收到他的新学体系中，不仅如此，林希逸也用以禅解庄的形式将理学的思想渗透其中。对此，方勇先生以为："在《庄子口义》中，林希逸所征引的佛教思想资料比他所征引的儒家思想资料还要多得多，似乎已经到了俯拾皆是的地步。"①比如林希逸用"照之以天理者"解释庄子"照之于天"。"神动而天随"注为"神、精神也。天，天理也。动容周旋，无非天理，故曰神动而天随"。② 林氏不仅把天理等同于《庄子》之天，而且还进一步用它去阐发庄子思想中的其他重要概念，如"天府""天伦""天游"等等。由此可见，宋朝庄学的主要特色就是理学立场下的以禅解庄。但后来学者认为，林希逸并非纯粹的理学家，尤其是其对"天理"的理解和程朱是有细微区别的，即"林氏的'天理'具有自然而然的特征。而自然而然的'天理'实际上是比较接近庄子哲学中'道'的意义的。"③可见，林希逸的"天理"之所以接近庄子的"道"，正是其以禅解庄的产物。

明朝是三教合流的历史时期，佛门的大师如释德清等人以佛解庄，以宣传佛学为旨归，用判教的方法将三教合一。道教人士陆西星则有《南华真经副

---

① 方勇：《庄子学史》(第2册)，人民出版社2008年版，第123页。

② (宋)林希逸著，周启成校注：《庄子鬳斋口义校注》，中华书局1997年版，第38页。

③ 吴根友：《道家思想及其现代诠释》，上海人民出版社2018年版，第363页。

墨》,以佛解庄为主,辅之以以儒解庄,同时也涉及道教的理论,亦可作为明朝时期三教合一的代表。可以说,释德清和陆西星的以佛解庄代表了明朝三教合流的风尚。

清朝早期的庄子学既有从义理来进行的阐发,亦有从训诂所做的考察。前者的代表著作有林云铭的《庄子因》、宣颖的《南华经解》等;后者的代表著作有王念孙的《庄子杂志》、俞樾的《庄子评议》等。同时亦有王先谦和郭庆藩所做的集注性质的努力。晚清时期,由于西学东渐的影响,则出现了两种治庄路向,一种是注重训诂考据,另一种则是用西学来进行新的阐释的方法。前者如刘文典的《庄子补正》、王叔岷的《庄子校释》、杨树达的《庄子拾遗》等;后者如郎擎霄的《庄子学案》。

通过对庄学史上治庄方式的梳理,我们可以得知,治庄的形态主要分为:从考据和训诂角度进行注释,以求庄子本意的做法,如《庄子评议》;从义理的阐发所进行的解读,如郭象的《庄子注》;亦有以训诂和义理阐释相结合的三教会通的努力,如释德清的《庄子内篇注》。在这三支中,以佛解庄可算是较为独特和新颖的一支。

章太炎作为庄学史上以佛解庄这一派的典型代表,较之以往的以佛解庄者又体现出了新的风采,这具体表现在以下几个方面。

首先,以往的以佛解庄者都是从宣扬佛教义理或者是宣扬儒学义理的立场来进行的活动。如林希逸的以佛解庄,是用禅宗解庄,但更多地渗透了理学的用语和色彩。通过对《南华真经口义》的分析,我们可以发现,林希逸依然是站在儒家的立场之上的,而以禅解庄则只是一种手段而已。又如释德清的以佛解庄,是为了宣传佛教而设的方便之法。章太炎较之他们虽然亦用以佛解庄的形式,但其立场并不偏向佛家或者庄子,而是以较为客观的角度来阐发自己对于宇宙人生的看法和挽救民族国家的理念。因而,章太炎在《齐物论释》中对于以佛解庄之方法的运用并非是要宣扬某一派的学说,而是体现了其经国济世的用心。这其中虽然亦有对哲学义理的阐发,但最终还是为其入世理念做理论上的支持。

其次，以往的以佛解庄者，大都以空解庄，几乎没有以唯识宗来解庄的。到了民国时期，杨文会虽然有以唯识解庄的尝试，但内容不够细致和丰富。梁启超虽然也有以佛解庄的尝试，但多大而化之，不能深入庄子的精髓中去体察。而在《齐物论释》里，章太炎不仅能够系统且彻底地运用唯识理论来解读庄子的《齐物论》，而且还能够从细微处着手，从而做到对于每一个概念的解读。较之梁启超的大而化之，杨文会选择性诠释的微言大义，章太炎则体现了其以佛解庄的系统化、深刻化特征。不仅如此，以往解庄者所涉资源多为单一，而在章太炎这里所涉及的资源并不仅仅有唯识宗，而且还有华严宗、般若宗，甚至还有西方哲学的各种概念和范畴及庄学本身的义理。故而，严格地说，可以称章太炎的《齐物论释》为以佛解庄、以庄解庄、以西解佛相结合的产物。从这一点上来看，较之以往解庄者，章太炎在《齐物论释》中的做法是一大突破和超越。当然，这种治学风格的出现也离不开章太炎对于各种文化之间所持有的客观立场与开放态度。与章太炎相比，庄学史上的其他思想家们所遇到的时代问题都不如晚清时期那么急切、复杂和特殊。因而，他们在经世方面的探索会显得比较缺乏，而在学术、思想与义理方面的探索则较为突出。

三、《齐物论释》哲学思想与济世理想之间的张力

总之，关于《齐物论释》这部著作的价值，当前越来越得到学界的重视，但之前的学界对其很少给予关注，在它诞生之初更是处于被边缘化的状态。关于这种现象，当前学界有学者给予了分析，基本上聚焦于其中哲学思想与济世理想之间的张力。若说哲学思想，《齐物论释》所建构的“齐物哲学”是同时代哲学思想的翘楚；若说济世理想，章太炎则将他在民族危亡之时的敏锐感受和基本设想都渗入其中。虽然我们不能说这部著作就是一部脱离现实的著作，但是其哲思与理想之间的张力，确实会导致其现实功用的不足。对此，姜义华先生认为：“章太炎企图从世界观的高度去认识和解决时代、国家、革命所提

出的一系列重大而尖锐的问题,但是,时代、国家、革命却几乎没有理睬他这样的努力。这种冷淡,固然由于章太炎哲学过于晦涩抽象,和当时主要从一些通俗的宣传性读物和引人注目的警句口号中吸取思想材料的读者距离过远;加上他的哲学里许多精粹的思想和真知灼见往往淹没在大量相对主义、悲观主义甚至虚无主义的说教之中,这一调门与当时正需要战鼓雷鸣的革命实践者完全格格不入,激进的战士们对他的哲学便干脆不予置理;然而,更为根本的缘由,还是因为革命者们和他们的敌人当时都沉浸在政治冲突之中,政治斗争压倒了哲学的深入思考,人们没有时间、精力,也没有兴趣和足够的毅力去考察那些与政治实践看来距离十分遥远的抽象问题,这就是说,当时整个国家与社会的气氛,就缺乏哲学味道。"①可见,在姜义华先生看来,在当时的时代背景下人们对于解决眼前危机的重视和对理论的轻视,以及《齐物论释》中的理论过于抽象,超出了大多数人的理解能力,因而脱离了人们大众,使其无法受到重视。陈少明先生认为:"其实现代思想史上,走过相似思想形成的,至少还有被称为现代新儒家的梁漱溟、熊十力等人。所不同的是,章太炎的《齐物论释》主要体现他崇佛阶段的思想(《齐物论释定本》略有变化,但基本精神没变)。而梁漱溟的《东西文化及其哲学》、熊十力《新唯识论》则是由佛返儒之后的成果。为什么由佛返儒或回真向俗会成为一种趋向,这与佛学救世思潮的内在紧张有关。以章太炎为例,借助佛教在观念上破'我执'、'法执',以培养勇敢无畏的革命热情是其宣扬佛学的初衷,但通过排遣名相来破执的后果,是现实已被否定,理想则无着落。如果不能忘怀匡时济世的理想,又不能接受西式的价值观,就只能回归儒学。《齐物论释》的被冷落,首先是其价值信念与20世纪的思想脉动越来越脱节有关。"②陈先生从《齐物论释》与现实相疏离的角度来分析论证了它被冷落的原因。以此来看,陈先生的分析是有一定道理的。虽然章太炎在《齐物论释》中通过形而上的建构,蕴含了相当丰富的

① 姜义华:《章太炎思想研究》,中国人民大学出版社2009年版,第299页。

② 陈少明:《〈齐物论〉及其影响》,北京大学出版社2004年版,第156页。

匡时济世的理想和理念，但作为一位传统的知识分子，他对现实的估计难免有所偏离，也难免理想化，从而造成了此部著作的孤寂处境[①]。同时，陈先生还从其自身的理论缺陷来分析之："太炎运用的佛学语言，其实比《齐物论》更难懂。他曾为这种思想表达方式进行辩护。""在这种情况下，你可以通过《齐物论释》解读章太炎的思想，但很难借助它理解《齐物论》的意义。故研究《庄子》的人，也很少从中吸取学术资源。"[②]可见，从学术思想建构的角度来看，《齐物论释》的缺陷在于章太炎所使用的解释资源比文本本身更加艰涩难懂，因此，以其为基础而形成的《庄子》比《庄子》本身更为难懂[③]。综上所述，我们可以得知，佛学本身艰深，如若无专门深究者，是无法在短时间内理解和把握它的，况且在战火纷飞的年代，人们的精力普遍不足，更难以静心深入佛经中探求义理。因此，用佛学解释庄子可以说是拔高了庄子，使一般学人更难以企及，所以干脆放弃对《齐物论释》的深究。关于这一点，我们通过前文中对章门弟子眼中《齐物论释》的分析就可以看出。

虽然，章念驰曾感慨："章太炎作为一个历史人物已经被边缘化了，他作为一个时代的代言人已经被人遗忘了，他的业绩与成就已得不到传承了，人们不愿花更多的精力去研究一个艰深的历史人物，人们更喜欢看'动漫'而不是看历史经典了，何况章太炎的文章连鲁迅都说'读不懂，点不断'，一般人更不知也不懂章太炎了。电视里或小说中的章太炎只是一个衣着邋遢的疯子而

---

① 姜义华先生说："他的悲哀，不仅在于自己的哲学没有传人，没有多少知音或同情者，而且在于甚至没有一些严肃的可以与之认真争辩的反对者。这悲哀，正是他所致力的哲学革命中途夭折的必然结果。"（姜义华：《章太炎思想研究》，中国人民大学出版社 2009 年版，第 299 页）

② 陈少明：《〈齐物论〉及其影响》，北京大学出版社 2004 年版，第 157 页。

③ 张灏说："在用唯识宗佛教系统哲学解释和阐述这些道家观点的热望中，章氏不可避免地有意无意混淆了两者之间的某些差异。例如庄子的来世观念从没有像大乘佛教走得那么远，当必定贬抑人类世界时，道家的先验论仍承认一个实在的非人类的观念——'自然的'世界。而作为感性世界的一部分，自然世界恰被佛家认为是与人类世界同样虚幻的。我们对此的关注不是要评判章氏是否曲解了道家或佛家，而是要看他怎样在某些方面把庄子哲学融入唯识宗佛学来加以解说。"（张灏：《危机中的中国知识分子——寻求秩序与意义》，新星出版社 2006 年版，第 145 页）

已，一个不懂货币不识归途爱吃臭冬瓜的过时的迂腐的落伍的怪人。”①但不能否认的是，其所创造的思想财富、理论高度，是我们今天应当倍加珍视的宝贵财富。

通过以上对《齐物论释》价值的探讨，我们可以得出这样一个结论：作为一部探讨形而上与形而下问题的理论性著作，它就不可能如同普通的专门性著作那样具有明显的实施细则和具体规划。因而，这在笔者看来，《齐物论释》的价值不一定非要从它能否带来巨大的现实功用为标准来进行考察。相反，我们可以将其置于章太炎的思想体系和整个思想史当中进行考察，从而发掘出它在章太炎思想体系中所占据的重要地位以及在思想史上的价值之所在。众所周知，清末民初时期社会动荡，人心惶惶，学者们大都无法安心于纯学术的探索，大都致力于对现实世界问题的探索和解决当中去。尽管章太炎亦曾有过追求纯学术的经历，但后来因甲午战败而认识到仅靠学术是无法解决燃眉之急的。但是，作为一名学者他所力所能及的，也只是靠自己在知识界的影响力而做出解决现实问题于思想层面上的探索，然而，这种探索却因缺乏具体的实施细则而无法直接应用于现实社会当中去。从这一点上来说，《齐物论释》的价值更多地体现在思想理论与济世理想方面。

以此为基点，我们可以发现，《齐物论释》所彰显出的只是章太炎本人的一种理论设想和心理期待，是一名关心政治、社会的知识分子从思想与舆论层面所做的努力。近年来，学术界有越来越多的学者投身于对《齐物论释》的研究当中去，故而关于《齐物论释》的研究也逐渐热了起来。这在笔者看来，学界不仅发现其所具有的思想价值，更是发现了其中所蕴含的现实价值，比如姜义华先生就说：“最近，一个非常热门的话题，是如何建立起不是继续依傍他人，而是真正符合中国实际、世界实际的现代中国学术话语体系？在讨论这一

① 章念驰：《“老已至矣”与〈我所知道的祖父章太炎〉》，《文汇报》2016年8月22日。

问题时，不能不想到一百多年前章太炎这方面的思考与努力。”①由此可见章太炎的思想魅力和先见之明。就当下社会而言，章太炎在《齐物论释》中所彰显出来的“多元文化”理念、关于道德建设方面的构想，对我们今天建设有中国特色的社会主义，挺立民族文化自信，进而提高国民素养等方面都具有重要的价值与启发，有待于学人们对其进一步加以整理、挖掘与研究。

① 姜义华:《章太炎与中国现代学术基础的奠定》,《史林》2016 年第 4 期。

参考文献

一、古籍与材料

《大正新修大藏经》。

（晋）支道林：《大小品对比要抄序第五》，载（梁）释僧祐撰，苏晋仁、萧鍊子点校：《出三藏记集》，中华书局1995年版。

（晋）道安：《道行经序》，载《出三藏记集》（第7卷），中华书局1995年版。

（晋）郭象注，（唐）成玄英疏：《庄子注疏》，中华书局2011年版。

（梁）释慧皎撰，汤用彤校注：《高僧传》，中华书局1992年版。

（唐）玄奘译，韩廷傑校释：《成唯识论校释》，中华书局1998年版。

（唐）宗密撰，邱高兴校释：《禅源诸诠集都序》，中州古籍出版社2008年版。

（宋）程颢、程颐：《二程集》（上），中华书局1981年版。

（宋）普济著，苏渊雷点校：《五灯会元》（下册），中华书局1984年版。

（宋）林希逸著，周启成校注：《庄子鬳斋口义校注》，中华书局1997年版。

（明）陆西星撰，蒋门马点校：《南华真经副墨》，中华书局2010年版。

（明）释德清：《观老庄影响论》，《憨山老人梦游集》，北京图书馆出版社2005年版。

（明）释德清：《庄子内篇注·齐物论第二》，华东师范大学出版社2009年版。

（清）郭庆藩：《庄子集释》，中华书局1961年版。

（清）王先谦：《庄子集解》，三秦出版社2005年版。

释太虚：《太虚大师全书》（第41册），太虚大师丛书出版委员会，1955年。

刘武:《庄子集解内篇补正》,中华书局 1987 年版。

丁福保:《佛学大辞典》,上海书店出版社 2000 年版。

季羡林主编:《杨仁山居士文集》,黄山书社 2006 年版。

章太炎:《论新文化与旧文化》,载汤志钧编:《章太炎年谱长编》(下册),中华书局 1979 年版。

章太炎:《国学概论》,上海古籍出版社 1997 年版。

章太炎:《国学略说》,上海文艺出版社 2001 年版。

章太炎:《章太炎全集》,上海人民出版社 2014—2017 年版。

谭嗣同:《谭嗣同全集》,中华书局 1981 年版。

鲁迅:《鲁迅全集》,人民文学出版社 2005 年版。

张富春:《支遁集校注》,巴蜀书社 2014 年版。

孟琢:《齐物论释疏证》,上海人民出版社 2019 年版。

王叔岷:《庄子校诠》,"中研院"历史语言研究所专刊之八十八。

二、研究著作

唐大圆:《我之内外学观》,载《东方文化》(第 2 集讲谈),泰东图书局 1926 年版。

朗擎霄:《庄子学案》,商务印书馆 1934 年版。

黄远生:《黄远生遗著》,(台湾)华文书局 1938 年版。

贺麟:《当代中国哲学》(第 3 编),胜利出版公司 1945 年版。

王冶秋:《民元前的鲁迅先生》,光华书店 1947 年版。

冯友兰:《中国哲学史》(上册),中华书局 1947 年版。

冯友兰:《中国哲学史新编》,人民出版社 2009 年版。

张枬、王忍之:《辛亥革命前十年间时论选集》(第 2 卷上),三联书店 1963 年版。

牟宗三:《才性与玄理》,(台北)学生书局 1975 年版。

牟宗三:《圆善论》,(台北)学生书局 1985 年版。

张曼涛主编:《唯识学概论·编辑旨趣》,载《现代佛教学术丛刊》(第 23 册),(台北)大乘文化出版社 1978 年版。

李泽厚:《批判哲学的批判——康德述评》,人民出版社 1978 年版。

李泽厚:《中国近代思想史论》,天津社会科学院出版社 2003 年版。

吕澄:《中国佛学源流略讲》,中华书局 1979 年版。

冯自由:《革命逸史初集》,中华书局 1981 年版。

方东美:《华严宗哲学》(上册),(台北)黎明文化事业公司印行 1981 年版。

方东美:《原始儒家道家哲学》,(台北)黎明文化事业公司印行 1983 年版。

方东美:《中国哲学之精神及其发展》,(台北)成均出版社 1984 年版。

陈鼓应注译:《庄子今注今译》,中华书局 1983 年版。

陈鼓应:《老庄新论》,商务印书馆 2008 年版。

赵朴初:《佛教常识答问》,中国佛教协会出版 1983 年版。

孙宝瑄:《忘山庐日记》(上),上海古籍出版社 1983 年版。

吴鸿迈:《章太炎吴检斋师生二三事》,载《吴承仕同志诞辰百周年纪念文集》,北京师范大学出版社 1984 年版。

高田淳:《齐物哲学与辛亥革命》,(东京)研文出版社 1984 年版。

蔡元培:《蔡元培政治论著》,河北人民出版社 1985 年版。

姜义华:《章太炎评传》,百花洲文艺出版社 1985 年版。

姜义华:《章太炎思想研究》,中国人民大学出版社 2009 年版。

姜义华:《章太炎评传》,台湾昌明文化有限公司 2018 年版。

严复:《严复集》(第 4 册),中华书局 1986 年版。

唐文权、罗福惠:《章太炎思想研究》,华中师范大学出版社 1986 年版。

何成轩:《章炳麟的哲学思想》,湖北人民出版社 1987 年版。

郑峰明:《庄子思想及其艺术精神之研究》,(台北)文史哲出版社 1987 年版。

谢樱宁:《章太炎年谱摭遗》,中国社会科学出版社 1987 年版。

钟泰:《庄子发微》,上海古籍出版社 1988 年版。

庄华峰编纂:《吴承仕研究资料集》,黄山书社 1990 年版。

苏渊雷:《中国佛教文化论稿》,上海人民出版社 1991 年版。

汤用彤:《理学·佛学·玄学》,北京大学出版社 1991 年版。

汪荣祖:《章太炎研究》,(台北)李敖出版社 1991 年版。

汪荣祖:《康章合论》,新星出版社 2006 年版。

汪荣祖:《史学九章》,三联书店 2006 年版。

汪荣祖:《章太炎散论》,中华书局 2008 年版。

康有为:《康南海自编年谱》,中华书局 1992 年版。

康有为:《康有为全集》,中国人民大学出版社 2007 年版。

崔大华:《庄学研究》,人民出版社 1992 年版。

宋恕著,胡珠生编:《宋恕集》(上册),中华书局 1993 年版。

李向平:《救世与救心——中国近代佛教复兴思潮研究》,上海人民出版社 1993 年版。

黄克武:《一个被放弃的选择:梁启超调适思想之研究》,(台北)"中研院"近代史研究所 1994 年版。

杜维明:《现代精神与儒家传统》,(台北)联经出版事业公司 1995 年版。

黄夏年主编:《圆瑛集》,中国社会科学出版社 1995 年版。

朱维铮:《求索真文明——晚清学术史》,上海古籍出版社 1996 年版。

李亦园:《人类的视野》,上海文艺出版社 1996 年版。

陈平原:《中国现代学术经典丛书·章太炎卷》,河北教育出版社 1996 年版。

陈平原、杜玲玲编:《追忆章太炎》,生活·读书·新知三联书店 2009 年版。

陈平原:《中国现代学术之建立——以章太炎、胡适之为中心》,北京大学出版社 2010 年版。

陈平原:《〈国故论衡〉导读》,章太炎撰:《国故论衡》,上海古籍出版社 2011 年版。

刘师培:《刘师培全集》(第 1 册),中共中央党校出版社 1997 年版。

胡适:《中国哲学史大纲》,上海古籍出版社 1997 年版。

胡适:《中国古代哲学史》,《胡适文集》(第 6 册),北京大学出版社 1998 年版。

胡适:《胡适文存》(第 1 集),上海科学技术文献出版社 2015 年版。

梁启超:《梁启超全集》,北京出版社 1999 年版。

梁启超:《清代学术概论》,凤凰出版传媒集团、江苏文艺出版社 2007 年版。

周作人:《知堂回想录》,群众出版社 1999 年版。

周作人:《自己的园地》,人民文学出版社 2020 年版。

熊十力:《熊十力全集》,湖北教育出版社 2001 年版。

葛兆光:《中国思想史》,复旦大学出版社 2001 年版。

徐复观:《中国人性论史·先秦篇》,载《徐复观文集》,湖北人民出版社 2002 年版。

徐复观:《中国艺术精神》,载《徐复观文集》,湖北人民出版社 2002 年版。

汪晖:《现代中国思想的兴起》(第一部,下卷),三联书店出版社 2003 年版。

汪晖:《短二十世纪:中国革命与政治的逻辑》,牛津大学出版社 2015 年版。

霍韬晦:《现代佛学》,中国社会科学出版社 2003 年版。

干春松:《制度化儒家及其解体》,中国人民大学出版社 2003 年版。

许寿裳:《章太炎传》,百花文艺出版社 2004 年版。

胡道静编:《十家论庄》,上海人民出版社 2004 年版。

陈少明:《〈齐物论〉及其影响》北京大学出版社 2004 年版。

景海峰:《中国哲学的现代诠释》,人民出版社 2004 年版。

高瑞泉:《中国现代精神传统——中国的现代性观念谱系》,上海古籍出版社 2005 年版。

季羡林主编:《杨仁山居士文集》,黄山书社 2005 年版。

邬国义、吴修艺编校:《刘师培史学论著选集》,上海古籍出版社 2006 年版。

徐梵澄:《徐梵澄文集》(第 4 卷),上海三联书店、华东师范大学出版社 2006 年版。

张灏:《危机中的中国知识分子——寻求秩序与意义》,新星出版社 2006 年版。

张灏:《现代中国思想的核心观念》,上海人民出版社 2011 年版。

郭应传:《真俗之境——章太炎佛学思想研究》,安徽人民出版社 2006 年版。

方立天:《方立天文集》,中国人民大学出版社 2006 年版。

麻天祥:《20 世纪中国佛学问题》,武汉大学出版社 2007 年版。

张春香:《章太炎主体性道德哲学研究》,中国社会科学出版社 2007 年版。

方勇:《庄子学史》,人民出版社 2008 年版。

王玉华:《多元视野与传统的合理化——章太炎思想的阐释》,上海人民出版社 2008 年版。

刘笑敢:《诠释与定向——中国哲学研究方法之探究》,商务印书馆 2009 年版。

章念驰:《我的祖父章太炎》,上海人民出版社 2011 年版。

张昭军:《儒学近代之境——章太炎儒学思想研究》,北京师范大学出版社 2011 年版。

蒋海怒:《晚清政治与佛学》,上海古籍出版社 2012 年版。

王汎森:《章太炎的思想——兼论其对儒学传统的冲击》,上海人民出版社 2012 年版。

朱希祖:《朱希祖日记》(中册),中华书局 2012 年版。

圆瑛大师:《圆瑛大师文汇》,华夏出版社 2012 年版。

汤志钧编:《章太炎年谱长编》(增订本),中华书局 2013 年版。

蔡志栋:《章太炎后期哲学思想研究》,上海社会科学院出版社 2013 年版。

彭春凌:《儒学转型与文化新命——以康有为、章太炎为中心(1898—1927)》,北京大学出版社 2014 年版。

姚奠中、董国炎:《章太炎学术年谱》,山西出版传媒集团、三晋出版社 2014 年版。

刘固盛、刘韶军、肖海燕:《近代中国老庄学》,福建人民出版社 2014 年版。

侯外庐:《中国近代启蒙思想史》,长春出版社 2016 年版。

黄克武:《近代中国的思潮与人物》,九州出版社 2016 年版。

汤一介:《汤一介哲学精华编》,北京联合出版公司 2016 年版。

葛兆光:《余音》,广西师范大学出版社 2017 年版。

学愚主编:《汉传佛教文化研究》,宗教文化出版社 2017 年版。

吴根友:《道家思想及其现代诠释》,上海人民出版社 2018 年版。

张钰翰编著:《章太炎家书》,上海人民出版社 2019 年版。

[日]岛田虔次著,蒋国保译:《朱子学与阳明学》,陕西师范大学出版社 1986 年版。

章念驰编:《章太炎生平与思想研究文选》,浙江人民出版社 1986 年版。

[日]名和太郎著,高增杰等译:《经济与文化》,中国经济出版社 1987 年版。

[英]汤因比:《历史研究》,上海人民出版社 1987 年版。

[德]海德格尔:《形而上学导论》,商务印书馆 1996 年版。

[德]海德格尔:《语言的本质》,商务印书馆 1997 年版

[德]汉斯-格奥尔格·加达默尔:《真理与方法》(上卷),上海译文出版社 1999 年版。

[日]石井刚:《齐物的哲学——章太炎与中国现代思想的东亚经验》,华东师范大学出版社 2016 年版。

[美]萧公权著,汪荣祖译:《近代中国与新世界——康有为变法与大同思想研究》,江苏人民出版社 2018 年版。

三、学术论文

东京:《寄太炎》《再寄太炎、威丹》,《江苏》1903 年第 6 期。

庞俊:《章先生学术述略》,《制言》1936 年第 25 期。

郭沫若:《鲁迅与王国维》,《文艺复兴》1946 年第 3 期。

黄锦宏:《章太炎先生之齐物论释》,(台北)《师大国文学报》1991 年第 20 期。

唐文权:《杨文会与清末佛教革新运动》,《中国文化》1995 年第 1 期。

罗检秋:《章太炎与诸子学》,《北京师范大学学报》(社会科学版)1995 年第 2 期。

夏晓虹:《古典新义:晚清人对经典的解说——以班昭与〈女戒〉为中心》,《中国学术》2000 年第 2 期。

陈静:《"吾丧我"——〈庄子·齐物论〉解读》,《哲学研究》2001 年第 5 期。

牟宗三讲演,卢雪昆整理:《庄子〈齐物论〉讲演录》,《鹅湖杂志》2002—2003 年第 319—332 期。

武延康:《由佚文谈章太炎与近现代佛教》,《南京师范大学文学院学报》2002 年第 3 期。

吴光兴:《论章太炎的庄子学》,载《道家文化研究》(第 20 辑),三联书店 2003 年版。

刘洋:《论章太炎经学诠释思想渊源——〈齐物论释〉与佛学的关联意义》,《中国地质大学学报》(社会科学版)2003 年第 4 期。

刘文英:《庄子蝴蝶梦的新解读》,《文史哲》2003 年第 5 期。

李昱:《〈齐物论释〉与章太炎的“内圣外王”之道》,《南京大学学报》(人文社科版)2005 年第 6 期。

卢毅:《章太炎和他的弟子们》,《近代历史与文物》2007 年第 2 期。

张志强:《从“理学别派”到士人佛学——由明清思想史的主题演进试论近代唯识学的思想特质》,《哲学研究》2007 年第 9 期。

张志强:《生死 · 道德 · 革命——晚清“志士”理想中的个体、社会与道德》,《杭州师范大学学报》(社会科学版)2008 年第 4 期。

张志强:《“操齐物以解纷,明天倪以为量”——论章太炎“齐物”哲学的形成及其意趣》,《中国哲学史》2012 年第 3 期。

王晓洁:《儒学在当代社会的角色定位——以〈眺望人类世纪新纪元〉为文本基础》,《新东方》2008 年第 9 期。

吴根友:《判教与比较——关于“比较哲学与比较文化研究”》,《哲学动态》2011 年第 5 期。

蔡志栋:《平等的辩证法——章太炎平等观新论》,《社会科学论坛》2014 年第 3 期。

姚卫群:《佛教中重要的思维方法——“遮诠法”》,《光明日报》2014 年 7 月 14 日。

王攸欣:《章太炎〈齐物论释〉定本论要》,《浙江学刊》2014 年第 4 期。

陈少明:《“吾丧我”:一种古典的自我观念》,《哲学研究》2014 年第 8 期。

刘纪蕙:《法与生命的悖论:论章太炎思想的政治性与批判史观》,《杭州师范大学学报》(社会科学版)2015 年第 2 期。

陈来:《仁学视野中的“万物一体”论》(上),《河北学刊》2016 年第 3 期。

姜义华:《章太炎与中国现代学术基础的奠定》,《史林》2016 年第 4 期。

章念驰:《“老已至矣”与〈我所知道的祖父章太炎〉》,《文汇报》2016 年 8 月 22 日。

干春松:《孔子梦周公和庄周梦蝶》,《人民政协报》2017 年 7 月 3 日。

张芬:《从〈齐物论释〉到〈故事新编〉——章太炎、鲁迅与先秦诸子思想关系略论》,《河北民族师范学院学报》2017 年第 4 期。

江湄:《超越“虚无”:辛亥士风与章太炎儒学观念的转变》,《开放时代》2017 年第 4 期。

黄春宇:《用 40 年时间爬一座大山——〈章太炎全集〉的整理与出版》,《文汇报》2017 年 11 月 3 日。

杨立华等:《如何让哲学说中国话》,《读书》2018 年第 10 期。

杨立华:《物化与所待:〈齐物论〉末章的哲学阐释》,《中国哲学史》2019 年第 1 期。

李智福:《齐物与忠恕:章太炎“以庄证孔”思想发微》,《齐鲁学刊》2019 年第 1 期。

杨念群:《清朝理学、诸子学、今文经学复兴的意义——兼及与晚清政治态势的互动关系》,《中北大学学报》(社会科学版)2019 年第 1 期。

麻天祥:《狱读瑜伽与转俗成真——黄宗仰对章太炎佛学研究的助推》,《长沙大学学报》(哲学社会科学版)2019 年第 3 期。

王锐:《历史叙事与政治文化认同——章太炎的“历史民族”论再检视》,《人文杂志》2020 年第 5 期。

[日]石井刚:《“道之生生不息”的两种世界观:章太炎和丸山真男的思想及困境》,《中国哲学史》2010 年第 1 期。

[德]谢林德:《中国晚清、民国初期哲学与政治思想接受唯识学的基础与动机——以谭嗣同和章炳麟为主》,《时代人物》2013 年 3 月 21 日。

[美]慕维仁:《章太炎对“公理”的批判及其“齐物哲学”》,《杭州师范大学学报》(社会科学版)2014 年第 5 期。

[美]慕维仁:《章太炎与联亚主义的再思考:作为方法的印度》,《杭州师范大学学报》(社会科学版)2018 年第 5 期。

苏美文:《章太炎〈齐物论释〉之研究》,(台北)淡江大学中文研究所硕士论文,1993 年。

黄建邦:《章太炎〈齐物论释〉庄佛会通思想之研究》,(台北)中兴大学硕士论文,2003 年。

后　记

又一个年末悄然而至，拖了十年的书稿即将完成，我却没有了意想中的兴奋，可能是由于战线过长，加上多次的修改，使我多少有些审美疲劳。

本书是在我2010年的博士论文《章太炎〈齐物论释〉思想研究》基础上修改完成的。2013年时，我以博士论文为基础申报了国家社科基金项目并获批准，后于2019年底以"良好"等次结项。毕业这十年，生活、工作发生了很多变化，我从一个两耳不闻窗外事的学生，成为一名学术期刊的编辑，一位8岁男孩的母亲，不能像学生时代那样用整块的时间集中精力对论文进行修改完善；加之我的拖延性格导致书稿的完成时间一拖再拖。最近几年，我明显感觉到关于《齐物论释》的研究成果越来越多，在欣慰曾经备受冷落的经典之作逐渐被学界所关注的同时，又对自己的拖拉感到焦虑。有时候静下心来又觉得，经过这十年的不断积累，自己对《齐物论释》中一些问题的理解又得到了深化，书稿从内容上得到了充实，也许未必是件坏事。

本书出版之际，首先要感谢我的导师干春松教授。我的硕士、博士研究生导师都是干老师。从小到大，我都是个敏感、自卑、内向的人，总不相信自己能做好事情。有时觉得上天眷顾，遇到了干老师这样宽容的导师。在我求学阶段，老师极少批评我，他总是鼓励我。记得硕士论文完成后，我在忐忑中将论文通过电子邮件发送给了在美国访学的干老师。没想到，老师通过批注的形式给我提出一些修改意见后，不忘夸我论文写得不错，这给了我很大的信心。也许是在干老师长期这样的肯定和信任中，我挑战难题的勇气悄然增长起来。2007 年秋，我刚从干老师的硕士升为博士，在和老师探讨博士论文的选题时，我说想做章太炎先生的《齐物论释》，因为感觉学界关注得少，再加上我无缘由地喜欢太炎先生。老师鼓励我大胆地去做，记得他说写博士论文找一个自己感兴趣的选题是很重要的事情，只有感兴趣了才能写好。在写作论文的过程中，大到整体架构，小到材料的取舍以及需要关注的书目，老师都给我很多指点。记得那一年秋天，在干老师办公室，师门就我博士论文的第一部分进行讨论。当时我将写作中的疑惑和困难向老师请教，和师兄弟们讨论，气氛热烈，获益良多。为了防止自己忘记老师的教导，我后来将笔记做了整理与保存。现在回想起来，当年选《齐物论释》做博士论文只能说明我无知者无畏，但正是因为干老师的信任和鼓励，我坚持了下来，并在博士论文答辩时获得李景林教授、宋志明教授、张利明教授、刘成有教授的一致好评，且后来又荣获了中国人民大学优秀博士论文奖。毕业以后，由于忙于家庭与工作，论文从此被搁置一边。每年教师节，我给干老师发祝福短信时，他都会过问一下论文是否着手出版的事情。不仅如此，在修改书稿的过程中，老师也给我提了一些建议，让我意识到自己在有些地方还需要继续完善。一直以来，对干老师，总觉得一句谢谢不足以表达我的感恩之情，那就留在心中，内化成我继续奋斗的动力。

此书能顺利出版，也要感谢支持我的师友们。当年我读博士时，陈壁生教授任职于中国人民大学国学院，我会在他下课时拿着提纲找他帮我提意见。陈老师总是有求必应，让我非常感动。所以从内心深处说，陈老师更像是朋友。我的闺蜜贾珊珊，当年在北大读博士，我们共同租住在地震局附近的一个单元里。每天白天各自去学校学习，下午回到出租屋，在我们用一块木板搭成的临时灶台上用火锅底料煮一锅菜，然后边吃边聊我的论文构思。她帮我出主意，提醒我要关注到哪些材料，应该有什么样的思路，还把她刚完成的憨山德清注庄子的论文发我参考。周末我们一起出去玩,在车上她一字一句地给我的初稿挑毛病,直到看我脸色不对才意识到话重了。现在想来,在我写论文的过程中,姗姗一直在身后陪着我,给我安全感。写到这里,发现我们竟然十年没有见面了,突然很想她。在后来的书稿修改中,宋玉波老师提醒我牟宗三先生在一部演讲集中提到了章太炎和《齐物论释》,并对我书稿的第一章提出了一些宝贵意见。孟琢老师经常和我交流,其新出版的大作《齐物论释疏证》也使我加深了对文本的理解。李江辉老师将自己购买的新版《章太炎全集》借我使用,一借就是大半年;刘怡博士在我核对引文的过程中帮我下载了很多电子书,耗费了他不少的写作时间。陈迎年教授、谢青松教授、王国雨教授、马亚雄博士经常和我分享研究资料。我的同门对我的书稿也提出一些宝贵意见,促使我进一步思考与完善。师友们的帮助使得书稿能够顺利完成,在此真诚地谢谢他们。

谢谢我父母的无私付出,爸爸从来没有把我当成一个弱女子来降低要求,全力地培养我。在我小的时候他就告诉我,不要想着穿衣打扮,多读书才是正道。爸爸是我求学路上的坚强后盾。妈妈一直以来包揽了我所有的家务活,在我修改书稿期间,将我家里打理得井井有条,精心地照顾着我的孩子,使我能安心做事。我的爱人李友广,负责接送和辅导孩子功课的重任,从来没有怨言,使我腾出足够的时间来做自己的事。我的孩子沐沐,虽然想让我多陪陪他,但他知道我有事要做,也从来不强求。家人的默默支持,让我能够集中精力做事,勇于克服困难。

谢谢师母经常关心我的工作、生活和孩子的教育问题,给我诸多理性的指导,不仅如此,师母也是我的榜样,她让我明白,虽然当代女性想做事很难,但也可以通过自己的努力平衡好家庭和事业,实现自己的价值。

本书的出版获得陕西人文社会科学文库的资助,对此表示感谢。同时我还要谢谢陕西省社科院领导和同事的关心与帮助。

由于自己水平有限,书中难免有缺憾,期待读者批评指正。